Basic

저자 LORI

전 LORI 어학원 원장(만점 강사)
전 경성대학교 대학원 디지털디자인학과 외래교수
전 삼성 SDI, 삼성자동차, LG전자, 한진해운, 고려제강 등 기업체 출강

저서

시나공토익 FINAL 1000제 2탄 RC (길벗)
모질게 토익 이코노미 RC 1000제 (21세기 북스)
TNT TOEIC 입문 (다락원)
TNT TOEIC 기초 (다락원)
TNT TOEIC 실전연습 (다락원)
토익 정답지 모의고사 2005 (ENM 리서치)
토익 정답지 2004 (ENM 리서치)

TNT TOEIC Basic

지은이 LORI
펴낸이 정규도
펴낸곳 (주)다락원

초판 1쇄 발행 2016년 4월 20일
초판 7쇄 발행 2024년 8월 28일

책임편집 노동일, 홍인표
디자인 김나경, 박선영

다락원 경기도 파주시 문발로 211
내용문의 (02)736-2031 내선 500
구입문의 (02)736-2031 내선 250~252
Fax (02)732-2037
출판등록 1977년 9월 16일 제406-2008-000007호

Copyright © 2016, LORI

저자 및 출판사의 허락 없이 이 책의 일부 또는 전부를
무단 복제·전재·발췌할 수 없습니다. 구입 후 철회는 회사
내규에 부합하는 경우에 가능하므로 구입처에 문의하시기
바랍니다. 분실·파손 등에 따른 소비자 피해에 대해서는
공정거래위원회에서 고시한 소비자 분쟁 해결 기준에
따라 보상 가능합니다. 잘못된 책은 바꿔 드립니다.

ISBN 978-89-277-0915-2 18740
978-89-277-0914-5 18740(set)

---

www.darakwon.co.kr

다락원 홈페이지를 방문하시면 상세한 출판정보와 함께
동영상강좌, MP3 자료 등 다양한 어학 정보를 얻으실 수
있습니다.

TOEIC

Basic

Preface

이 교재는 토익 입문자들과 토익을 접해 보았으나 토익에 대해 체계를 잡지 못하고 막막해 하는 학습자들을 위한 기초 학습용(600점 돌파)으로 만들어졌다. 입문자가 한 달 만에 600점 이상의 점수를 받는다면 의욕을 가지고 공부해 나갈 수 있을 것이라는 확신을 가지고 이 책을 쓰게 되었다.

필자는 실제 교실 현장에서 오랫동안 강의를 하면서 학습자들이 잘못된 공부 습관으로 시간과 노력을 허비하는 모습을 보며 많이 안타까웠고, 그러한 학생들에게 조금이라도 도움이 되었으면 하는 바람으로 필수 요점들로만 책을 구성했다.

시중에 나와 있는 대다수 책들이 기초 학습용으로 사용하기에는 LC, RC 모두 너무 두껍고 그 내용이 방대하기 때문에 입문자들은 책들의 두께에 이미 부담을 느끼고 회피하고 싶은 기분이 들 수밖에 없는 것 같다.

토익은 토익만의 문제 유형이 있기 때문에 거기에 맞추어 학습한다면 기본 점수는 금방 성취할 수 있다. 아무리 많은 문제를 풀어도 기본기가 약하다면, 즉 유형별 정리가 되어 있지 않다면 성적이 쉽게 오르지 않는 이유가 여기에 있는 것이다.

이 교재는 필자의 현장 강의 경험을 바탕으로 학습자들이 쉽고 빠르게 토익 문제를 이해할 수 있도록 반드시 숙지해야 하는 파트별 빈출 중요 포인트를 유형별로 제시했으며, 바로 연습해 볼 수 있는 맞춤형 문제와 그 문제 풀이를 통해 심화 학습이 가능하도록 하였다.

또한, 2016년 5월 29일에 시행되는 토익 시험에 대비하여 새로이 추가되는 유형의 지문들과 문제들을 수록하였다. 파트별 문항 수가 조정되었고 새로운 유형의 지문 및 문제가 추가되어 익숙하지 않을 수는 있지만 난이도가 높아진 것은 아니기 때문에 지나치게 부담을 느낄 필요는 없다. 이 교재를 통해 새롭게 추가된 유형의 지문과 문제들을 반복하여 학습한다면 변경된 토익에도 문제 없이 대비할 수 있을 것이다.

학습자들은 'LC+RC' 한 달 학습용으로 만들어진 이 책을 통해 토익에 꼭 필요한 발음 원리, 빈출 어휘 구문과 표현, 그리고 필수 문법 사항을 정리하고, 실전 문제 유형으로 재구성된 연습문제를 통해 토익에 대한 적응력을 키워나갈 수 있을 것이다. 이 교재는 학원 강의는 물론이고 학습자 혼자서 단계적으로 공부해 나가기에도 적합하다.

실력은 효율적인 학습과 꾸준한 훈련 속에서 향상되는 것이다. 문제의 정답만을 외울 것이 아니라 문제의 유형과 요점을 정확히 이해하고 전체 문맥에 주의하여 교재의 내용을 학습한다면 한 달 만에 좋은 성과를 낼 수 있을 것이라 확신한다.

LORI

Contents

What is the TOEIC?   6
About this book   10

[**Listening Comprehension**]

DAY 01	미국 발음과 영국 발음의 차이	16
DAY 02	사진 묘사 (1)	19
DAY 03	사진 묘사 (2)	23
DAY 04	사진 묘사 (3)	26
DAY 05	사진 묘사 (4)	29
DAY 06	질의 응답 - Who	33
DAY 07	질의 응답 - Where	36
DAY 08	질의 응답 - When	39
DAY 09	질의 응답 - How	42
DAY 10	질의 응답 - What	45
DAY 11	질의 응답 - Why	48
DAY 12	질의 응답 - 조동사·부정·부가의문문	51
DAY 13	질의 응답 - 선택의문문	54
DAY 14	대화문 (1)	57
DAY 15	대화문 (2)	64
DAY 16	대화문 (3)	69
DAY 17	대화문 (4)	74
DAY 18	설명문 (1)	80
DAY 19	설명문 (2)	87
DAY 20	설명문 (3)	92

[**Reading Comprehension**]

DAY 01	문장의 구조와 형식	100
DAY 02	명사	102
DAY 03	형용사	106
DAY 04	부사	110
DAY 05	장문 빈칸 채우기 & 독해 (1)	114
DAY 06	수량형용사	116
DAY 07	대명사	121
DAY 08	장문 빈칸 채우기 & 독해 (2)	125
DAY 09	수동태	128
DAY 10	동사 연결	131
DAY 11	시제	134
DAY 12	가정법	138
DAY 13	장문 빈칸 채우기 & 독해 (3)	140
DAY 14	접속사	142
DAY 15	비교	146
DAY 16	장문 빈칸 채우기	149
DAY 17	관계대명사	152
DAY 18	전치사	155
DAY 19	단문 독해 & 어휘	159
DAY 20	독해 - 복합지문	168

 별책   정답 및 해설

What is the TOEIC?

• TOEIC이란?

TOEIC(Test of English for International Communication)은 영어를 모국어로 사용하지 않는 사람이 국제 환경에서 생활하거나 업무를 수행할 때 필요한 실용 영어 능력 수준을 평가하는 시험이다. 현재 한국과 일본은 물론 전 세계 약 60여 개 국가에서 연간 약 4백만 명 이상의 수험생들이 응시하고 있으며, 이 수험 결과는 인력 채용 및 승진, 해외 파견 근무자 선발 등 다양한 방면에 활용되고 있다.

• TOEIC 시험의 구성

구성	Part	내용		문항 수	시간	배점
Listening Comprehension	1	사진 묘사		6	45분	495점
	2	질의 응답		25		
	3	짧은 대화		39		
	4	설명문		30		
Reading Comprehension	5	단문 공란 채우기		30	75분	495점
	6	장문 공란 채우기		16		
	7	독해	싱글 지문	29		
			더블 지문	10		
			트리플 지문	15		
Total	7 Parts			200문항	120분	990점

• TOEIC 시험 출제 분야

TOEIC 시험의 목적은 일상생활과 업무 수행에 필요한 영어 능력을 평가하는 것이기 때문에 시험 출제 범위도 이를 벗어나지 않는다. 출제 범위는 일상적인 상황 이외에 비즈니스와 관련된 주제를 다루고 있기는 하지만 전문적인 지식을 묻는 수준은 아니다. 마찬가지로, 특정 국가나 문화에 대한 이해를 요구하는 문제 또한 출제되지 않는다. 구체적인 출제 범위는 아래와 같다.

Corporate Development 협력 개발	research, product development
Dining Out 외식	business and informal lunches, banquet, receptions
Entertainment 엔터테인먼트	cinema, theater, music, art, exhibition, museum, media
Finance and Budgeting 재무·예산	banking, investment, taxes, accounting
General Business 일반 업무	contracts, negotiations, mergers, marketing, sales, warranties, business planning, conferences, labor relations
Health 건강	medical insurance, visiting doctors, dentists, clinics, hospitals
Housing/Corporate Property 주택·법인 재산	construction, specifications, buying and renting, electric and gas services
Manufacturing 제조	assembly lines, plant management, quality control
Office 사무실	board meetings, committees, letters, memoranda, telephone, fax and e-mail messages, office equipment and furniture, office procedures
Personnel 인사	recruiting, hiring, retiring, salaries, promotions, job applications, job advertisements, pensions, awards
Purchasing 구매	shopping, ordering supplies, shipping, invoices
Technical Areas 기술 분야	electronics, technology, computers, laboratories and related equipment, technical specifications
Travel 여행	trains, airplanes, taxis, buses, ships, ferries, tickets, schedules, station and airport announcements, car rentals, hotels, reservations, delays and cancellations

• ETS가 제시하는 토익 점수와 커뮤니케이션 능력과의 상관표

토익 점수는 듣기 영역의 점수, 읽기 영역의 점수, 그리고 듣기와 읽기 영역 점수의 합인 전체 점수 세 부분으로 구성된다. 개별 영역에 대한 배점은 최저 5점에서 최고 495점이 주어지고 듣기와 읽기 영역의 점수를 합한 점수는 최저 10점에서 최고 990점이다.

Level	TOEIC Score	평가
A	860 이상	비원어민으로서 충분한 커뮤니케이션을 할 수 있다. 자기의 경험 범위 내에서 전문 분야 이외의 화제에 대해서도 충분한 이해와 표현이 가능하다. 원어민의 수준에는 아직 못 미치지만, 어휘, 문법 구문을 정확하게 파악하고 유창하게 영어를 구사할 수 있다.
B	730 이상	어떤 상황에서도 적절한 커뮤니케이션을 할 수 있는 바탕을 갖추고 있다. 일상회화는 완전히 이해하고 응답도 빠르다. 특정 분야의 화제에 대처할 능력도 갖추고 있다. 표현의 정확성과 유창함에는 개인차가 있으며, 문법적 오류나 구문상의 잘못이 발견될 수 있으나 커뮤니케이션에 지장을 줄 정도는 아니다.
C	470 이상	한정된 범위내에서는 업무상의 커뮤니케이션이 가능하다. 일상회화인 경우 상대방이 말하는 요점을 이해할 수 있고 큰 지장없이 응답할 수 있다. 복잡한 상황에서의 응대나 의사소통에는 다소 어려움이 있다. 기본적인 문법 지식과 구문은 익히고 있으며, 많은 표현을 알고 있지는 않으나 그런대로 자기 의사를 전달할 수 있는 정도의 어휘력은 갖추고 있다.
D	220 이상	일상회화에서 최저 수준의 커뮤니케이션은 가능하다. 상대방이 여러 번 되풀이하여 천천히 말해주면 상대방의 말을 이해할 수 있다. 화제가 자신이 알고 있는 일상에 관한 것이라면 짧막한 응답도 가능하다. 어휘력, 문법지식, 표현 활용 능력은 많이 부족하지만 상대방이 각별한 배려를 해주면 의사소통을 할 수 있다.
E	220 미만	커뮤니케이션이 가능한 단계에 이르지 못했다. 간단한 회화를 상대방이 천천히 말해도 부분적으로밖에 이해하지 못한다. 단편적으로 단어를 나열하는 정도로, 실질적인 의사소통은 어려운 수준이다.

• 토익 당일 일정

오전 시험의 경우 9시 20분까지, 오후 시험의 경우 2시 20분까지 고사장에 입실해야 한다.

시간	진행
오전: 9:30~9:45 오후: 2:30~2:45	**입실, 오리엔테이션** 답안지에 이름, 수험번호 등을 표시하고, 직업이나 응시회수 등을 묻는 설문에 응한다.
오전: 9:45~9:50 오후: 2:45~2:50	**휴식 시간** 시험이 실시되는 동안에는 화장실에 갈 수 없으므로 이 시간에 미리 화장실에 다녀오도록 한다.
오전: 9:50 오후: 2:50	**최종 입실 마감** 9시 50분부터 고사장 정문을 잠그고 출입을 통제하므로 늦어도 45분까지는 고사장에 도착하도록 한다.
오전: 9:50~10:05 오후: 2:50~3:05	**신분증 검사** L/C 시험 시작 전에 감독관이 신분증을 검사하고 답안지에 확인 서명을 한다. R/C 시험 시간에 감독관이 돌아다니며 다시 한 번 신분증을 검사하고 확인 서명을 한다.
오전: 10:05~10:10 오후: 3:05~3:10	**파본 검사** 받은 문제지의 파본 여부를 확인한 후 문제지에 수험번호를 적고, 답안지에 문제지 번호를 적는다. 시험이 시작되면 파본이 나와도 문제지를 교체해 주지 않으므로 문제지에 이상이 없는지 신속하게 확인해야 한다. 파본이 나오는 경우는 거의 없기 때문에 이 시간에 Part 5나 Part 7에 해당하는 페이지를 펴서 미리 눈으로 문제를 훑어보거나 지문 분량을 살펴보도록 한다. 직접 연필을 들고 문제를 풀면 감독자에게 제지를 당하기도 하므로, 눈으로 문제를 살펴보는 것이 좋다.
오전: 10:10~10:55(45분) 오후: 3:10~3:55(45분)	**L/C 문제 풀이** Part 1 – 6문제 (1번~ 6번) Part 2 – 25문제 (7번 ~ 31번) Part 3 – 39문제 (32번 ~ 70번) Part 4 – 30문제 (71번 ~ 100번) ※총 100문제
오전: 10:55~12:10(75분) 오후: 3:55~5:10(75분)	**R/C 문제 풀이** Part 5 – 30문제 (101번 ~ 130번) Part 6 – 16문제 (131번 ~ 146번) Part 7 – 54문제 (147번 ~ 200번) ※총 100문제

About This Book

[Listening Comprehension]

• PART 1　사진 묘사 •

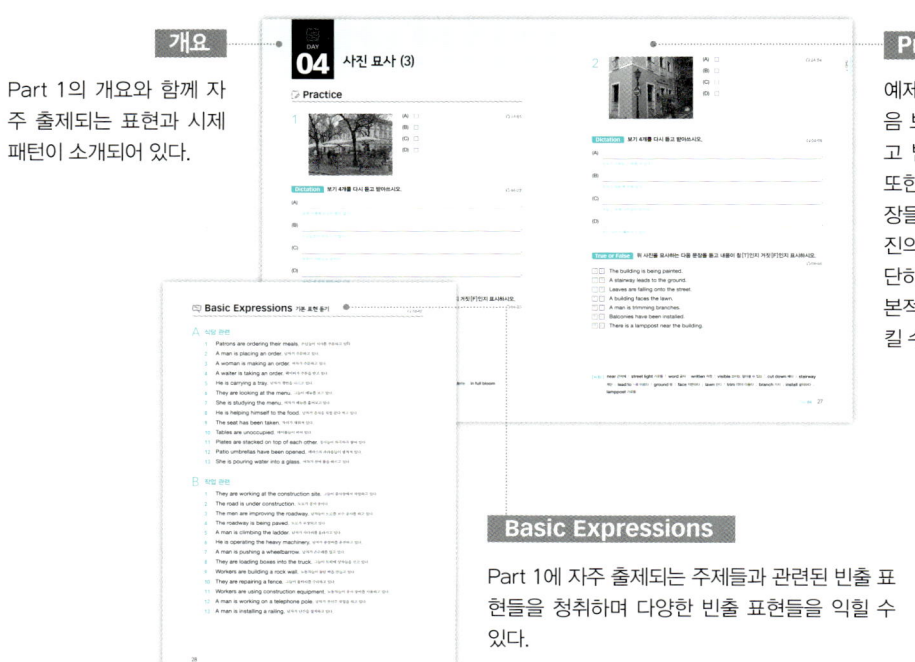

개요

Part 1의 개요와 함께 자주 출제되는 표현과 시제 패턴이 소개되어 있다.

Practice

예제 한 문제를 풀고 난 다음 보기 네 문장을 다시 듣고 받아쓰는 연습을 한다. 또한 'True or False'의 문장들을 듣고 각 문장이 사진의 내용과 일치하는지 판단하는 연습을 함으로써 기본적인 듣기 능력을 향상시킬 수 있다.

Basic Expressions

Part 1에 자주 출제되는 주제들과 관련된 빈출 표현들을 청취하며 다양한 빈출 표현들을 익힐 수 있다.

• PART 2　질의 - 응답 •

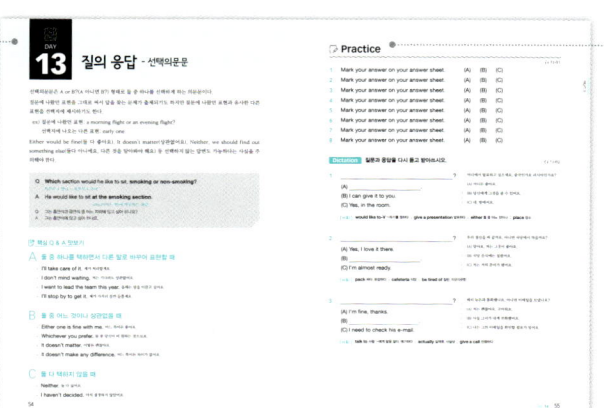

개요/유형 설명

Part 2의 개요와 함께 '핵심 Q & A'가 소개되어 있다. 또한 각 유닛마다 학습하게 되는 문제 유형에 관한 설명과 예제가 제시되어 있다.

Practice

각 유닛마다 8문항의 예제를 풀고 난 다음, 문제와 보기를 다시 들으며 질문과 정답을 받아쓰는 연습을 할 수 있다.

• PART 3·4 대화문/설명문 •

개요

Part 3과 4의 개요와 함께 풀이 전략이 제시되어 있다. 또한 'Types of Questions(질문 유형 파악하기)'에는 Part 3과 4의 모든 질문 유형과 예시가 정리되어 있다.

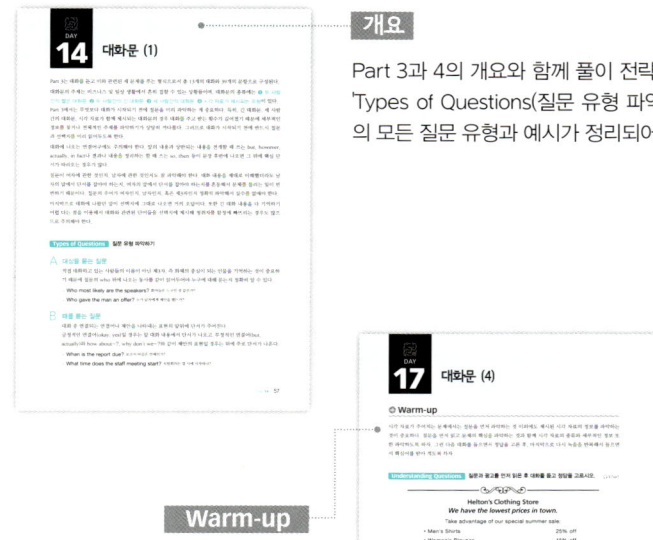

Warm-up

각 유닛마다 학습하게 되는 문제 유형에 대한 소개와 풀이 전략이 제시되어 있다. 'Understanding Questions'의 예제를 풀어 본 다음, 스크립트를 한 번 더 듣고 빈칸을 채우는 연습을 하도록 구성 되어 있다.

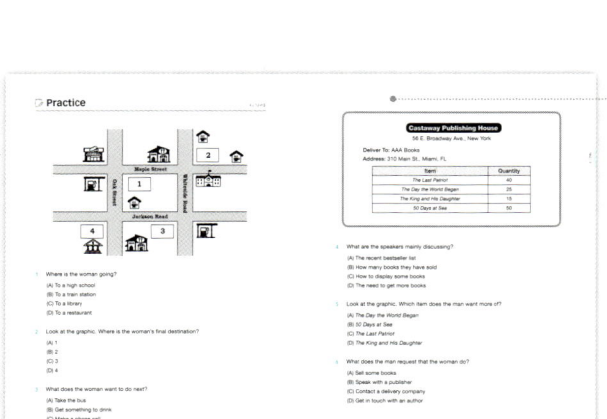

Practice

실전과 똑같은 연습문제를 풀면서 학습한 내용을 바로 연습해 볼 수 있다. Part 3의 경우 새롭게 추가된 2인간의 긴 대화, 3인간의 대화, 시각 자료가 주어지는 유형이 추가되었으며 인용 문제도 추가되었다. Part 4의 경우 시각 자료가 제시되는 유형과 인용 문제가 추가되었다. 또한, 문제를 풀고 난 후 연습 문제의 스크립트를 한 번 더 듣고 빈칸을 채우는 연습을 통해 반복적인 듣기 훈련을 할 수 있다.

About This Book

[Reading Comprehension]

• PART 5 단문 빈칸 채우기 •

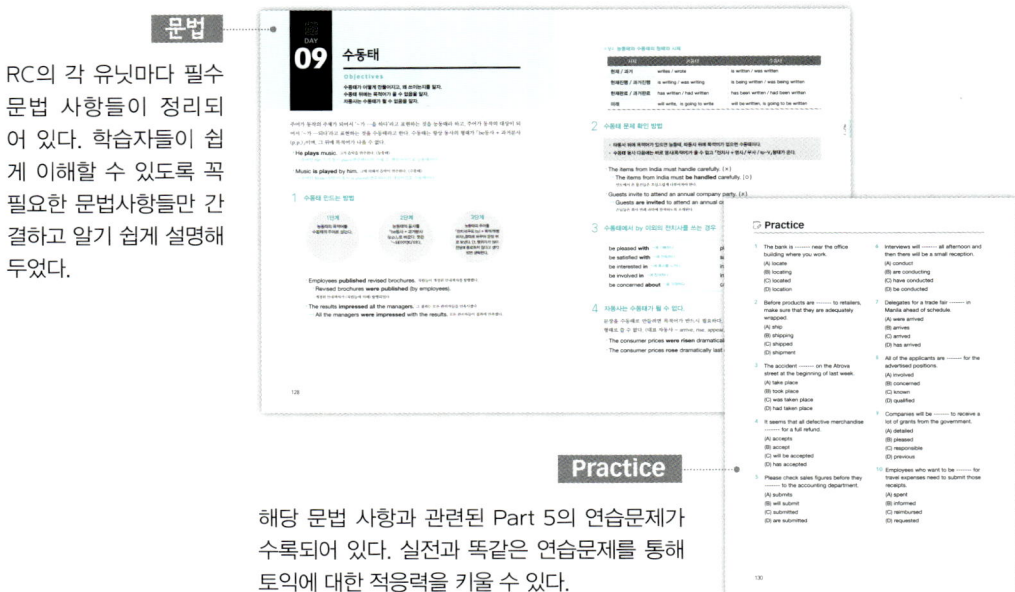

문법
RC의 각 유닛마다 필수 문법 사항들이 정리되어 있다. 학습자들이 쉽게 이해할 수 있도록 꼭 필요한 문법사항들만 간결하고 알기 쉽게 설명해 두었다.

Practice
해당 문법 사항과 관련된 Part 5의 연습문제가 수록되어 있다. 실전과 똑같은 연습문제를 통해 토익에 대한 적응력을 키울 수 있다.

• PART 6 장문 빈칸 채우기 •

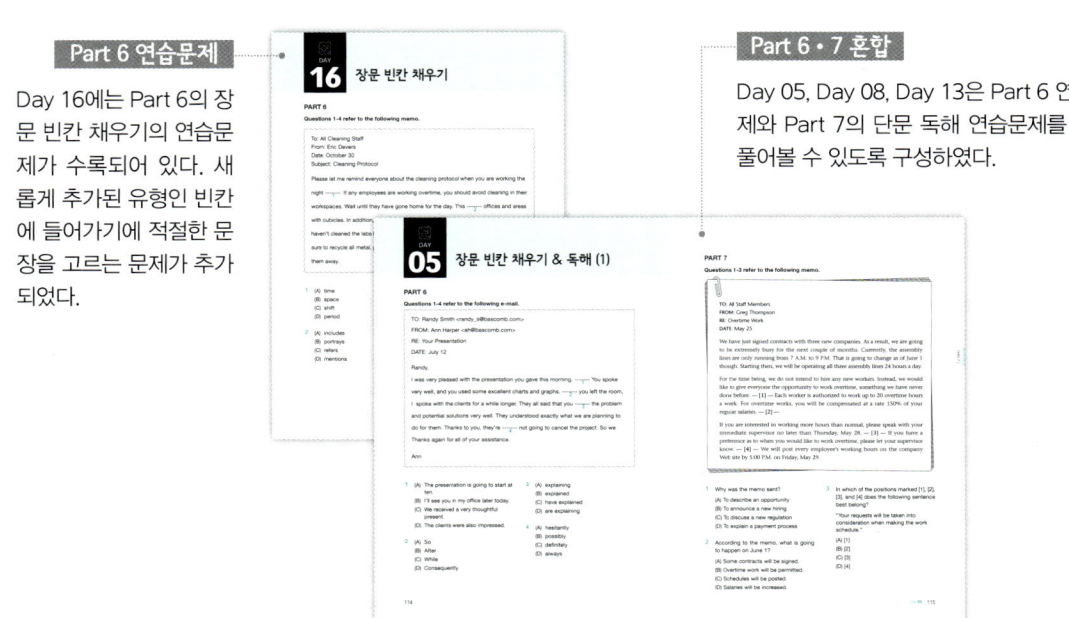

Part 6 연습문제
Day 16에는 Part 6의 장문 빈칸 채우기의 연습문제가 수록되어 있다. 새롭게 추가된 유형인 빈칸에 들어가기에 적절한 문장을 고르는 문제가 추가되었다.

Part 6 • 7 혼합
Day 05, Day 08, Day 13은 Part 6 연습문제와 Part 7의 단문 독해 연습문제를 함께 풀어볼 수 있도록 구성하였다.

• PART 7 독해 •

단문 독해

Day 19는 Part 7의 단문 독해 유형을 풀어 볼 수 있도록 구성되어 있다. 새롭게 추가되는 지문 유형인 '온라인 채팅' 지문이 추가되었고, 지문의 일부를 인용하여 그 의미를 묻는 문제인 '인용 문제', 주어진 문장을 지문의 적절한 위치에 삽입하는 '문장 삽입 문제'도 수록되어 있다.

어휘

Part 7에 꼭 나오는 어휘들을 품사별로 정리해 두었고, 각 어휘가 포함된 예문도 함께 수록하였다. 어휘와 관련된 예문을 함께 학습함으로써, 빈출 어휘 학습뿐만이 아니라 자주 출제되는 지문의 내용에도 익숙해질 수 있다.

복합지문

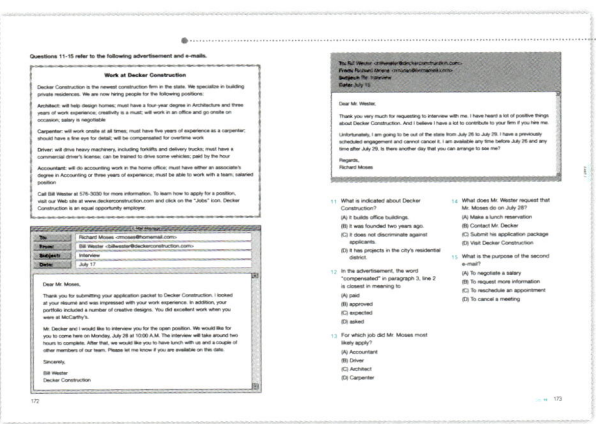

Day 20에는 Part 7의 복합지문 유형의 문제들이 수록되어 있다. 특히, 새롭게 추가된 유형인 세 개의 지문을 읽고 문제를 푸는 유형이 수록되어 있다.

Listening Comprehension

DAY 01	미국 발음과 영국 발음의 차이	**DAY 11**	질의 응답 - Why
DAY 02	사진 묘사 (1)	**DAY 12**	질의 응답 - 조동사·부정·부가의문문
DAY 03	사진 묘사 (2)	**DAY 13**	질의 응답 - 선택의문문
DAY 04	사진 묘사 (3)	**DAY 14**	대화문 (1)
DAY 05	사진 묘사 (4)	**DAY 15**	대화문 (2)
DAY 06	질의 응답 - Who	**DAY 16**	대화문 (3)
DAY 07	질의 응답 - Where	**DAY 17**	대화문 (4)
DAY 08	질의 응답 - When	**DAY 18**	설명문 (1)
DAY 09	질의 응답 - How	**DAY 19**	설명문 (2)
DAY 10	질의 응답 - What	**DAY 20**	설명문 (3)

미국 발음과 영국 발음의 차이

토익 시험에서는 미국, 영국, 캐나다, 호주 등 여러 나라의 발음이 섞여서 출제된다. 하지만 캐나다 발음은 미국 발음과 비슷하고, 호주 발음은 영국 발음과 미국 발음을 섞어 쓰고 있기 때문에, 크게 미국 발음과 영국 발음의 차이를 공부해 둔다면 듣기에 당황하지 않고 잘 적응할 수 있을 것이다.

전반적으로, 영국 영어는 미국 영어에 비해 악센트(accent)가 강하고 연음이 적어 한 마디 한 마디가 절도 있게 들린다. 또한 모음을 짧게 발음하기 때문에 빠르게 들린다. 반면 미국 영어는 r발음을 굴리고, 모음 사이에 나오는 t나 d를 'ㄹ'에 가깝게 발음하기 때문에 영국 발음보다 훨씬 부드럽게 들린다.

그럼, 이제 영국 영어와 미국 영어 발음의 차이를 알아보자.

1 모음 a → [æ 애] vs. [ɑː 아-]   🎧 01-01

모음 a를 미국인은 [æ 애]로 발음하지만, 영국인은 입을 크게 벌리고 약간 길게 [ɑː 아-]로 발음한다.

	미국 발음	영국 발음
after	[ǽftər 애프터r]	[ɑ́ːftər 아-프터]
ask	[æsk 애스크]	[ɑːsk 아-스크]
b**a**sket	[bǽskit 배스킷]	[bɑ́ːskit 바-스킷]
br**a**nch	[bræntʃ 브랜취]	[brɑːntʃ 브라-안취]
c**a**st	[kæst 캐스트]	[kɑːst 카-스트]
ch**a**nce	[tʃæns 챈쓰]	[tʃɑːns 찬-쓰]
gl**a**ss	[glæs 글래쓰]	[glɑːs 글라-쓰]
gr**a**ss	[græs 그래쓰]	[grɑːs 그라-쓰]
h**a**lf	[hæf 해프]	[hɑːf 하-프]
p**a**ss	[pæs 패쓰]	[pɑːs 파-쓰]
p**a**th	[pæθ 패쓰]	[pɑːθ 파-쓰]
pl**a**nt	[plænt 플랜트]	[plɑːnt 플란-트]

2 모음 o → [ɑ: 아–] vs. [ɔ 오]

🎧 01-02

모음 o를 미국인은 /ɑ: 아–/로 발음하고, 영국인은 /ɔ 오/로 발음한다.

	미국 발음	영국 발음
b**o**ttom	[bɑ́:təm 바럼]	[bɔ́təm 보텀]
b**o**x	[bɑ:ks 박스]	[bɔks 복스]
c**o**llege	[kɑ́:lidʒ 칼리쥐]	[kɔ́lidʒ 콜리쥐]
c**o**nflict	[kɑ́:nflikt 칸플릭트]	[kɔ́nflikt 콘플릭트]
d**o**ctor	[dɑ́:ktə(r) 닥터r]	[dɔ́ktər 독터]
j**o**b	[dʒɑ:b 잡]	[dʒɔb 좁]
l**o**ck	[lɑ:k 락]	[lɔk 록]
l**o**t	[lɑ:t 랏]	[lɔt 롯]
n**o**vel	[nɑ́:vl 나블]	[nɔ́vəl 노블]
n**o**t	[nɑ́:t 낫]	[nɔt 놋]
obvious	[ɑ́:bviəs 아비어스]	[ɔ́bviəs 오비어스]
p**o**lish	[pɑ́:liʃ 팔리쉬]	[pɔ́liʃ 폴리쉬]
p**o**t	[pɑ:t 팟]	[pɔt 폿]
r**o**d	[rɑ:d 롸드]	[rɔd 로드]
t**o**p	[tɑ:p 탑]	[tɔp 톱]

3 모음 + 자음 r → [r ㄹ] vs. [∅]

🎧 01-03

미국인은 자음 r을 언제나 발음하지만, 영국인은 모음 뒤에 나오는 r은 발음하지 않는다.

	미국 발음	영국 발음
bi**r**d	[bə:rd 버r드]	[bə:(r)d 버–드]
containe**r**	[kəntéinər 컨테이너r]	[kəntéinə(r) 컨테이너]
cu**r**b	[kə:rb 커r브]	[kə:(r)b 커–브]
doo**r**	[dɔ:r 도–어r]	[dɔ:(r) 도–어]
impo**r**tant	[impɔ́:rtənt 임포r턴(트)]	[impɔ́:(r)tənt 임포–튼트]
repo**r**t	[ripɔ́:rt 리포r트]	[ripɔ́:(r)t 리포–트]
tu**r**n	[tə:rn 터r언]	[tə:(r)n 터–언]

4 강모음 + t + 약모음/자음 l → [D ㄹ] vs. [t ㅌ]   🎧 01-04

자음 t가 강모음과 약모음 혹은 강모음과 자음 l 사이에 오면 미국 발음으로는 /t/가 유성음으로 변해서 /ㄷ/나 /ㄹ/ 소리에 가깝게 발음된다. 하지만 영국 발음으로는 /t/ 소리가 그대로 유지된다.

	미국 발음	영국 발음
be**tt**er	[béDər 베러r]	[bétə(r) 베터]
bo**tt**le	[bá:Dl 바를]	[bɔ́tl 보틀]
ci**t**y	[síDi 씨리]	[síti 씨티]
li**tt**le	[líDl 리를]	[lítl 리틀]
pa**t**io	[pæDiou 패리오우]	[pætiəu 패티어우]
se**tt**le	[séDl 쎄를]	[sétl 쎄틀]
wa**t**er	[wá:Dər 워러r]	[wɔ́:tə(r) 워타]

Listen and Compare 문장을 듣고 미국 발음과 영국 발음의 차이를 비교해보시오.   🎧 01-05

1. He is operating a photocopier in the office.
2. A motorcycle is parked on a driveway.
3. A cook is touching the lid of a pot.
4. Can you check the schedule instead of me?
5. A refrigerator is located by the door.
6. What's the weather forecast for tomorrow?
7. I like the theater across the street.
8. Did Lora ask why the order was late?
9. What is he currently working on?
10. The doctor suggested walking rather than driving.

DAY 02 사진 묘사 (1)

Part 1은 사진 묘사 문제로서 총 6문제가 출제되는데, 인물 묘사 사진 3~4문제와 사물·풍경 묘사 사진 2~3문제가 출제된다. 인물 사진에서는 사람의 행위를 나타내는 동사를 파악하는 게 중요하다. 사물 사진에서는 사물의 명칭과 위치를 나타내는 전치사를 파악해야 한다.

A 인물 사진

- The man **is examining** the bottle. 남자가 병을 살펴보고 있다.
- The man **is bending** over his bag. 남자가 가방 위로 몸을 굽히고 있다.

B 사물·풍경 사진

- She is sitting **at her desk**. 그녀는 책상에 앉아 있다.
- She is sitting **on her desk**. 그녀는 책상 위에 앉아 있다.
- He is running **toward the building**. 그는 건물 쪽으로 뛰어가고 있다.
- The globe is located **beside the desk**. 지구본이 책상 옆에 놓여 있다.
- The car is being inspected **in the garage**. 자동차는 정비소에서 점검을 받고 있다.

기타

under ~아래	next to ~옆에	near ~근처에	into ~안으로	onto ~위로

진술문의 시제에도 주의해야 한다. 먼저, 과거나 미래시제로 된 진술문은 Part 1 사진 묘사 문제의 답이 될 수 없으니 조심하자. 그리고 현재의 동작을 나타내는 시제(현재 / 현재진행)와 현재 상태를 나타내는 시제(현재완료)를 구분해야 한다. 시험에 자주 나오는 다음 시제 패턴을 익혀두자.

▶ **be V-ing** ~하고 있다

They **are waiting** in line for tickets. 그들은 표를 사려고 줄서 있다.
They **are watching** big fish. 그들은 큰 생선을 보고 있다.

▶ **There is / are 명사 V-ing** ~하고 있는 …가 있다

There is a man relaxing by the statue. 조각상 옆에 쉬고 있는 남자가 있다.
There are boats floating on the water. 물에 떠 있는 배들이 있다.

▶ **have / has p.p.** (사람 주어) ~했다 / (사물 주어) ~된 상태다

The woman **has put** a bag at her feet. 그 여자는 발 옆에 가방을 놓아두었다.
Cars **have stopped** at the traffic light. 차들이 신호등에 멈춘 상태다.

▶ **have 사물 p.p.** (사물이) ~되게 하다

Some people are **having their picture taken**. 몇 명이 그들의 사진을 찍게 하고 있다.
A woman is **having her temperature taken**. 여자가 자신의 체온 측정을 받고 있다.

✎ Practice

1

(A) ☐
(B) ☐
(C) ☐
(D) ☐

🎧 02-01

Dictation 보기 4개를 다시 듣고 받아쓰시오. 🎧 02-02

(A) _____.
여자가 피자를 배달중이다.

(B) _____.
여자가 모자를 착용한 상태이다.

(C) _____.
여자가 종이컵을 들고 있다.

(D) _____.
여자가 서류를 나눠주고 있다.

True or False 위 사진을 묘사하는 다음 문장을 듣고 내용이 참[T]인지 거짓[F]인지 표시하시오. 🎧 02-03

- T F A woman is wearing a watch.
- T F A woman is setting napkins on the table.
- T F The women are handling a box.
- T F A woman is wearing a scarf.
- T F A man is reading something.
- T F A woman is stirring some food.
- T F They are seated next to each other.

[어휘] **deliver** 배달하다 | **wear** 착용하다 | **hold** 잡다 | **paper cup** 종이컵 | **hand out** 나눠주다 | **papers** 서류 | **watch** 손목시계 | **handle** (도구 등을)다루다. 쓰다 | **stir** 휘젓다 | **seated** 앉아있는 | **next to** ~옆에 | **each other** 서로 서로

2

(A) ☐
(B) ☐
(C) ☐
(D) ☐

🎧 02-04

Dictation 보기 4개를 다시 듣고 받아쓰시오. 🎧 02-05

(A) _____.
벤치가 잔디 중앙에 있다.

(B) _____.
그들은 도서관에서 공부하고 있다.

(C) _____.
교수가 강의하고 있다.

(D) _____.
몇몇 사람들이 잔디밭에 서 있다.

True or False 위 사진을 묘사하는 다음 문장을 듣고 내용이 참[T]인지 거짓[F]인지 표시하시오.
🎧 02-06

- [T] [F] A woman has her legs crossed.
- [T] [F] One woman is mowing the lawn.
- [T] [F] One of the men is cutting down a tree.
- [T] [F] There are people sitting outdoors.
- [T] [F] There are people reading on a bench.
- [T] [F] A man is looking at a screen.
- [T] [F] They are lying on a bench.

[어휘] **in the middle of** ~의 중간에 | **lawn(=grass)** 잔디 | **library** 도서관 | **lecture** 강의하다 | **mow** (잔디를) 깎다 | **outdoors** 옥외에서 | **relax** 휴식을 취하다 | **lie** 누워있다

Basic Expressions 기본 표현 듣기

A 인물 관련

1. A woman is admiring a flower. 여자는 꽃을 감상하고 있다.
2. The waitress is wearing a necklace. 웨이트리스가 목걸이를 착용한 상태이다.
3. He is putting on a jacket. 남자는 재킷을 입는 중이다.
4. A man is walking past a sign. 남자가 표지판을 지나 걸어가고 있다.
5. She is covering her head with a scarf. 여자는 스카프로 머리를 감싸고 있다.
6. The couple is leaning against the brick wall. 남녀가 벽돌담에 기대어 있다.
7. They are facing each other. 그들은 서로를 마주보고 있다.
8. A woman is standing behind a counter. 여자가 카운터 뒤에 서 있다.
9. Tourists are taking their picture. 관광객들이 그들의 사진을 찍고 있다.
10. A man is posing for a picture. 남자가 사진을 찍기 위해 포즈를 취하고 있다.
11. Two men are shaking hands. 두 남자가 악수하고 있다.
12. People are playing musical instruments. 사람들이 악기를 연주하고 있다.
13. A mechanic is working on a tire. 정비사가 타이어 작업을 하고 있다.
14. A man is rowing a boat. 남자가 보트의 노를 젓고 있다.
15. One woman is resting on the steps. 한 여자가 계단에서 쉬고 있다.
16. Some people are walking along the path. 몇몇 사람들이 길을 따라 걷고 있다.
17. A boy is riding a bike. 소년이 자전거를 타고 있다.
18. A girl is feeding the birds. 소녀가 새들에게 모이를 주고 있다.

B 사물 관련

1. The bridge is reflected in the river. 다리가 강물에 반사된다.
2. The building is overlooking the lake. 건물에서 호수가 내려다보인다.
3. The road has been covered with snow. 도로가 눈으로 덮여 있다.
4. Notices are posted on the board. 공고문들이 게시판에 붙어 있다.
5. Several boats are tied up at the dock. 여러 척의 보트가 항구에 매여 있다.
6. The boat floats on the water. 보트가 물 위에 떠 있다.
7. The houses are built in a similar style. 집들이 비슷한 스타일로 지어져 있다.
8. Jewelry has been packed in a gift box. 보석이 선물 상자에 포장되어 있다.
9. Vehicles are parked in a row. 차량들이 일렬로 주차되어 있다.
10. The elevator is out of order. 엘리베이터가 고장이다.

DAY 03 사진 묘사 (2)

✏ Practice

1 (A) ☐ (B) ☐ (C) ☐ (D) ☐   🎧 03-01

Dictation 보기 4개를 다시 듣고 받아쓰시오.   🎧 03-02

(A) _____.
사람들이 공원에서 산책 중이다.

(B) _____.
사람들이 주차하려 하고 있다.

(C) _____.
모든 사람들이 잔디에서 걷고 있다.

(D) _____.
길이 일직선이다.

True or False 위 사진을 묘사하는 다음 문장을 듣고 내용이 참[T]인지 거짓[F]인지 표시하시오.   🎧 03-03

- ☐T ☐F She is working in the street.
- ☐T ☐F People are walking along the walkway.
- ☐T ☐F Two people are passing each other.
- ☐T ☐F The man is taking a nap on a bench.
- ☐T ☐F The couple is running toward the woods.
- ☐T ☐F A woman is walking her dog.
- ☐T ☐F A dog is chasing the couple.

[어휘] take a stroll 산책하다 | take a nap 낮잠자다 | chase 쫓다

2

(A) ☐
(B) ☐
(C) ☐
(D) ☐

🎧 03-04

Dictation 보기 4개를 다시 듣고 받아쓰시오. 🎧 03-05

(A) _____.
카운터 위가 비어 있다.

(B) _____.
남자가 잔을 채우고 있다.

(C) _____.
남자가 차를 마시고 있다.

(D) _____.
남자가 손님을 접대하고 있다.

True or False 위 사진을 묘사하는 다음 문장을 듣고 내용이 참[T]인지 거짓[F]인지 표시하시오.

🎧 03-06

- T F The man is wearing an apron.
- T F The man is putting on an apron.
- T F The man is pouring something.
- T F The waiter is carrying trays.
- T F The bottles are being placed on the shelf.
- T F The man is working at the counter.
- T F The man is installing a mirror on a shelf.

[어휘] **counter** 카운터 | **top** 상단, 꼭대기 | **empty** 빈 | **fill** 채우다 | **drink** 마시다 | **a cup of** ~ 한 잔 | **serve** (음식 등을) 내가다, 서빙하다 | **customer** 고객, 손님 | **apron** 앞치마 | **install** 설치하다 | **mirror** 거울 | **shelf** 선반

💬 Basic Expressions 기본 표현 듣기 🎧 03-07

A 쇼핑 관련

1. A woman is browsing in a store. 여자가 상점에서 둘러보고 있다.
2. The man is pushing a shopping cart. 남자가 쇼핑 카트를 밀고 있다.
3. A woman is shopping for clothes. 여자가 옷 쇼핑을 하고 있다.
4. One man is making a purchase. 남자가 구입하고 있다.
5. The girl is paying for the item. 소녀가 물건 값을 지불하고 있다.
6. He is paying the cashier. 그는 계산원에게 물건 값을 지불하고 있다.
7. Shoes are displayed for sale. 신발들이 판매를 위해 진열되어 있다.
8. Paintings are on display. 그림들이 진열되어 있다.
9. The vendor is weighing some vegetables. 상인이 채소의 무게를 달고 있다.
10. The woman is putting some vegetables on the scale. 여자가 채소를 저울에 올리고 있다.
11. The man is choosing some items. 남자가 몇 가지 물건을 고르고 있다.
12. The woman is examining vegetables. 여자가 야채를 살펴보고 있다.
13. A price tag is attached to a box. 가격표가 박스에 부착되어 있다.
14. A boy is trying on a backpack. 소년이 백팩을 착용해보고 있다.
15. A woman is reaching for merchandise. 여자가 상품을 잡으려 손을 뻗고 있다.
16. A box has been placed on the counter. 상자가 계산대 위에 놓여 있다.

B 교통 관련

1. People are boarding the bus. 사람들이 버스에 승차하고 있다.
2. A boy is getting on the bus. 한 소년이 버스에 승차하고 있다.
3. Passengers are getting off the bus. 승객들이 버스에서 내리고 있다.
4. Passengers are stepping off the bus. 승객들이 버스에서 내리고 있다.
5. People are waiting in line with their luggage. 사람들이 짐을 가지고 줄을 서서 기다리고 있다.
6. People are standing in line. 사람들이 줄서 있다.
7. The cars are stuck in heavy traffic. 차들이 교통체증에 걸려 있다.
8. The cars are caught in a traffic jam. 차들이 교통 정체에 잡혀 있다.
9. Vehicles are moving in the same direction. 차들이 같은 방향으로 움직이고 있다.
10. A bus is approaching a bus stop. 버스가 버스정류장에 접근하고 있다.
11. The train is pulling out of the station. 기차가 역을 빠져나가고 있다.

DAY 04 사진 묘사 (3)

📝 Practice

1

(A) ☐
(B) ☐
(C) ☐
(D) ☐

🎧 04-01

Dictation 보기 4개를 다시 듣고 받아쓰시오. 🎧 04-02

(A) _____.
실내 카페에 손님이 별로 없다.

(B) _____.
손님들보다 의자가 더 많다.

(C) _____.
광장이 사람들로 붐빈다.

(D) _____.
나무들에 꽃이 활짝 피어 있다.

True or False 위 사진을 묘사하는 다음 문장을 듣고 내용이 참[T]인지 거짓[F]인지 표시하시오.

🎧 04-03

- T F There are umbrellas at the table.
- T F All the tables are in the shade.
- T F Patrons are waiting in line.
- T F Tables are set up outside.
- T F Most of the seats are unoccupied.
- T F Umbrellas are being folded.
- T F Some people are seated on the stools.

[어휘] **indoor** 실내 | **few** 적은, 거의 없는 | **customer** 손님 | **plaza** 광장 | **crowded** (사람 등이) 붐비는 | **in full bloom** (꽃이) 활짝 핀 | **shade** 그늘 | **patron** 고객 | **unoccupied** 비어 있는

2

(A) ☐
(B) ☐
(C) ☐
(D) ☐

🎧 04-04

Dictation 보기 4개를 다시 듣고 받아쓰시오.   🎧 04-05

(A) _____.

남자가 가로등 근처에 서 있다.

(B) _____.

글자가 창문에 적혀 있다.

(C) _____.

건물 근처에 나무들이 보인다.

(D) _____.

작은 나무가 베어지고 있다.

True or False 위 사진을 묘사하는 다음 문장을 듣고 내용이 참[T]인지 거짓[F]인지 표시하시오.

🎧 04-06

- [T] [F] The building is being painted.
- [T] [F] A stairway leads to the ground.
- [T] [F] Leaves are falling onto the street.
- [T] [F] A building faces the lawn.
- [T] [F] A man is trimming branches.
- [T] [F] Balconies have been installed.
- [T] [F] There is a lamppost near the building.

[어휘] **near** 근처에 | **street light** 가로등 | **word** 글자 | **written** 적힌 | **visible** 보이는, 알아볼 수 있는 | **cut down** 베다 | **stairway** 계단 | **lead to** ~로 이르다 | **ground** 땅 | **face** 직면하다 | **lawn** 잔디 | **trim** (깎아) 다듬다 | **branch** 가지 | **install** 설치하다 | **lamppost** 가로등

Day **04**   27

Basic Expressions 기본 표현 듣기

🎧 04-07

A 식당 관련

1. Patrons are ordering their meals. 손님들이 식사를 주문하고 있다.
2. A man is placing an order. 남자가 주문하고 있다.
3. A woman is making an order. 여자가 주문하고 있다.
4. A waiter is taking an order. 웨이터가 주문을 받고 있다.
5. He is carrying a tray. 남자가 쟁반을 나르고 있다.
6. They are looking at the menu. 그들이 메뉴를 보고 있다.
7. She is studying the menu. 여자가 메뉴를 훑어보고 있다.
8. He is helping himself to the food. 남자가 음식을 직접 갖다 먹고 있다.
9. The seat has been taken. 자리가 채워져 있다.
10. Tables are unoccupied. 테이블들이 비어 있다.
11. Plates are stacked on top of each other. 접시들이 차곡차곡 쌓여 있다.
12. Patio umbrellas have been opened. 테라스의 파라솔들이 펼쳐져 있다.
13. She is pouring water into a glass. 여자가 잔에 물을 따르고 있다.

B 작업 관련

1. They are working at the construction site. 그들이 공사장에서 작업하고 있다.
2. The road is under construction. 도로가 공사 중이다.
3. The men are improving the roadway. 남자들이 도로를 보수 공사를 하고 있다.
4. The roadway is being paved. 도로가 포장되고 있다.
5. A man is climbing the ladder. 남자가 사다리를 올라가고 있다.
6. He is operating the heavy machinery. 남자가 중장비를 운전하고 있다.
7. A man is pushing a wheelbarrow. 남자가 손수레를 밀고 있다.
8. They are loading boxes into the truck. 그들이 트럭에 상자들을 싣고 있다.
9. Workers are building a rock wall. 노동자들이 돌담 벽을 만들고 있다.
10. They are repairing a fence. 그들이 울타리를 수리하고 있다.
11. Workers are using construction equipment. 노동자들이 공사 장비를 사용하고 있다.
12. A man is working on a telephone pole. 남자가 전신주 작업을 하고 있다.
13. A man is installing a railing. 남자가 난간을 설치하고 있다.

DAY 05 사진 묘사 (4)

Practice

1
- (A) ☐
- (B) ☐
- (C) ☐
- (D) ☐

🎧 05-01

Dictation 보기 4개를 다시 듣고 받아쓰시오. 🎧 05-02

(A) _____ .
남자들이 작업으로 바쁘다.

(B) _____ .
나무가 심어지고 있다.

(C) _____ .
사람들이 구멍을 파고 있다.

(D) _____ .
도보여행자들이 한껏 즐기고 있다.

True or False 위 사진을 묘사하는 다음 문장을 듣고 내용이 참[T]인지 거짓[F]인지 표시하시오.

🎧 05-03

- T F They are waiting to cross the street.
- T F They are walking through the trail.
- T F All the trees are stacked up.
- T F The equipment is being removed from the area.
- T F They are putting down their tools.
- T F There is a pile of wood lying on the street.
- T F They are paving the road near the forest.

[어휘] **be busy with** ~로 바쁘다 | **plant** 심다 | **dig** 파다 | **hole** 구멍 | **hiker** 도보여행자 | **enjoy oneself** 한껏 즐기다 | **trail** 오솔길, 산길 | **stack up** 겹쳐 쌓다 | **eguipment** 장비, 용품 | **pile** (쌓아올린) 더미 | **pave** 포장하다

2

(A) ☐
(B) ☐
(C) ☐
(D) ☐

🎧 05-04

Dictation 보기 4개를 다시 듣고 받아쓰시오. 🎧 05-05

(A) _____.
사람들이 일렬로 서 있다.

(B) _____.
사람들이 우산을 펼치고 있다.

(C) _____.
몇몇 깃발이 무대 위에 있다.

(D) _____.
사람들이 계단을 걸어 내려가고 있다.

True or False 위 사진을 묘사하는 다음 문장을 듣고 내용이 참[T]인지 거짓[F]인지 표시하시오.

🎧 05-06

- T F People are marching down the street.
- T F They are sorting some flags.
- T F They are crossing a busy street.
- T F People are walking up the steps.
- T F They are unfolding flags.
- T F People are pointing at the flags.
- T F They are bending over some flags.

[어휘] **stand in lines** 줄서다 | **flag** 깃발 | **stage** 무대 | **stairway** 계단 | **march** 행진하다 | **sort** 분류하다 | **cross** 횡단하다 | **steps** 계단 | **unfold** 펼치다 | **point at** 손가락으로 가리키다 | **bend over** ~ 위로 몸을 굽히다

Basic Expressions 기본 표현 듣기

A 집안일 관련

1. A woman is mowing the lawn. 여자가 잔디를 깎고 있다.
2. The man is sweeping the street. 남자가 거리를 쓸고 있다.
3. A man is scrubbing the railing. 한 남자가 난간을 문질러 닦고 있다.
4. A woman is raking the leaves. 여자가 낙엽을 긁어모으고 있다.
5. A maid is vacuuming the floor. 가정부가 진공청소기로 바닥을 청소하고 있다.
6. He is watering the plant. 그가 식물에 물을 주고 있다.
7. She is using a kitchen utensil. 여자가 주방기구를 사용 중이다.
8. A woman is doing some work at a table. 여자가 테이블에서 어떤 작업을 하고 있다.
9. The girl is doing the dishes. 소녀가 설거지하고 있다.
10. She is wiping off the table top. 여자가 테이블 위를 닦고 있다.
11. A boy is taking something out of a refrigerator. 소년이 냉장고에서 뭔가를 꺼내고 있다.
12. She is stirring something in a pot. 그녀가 냄비 안에 뭔가를 젓고 있다.
13. They are preparing something to eat. 그들이 먹을 것을 준비하고 있다.

B 회의 & 강연 관련

1. People are discussing some reports. 사람들이 보고서에 대해 토론하고 있다.
2. He is addressing the audience. 남자가 청중에게 연설하고 있다.
3. He is making a speech to the audience. 남자가 청중에게 연설하고 있다.
4. A man is giving a speech. 한 남자가 연설하고 있다.
5. A man is delivering a speech. 한 남자가 연설하고 있다.
6. One man is delivering a presentation. 한 남자가 발표하고 있다.
7. A man is making a presentation. 한 남자가 발표하고 있다.
8. The speaker is gesturing with a hand. 연사가 손으로 동작을 취하고 있다.
9. She is speaking into a microphone. 여자가 마이크에 대고 말하고 있다.
10. People are listening to a lecture. 사람들이 강의를 듣고 있다.
11. They have gathered together in a circle. 그들이 원형으로 모여 있다.
12. People are attending the conference. 사람들이 회의에 참석해 있다.
13. A man is pointing at the chart. 남자가 도표를 손으로 가리키고 있다.

C 사무실 관련

1. A man is looking at the papers. 남자가 서류를 보고 있다.
2. He is looking through the papers. 남자가 서류를 훑어보고 있다.
3. The man is handing the paper to the woman. 남자가 여자에게 서류를 건네고 있다.
4. She is making a copy. 여자가 복사하고 있다.
5. One man is organizing the documents. 한 남자가 문서를 정리하고 있다.
6. A woman is sorting through the documents. 한 여자가 문서를 분류하고 있다.
7. The secretary is typing on a keyboard. 비서가 자판을 두드리고 있다.
8. The man is staring at the monitor. 남자는 모니터를 응시하고 있다.
9. She is talking on the phone. 여자가 통화중이다.
10. She is making a phone call. 여자가 전화를 하고 있다.

D 병원 관련

1. The doctor is examining the patient. 의사가 환자를 진찰하고 있다.
2. A woman is having her pulse checked. 한 여자가 맥박을 측정받고 있다.
3. A man is having his temperature taken. 한 남자가 체온을 측정받고 있다.
4. A man is having his chest X-rayed. 한 남자가 흉부 엑스레이 촬영을 받고 있다.
5. The doctor is prescribing some medicine. 의사가 약을 처방하고 있다.

E 건설 관련

1. A man is using an electric device. 남자가 전자 기기를 사용하고 있다.
2. They are working on the roof of the house. 그들이 집 지붕 위에서 작업하고 있다.
3. One of the men is lifting a hammer. 남자들 중 한 명이 망치를 들어올리고 있다.
4. One man is pushing a wheelbarrow. 한 남자가 외발손수레를 밀고 있다.
5. The man is emptying a bucket into a container. 남자가 양동이에 있는 것을 용기 안으로 비우고 있다.

DAY 06 질의 응답 - Who

Part 2는 질문에 이어 선택지 세 개를 듣고 가장 적절한 응답을 고르는 형식으로, 총 25문제가 출제된다.

Part 2는 전적으로 청취에만 의존해야 하므로 질문 앞부분에 나오는 의문사를 듣는 게 관건이다. 대개 의문사에 대응하는 응답이 나오는 선택지가 정답이다. Part 2를 질문의 종류에 따라 살펴보자.

who 의문문은 사람, 신분, 단체 따위를 묻는다. who로 물었을 때 사람 이름이 나오는 경우가 대표적이지만, 그 외에도 I / He / She 같은 인칭대명사가 나오거나, It has not been decided(아직 결정되지 않았어요)나 Let me check(알아보겠습니다) 같은 '모르겠다' 유형의 응답이 나올 수도 있다.

의문사 who가 주어인지 목적어인지도 구분해야 한다. 목적어일 때도 whom 대신에 who를 쓰는 경우가 많기 때문이다.

Q **Who** is going to attend the financial meeting? 〈주어로 쓰인 who〉
　의문사 + 동사

A **Mr. Porter** said he would be available.

Q 누가 재무회의에 참석하나요?
A 포터 씨가 자신이 참석할 수 있을 것이라고 했어요.

Q **Who** should I talk to? 〈목적어로 쓰인 who〉
　의문사 + 조동사 + 주어 + 동사 + 전치사

A **Yujin** in accounting.

Q 제가 누구에게 말해야 하나요?
A 회계 부서의 유진에게요.

핵심 Q & A 맛보기

- Who's in charge of payroll? 누가 급여를 담당하고 있나요?
  → Mr. Lee, I think. 〈사람〉 이 씨일 거예요.
- Who will set up the tables? 누가 테이블들을 설치할 건가요?
  → The facility department will. 〈부서명〉 시설과가 할 거예요.
- Who should I speak to about my bonuses? 상여금에 관해서는 누구에게 말해야 하나요?
  → You'd better talk to your manager. 〈직위〉 과장님에게 얘기해보세요.

※ 참고

부서명		
Public Relations Department 홍보부		Human Resources Department 인사부
Payroll Department 경리부		Customer Service Department 고객서비스부

Practice

🎧 06-01

1. Mark your answer on your answer sheet. (A) (B) (C)
2. Mark your answer on your answer sheet. (A) (B) (C)
3. Mark your answer on your answer sheet. (A) (B) (C)
4. Mark your answer on your answer sheet. (A) (B) (C)
5. Mark your answer on your answer sheet. (A) (B) (C)
6. Mark your answer on your answer sheet. (A) (B) (C)
7. Mark your answer on your answer sheet. (A) (B) (C)
8. Mark your answer on your answer sheet. (A) (B) (C)

Dictation 질문과 응답을 다시 듣고 받아쓰시오.　🎧 06-02

1. _____ ?

    (A) Mr. Seed works in Accounting.
    (B) The manager gave it to me.
    (C) _____ .

    누가 이 프로그램으로 일하고 있나요?
    (A) 시드 씨는 경리부에서 일해요.
    (B) 과장님이 나에게 줬어요.
    (C) 로라 씨예요.

    [어휘] work with ~와 일하다 | accounting 경리부 | give A to B A를 B에게 주다

2. _____ ?

    (A) _____ .
    (B) It was fixed last week.
    (C) It is out of order.

    전화통화를 한 상대방은 누구였나요?
    (A) 고객이요.
    (B) 그것은 지난주에 수리됐어요.
    (C) 그것은 고장 났어요

    [어휘] be on the phone 통화하다 | customer 고객, 손님 | fix 수리하다 | out of order 고장 난

3. _____ ?

    (A) About 30 minutes.
    (B) To catch a train.
    (C) _____ .

    누가 리 씨를 기차역까지 데려다 줄 것인가요?
    (A) 30분 정도 걸립니다.
    (B) 기차를 타려고요.
    (C) 개리가 할 수 있어요.

    [어휘] be going to-V ~할 것이다 | take A to B A를 B로 데려가다 | catch 잡아타다

4 _____?

(A) Yes, I'm the manager.
(B) He decided to sign the contract.
(C) _____.

[어휘] **make a decision** 결정하다 | **decide to-V** ~하기로 결정하다 | **sign the contract** 계약하다 | **usually** 일반적으로

당신의 사무실에서 누가 의사결정을 하나요?
(A) 네, 제가 관리자입니다.
(B) 그는 계약하기로 결정했습니다.
(C) 산체스 씨가 주로 합니다.

5 _____?

(A) This will be the last time.
(B) _____.
(C) To get some information.

[어휘] **be responsible for** ~을 책임지다 | **set up a meeting** 회의를 소집하다, 회합하다

누가 회의 소집을 담당하고 있나요?
(A) 이것이 마지막이 될 거예요.
(B) 로레인이 담당하고 있어요.
(C) 정보를 얻기 위해서요.

6 _____?

(A) A handling charge is included.
(B) I don't know what to do.
(C) _____.

[어휘] **be in charge of** ~을 책임지다 | **handling charge** 수수료 | **include** 포함하다

누가 회의를 담당하고 있나요?
(A) 수수료가 포함됩니다.
(B) 무엇을 할지 모르겠어요.
(C) 루이스 씨라고 하던데요.

7 _____?

(A) The organ is being manufactured.
(B) Yes, I have time.
(C) _____.

[어휘] **organize** 조직하다, 계획하다 | **reception** 환영회 | **organ** 오르간 | **manufacture** 만들다

누가 그 대규모 환영회를 계획했나요?
(A) 오르간이 제작되고 있어요.
(B) 네, 시간 있어요.
(C) 니콜라스 씨가 모든 걸 준비했어요.

8 _____?

(A) She's prepared for it.
(B) _____.
(C) She isn't at work.

[어휘] **farewell party** 송별회 | **prepare for** 준비하다 | **invite** 초대하다 | **at work** 근무하는

누가 루소 씨의 송별회에 가나요?
(A) 그녀가 그걸 준비했어요.
(B) 사무실 사람들 모두요.
(C) 그녀는 직장에 없어요.

DAY 07 질의 응답 - Where

장소를 묻는 의문문은 장소가 답으로 나오는 경우가 당연히 많다. 이때 방향, 위치, 장소를 나타내는 전치사들 in(안에, ~에), on(위에), at(~에), by·next to(~ 옆에), around(~을 돌아서) 등과 같이 나오는 경우가 대부분이다. 동사 go를 이용해서 go to 장소(~에 가다)나 go straight(곧장 가다) 등의 표현이 나올 수도 있다. 그밖에 장소와 관계없는 대답도 올 수 있다는 사실에 주의하면서 들어야 한다.

Q **Where** did he find the report?
　의문사 + 조동사 + 주어 + 동사원형

A He found the report **on his desk**.
　　　　　　　　　　　where(어디서)에 대응하는 대답

Q 그가 보고서를 어디에서 찾았죠?
A 그의 책상 위에서 찾았어요.

핵심 Q & A 맛보기

- Where did you buy that suitcase? 그 여행 가방을 어디서 샀나요?
  → The downtown department store. 시내 백화점에서요.
- Where is the best place to eat? 식사하기에 가장 좋은 곳이 어디죠?
  → Try Cartiate on the corner. 모퉁이에 있는 카티에이트에 가보세요.
- Where should I put this table? 이 테이블을 어디에 둘까요?
  → Near the refrigerator. 냉장고 가까이에요.
- Where do you keep the files? 어디에 파일을 보관하나요?
  → In the bottom drawer. 맨 아래 서랍에요.

※ 참고

| 장소 표현 부사구 | next to the building 건물 옆
on top of ~ 위에
in the cabinet 캐비닛 안에 | around the corner 모퉁이에
beside the door 문 옆에
on the second floor 2층에 |

Practice

🎧 07-01

1 Mark your answer on your answer sheet.   (A) (B) (C)
2 Mark your answer on your answer sheet.   (A) (B) (C)
3 Mark your answer on your answer sheet.   (A) (B) (C)
4 Mark your answer on your answer sheet.   (A) (B) (C)
5 Mark your answer on your answer sheet.   (A) (B) (C)
6 Mark your answer on your answer sheet.   (A) (B) (C)
7 Mark your answer on your answer sheet.   (A) (B) (C)
8 Mark your answer on your answer sheet.   (A) (B) (C)

Dictation 질문과 응답을 다시 듣고 받아쓰시오.

🎧 07-02

1 _____?

   (A) To see my relatives.
   (B) _____.
   (C) No, in 3 days.

   당신은 어디로 휴가를 갔었나요?
   (A) 친척들을 보려고요.
   (B) 저는 그냥 집에 있으면서 쉬었어요.
   (C) 아니요, 3일 후에요.

   [어휘] go on vacation 휴가 가다 | relative 친척 | stay 머물다 | relax 휴식을 취하다, 쉬다

2 _____?

   (A) _____.
   (B) I'll visit Italy for a conference.
   (C) Your stay was long enough.

   이탈리아를 방문할 때 어디서 머물 건가요?
   (A) 그랜다스 호텔에서요.
   (B) 나는 회의 때문에 이태리에 갈 예정이에요.
   (C) 당신의 체류 기간은 충분했어요.

   [어휘] stay 머물다, 체류하다, 체류 | visit 방문하다 | conference 회의 | enough 충분히, 필요한 만큼

3 _____?

   (A) She put the letters in large envelopes.
   (B) The mail was late.
   (C) _____.

   편지들을 어디에 뒀죠?
   (A) 그녀는 편지를 큰 봉투에 넣었어요.
   (B) 편지가 늦었어요.
   (C) 베이커 씨의 책상 위에요.

   [어휘] put 놓다, 두다 | envelope 봉투 | mail 우편물

4 _____?

(A) _____.

(B) I rented a car yesterday.

(C) I haven't returned the car.

주말 동안 쓸 차를 어디에서 빌릴 수 있나요?

(A) 모퉁이를 돌면 대리점이 있어요.

(B) 어제 차를 빌렸어요.

(C) 차를 반환하지 않았어요.

[어휘] **rent** 빌리다, 대여하다 | **weekend** 주말 | **agency** 대리점 | **around** 빙 돌아서, 주위에 | **return** 되돌려주다, 반환하다

5 _____?

(A) _____.

(B) Her works were excellent.

(C) She wants to work in Accounting.

캐런은 지금 어디에서 근무하나요?

(A) 본사에서요.

(B) 그녀의 작품들은 뛰어났어요.

(C) 그녀는 경리부서에서 근무하기를 원해요.

[어휘] **head office** 본사 | **work** (셀 수 있는 경우) 작품 | **accounting** 경리부

6 _____?

(A) _____.

(B) A trip to Rome.

(C) A monthly rate is 30 dollars.

월 정액 승차권을 어디서 구할 수 있습니까?

(A) 저기 기계에서요.

(B) 로마 여행이요.

(C) 월 요금은 30달러입니다.

[어휘] **monthly** 매달의, 매월마다 | **pass** 승차권

7 _____?

(A) _____.

(B) Soon after the stop.

(C) We will click the button.

이 버스가 트레몬트에서는 어디에 정차하나요

(A) 시청 앞에서요.

(B) 정차 직후에요.

(C) 버튼을 클릭할 거예요.

[어휘] **stop** 멈추다 | **soon after** 직후 | **click** 클릭하다

8 _____?

(A) They are predicting rain.

(B) Only a few minutes away.

(C) _____? _____?

차 수리를 하러 주로 어디로 가세요?

(A) 비가 올 거라고 하네요.

(B) 단지 몇 분 거리에요.

(C) 왜요? 당신 차에 문제가 있나요?

[어휘] **repairs** 수리 | **predict** 예측하다 | **away** 떨어져 있는 | **wrong with** ~에 문제가 있는

DAY 08 질의 응답 - When

when 의문문은 시간, 때를 묻는 의문문이므로 정확한 특정 시점 at 3 o'clock(세 시에), 2 days ago(이틀 전에) 등이나 불특정 시점 by the end of this week(이번 주 말까지), early next month(다음 달 초) 등이 주로 답이 되지만 시간이나 때를 언급하지 않더라도 It hasn't been decided yet(아직 결정되지 않았어요), When he arrives(그가 도착하면) 등의 답이 나올 수 있다.

when 의문문은 특히 의문문 다음에 오는 시제를 잘 들어두어야 한다.

Q **When** will the train arrive?
  의문사 + 조동사 + 주어 + 동사원형
A The train will arrive **in 30 minutes**.
            when(언제)에 대응하는 대답
Q 기차가 언제 도착할까요?
A 기차는 30분 후에 도착할 것입니다.

핵심 Q & A 맛보기

- When will you pick up the ticket? 언제 표를 찾을 건가요?
  → This evening. 오늘 저녁에요.
- When did you move? 언제 이사했죠?
  → Last month. 지난달에요.
- When was the policy announced? 정책이 언제 발표됐나요?
  → Yesterday morning. 어제 아침에요.
- When will the store close? 언제 가게가 문을 닫나요?
  → I have no idea. 모르겠어요.

※ 참고

시간 표현 부사구		
not for another week 일주일 후에		in two months 두 달 후에
soon 곧		a week ago 일주일 전에
last week 지난주에		a couple of days ago 며칠 전에

Practice

🎧 08-01

1	Mark your answer on your answer sheet.	(A)	(B)	(C)
2	Mark your answer on your answer sheet.	(A)	(B)	(C)
3	Mark your answer on your answer sheet.	(A)	(B)	(C)
4	Mark your answer on your answer sheet.	(A)	(B)	(C)
5	Mark your answer on your answer sheet.	(A)	(B)	(C)
6	Mark your answer on your answer sheet.	(A)	(B)	(C)
7	Mark your answer on your answer sheet.	(A)	(B)	(C)
8	Mark your answer on your answer sheet.	(A)	(B)	(C)

Dictation 질문과 응답을 다시 듣고 받아쓰시오.

🎧 08-02

1 _____?   언제 해외로 갈 건가요?

(A) Since last week.   (A) 지난주 이래로요.
(B) For 3 days.   (B) 3일 동안이요.
(C) _____.   (C) 4월 21일에요.

[어휘] **abroad** 해외로(에) | **since** ~한 이후로, 이래로 | **April** 4월

2 _____?   제안서 마감이 언제인가요?

(A) _____.   (A) 다음 주 말이에요.
(B) The proposal was sent to the office.   (B) 그 제안서는 사무실로 보내졌어요.
(C) Yes, four days ago.   (C) 네, 4일 전에요.

[어휘] **deadline** 마감일 | **proposal** 제안(서) | **at the end of** ~의 말에 | **be sent to** ~로 보내지다

3 _____?   새로운 소책자 논의를 위해 언제 만날까요?

(A) It's ten pages long.   (A) 10 페이지 분량이에요.
(B) _____?   (B) 한 시가 어때요?
(C) About a week ago.   (C) 약 일주일 전에요.

[어휘] **meet** 만나다 | **discuss** 논의하다 | **brochure** 소책자 | **how about** ~은 어때? | **about** 약

4 _____?

(A) Because of the recession.
(B) They are well qualified.
(C) _____.

우리 회사는 언제 직원들을 더 고용할 건가요?
(A) 불경기 때문에요.
(B) 그들은 자격이 충분해요.
(C) 올 연말에요.

[어휘] hire 고용하다 | employee 직원 | because of ~ 때문에 | recession 경기침체, 불경기 | well-qualified 자격이 충분한 | not until 되어서야 비로소 | the end of ~말

5 _____?

(A) _____.
(B) So is the train.
(C) It's near the station.

열차가 언제 시카고로 출발하나요?
(A) 3시에요.
(B) 그 기차 역시 그래요.
(C) 역 근처에 있어요.

[어휘] leave for ~을 향해 떠나다 | near 근처에

6 _____?

(A) It is expected to arrive at noon.
(B) _____.
(C) To the mail room.

당신의 제안서를 언제쯤 받아볼 수 있나요?
(A) 정오에 도착할 거예요.
(B) 퇴근 전까지요.
(C) 우편실로요.

[어휘] expect 기대하다 | suggestion 제안, 계획 | be expected to-V ~할 예정이다

7 _____?

(A) We bought some groceries there.
(B) In three hours.
(C) _____.

우리는 내일 언제 떠나요?
(A) 우리는 거기에서 식료품을 샀어요.
(B) 3시간 후에요.
(C) 제가 보고서를 끝낸 후에요.

[어휘] leave 출발하다, 떠나다 | groceries 식료품

8 _____?

(A) Usually about several hours.
(B) _____.
(C) It doesn't mix well enough.

우리는 언제 새 사무실을 볼 수 있나요?
(A) 보통 대여섯 시간 정도예요.
(B) 아마 앤더슨 씨가 말해줄 수 있을 거예요.
(C) 충분히 잘 섞이지 않네요.

[어휘] look at 보다 | perhaps 아마도 | mix 섞이다 | well enough 충분히 잘

DAY 09 질의 응답 - How

수단이나 방법, 상태, 의견을 묻는 의문문으로서 how 뒤에 따라오는 형용사 / 부사가 문제를 푸는 핵심이다. 「How + 형용사 / 부사」 형태로 수량, 기간, 빈도 등을 묻는 질문이 나온다.

- **How many / much ~?** 얼마나 많이
- **How long ~?** 얼마나 오래
- **How often~?** 얼마나 자주
- **How soon ~?** 얼마나 빨리

※ 참고

How about ~? = What about ~? 은 '~하는 게 어때요?'라는 의미의 관용 표현이다.

Q **How** will she pay her utility charges?
　의문사 + 조동사 + 주어 + 동사원형
A She will pay her utility charges **in cash**.
　　　　　　　　　　　　　　　how(어떻게)에 대응하는 대답
Q 그녀는 공과금을 어떻게 지불할 건가요?
A 현금으로 지불할 거예요.

📑 핵심 Q & A 맛보기

- **How many people are there?** 〈수량〉 그곳에 몇 명이나 있나요?
  - → **About 20.** 20명 정도 있어요.
- **How much does it cost?** 〈가격〉 가격이 얼마인가요?
  - → **5 dollars.** 5달러요.
- **How long will it take to get there?** 〈기간〉 거기에 도착하는 데 얼마나 걸리나요?
  - → **30 minutes.** 30분이요.
- **How often should we change the filter?** 〈빈도〉 얼마나 자주 필터를 갈아야 하나요?
  - → **Once a month.** 한 달에 한 번씩이요.
- **How do you go to work?** 〈수단〉 직장에 어떻게 가나요?
  - → **By car.** 차로 가요.

Practice

🎧 09-01

1	Mark your answer on your answer sheet.	(A)	(B)	(C)
2	Mark your answer on your answer sheet.	(A)	(B)	(C)
3	Mark your answer on your answer sheet.	(A)	(B)	(C)
4	Mark your answer on your answer sheet.	(A)	(B)	(C)
5	Mark your answer on your answer sheet.	(A)	(B)	(C)
6	Mark your answer on your answer sheet.	(A)	(B)	(C)
7	Mark your answer on your answer sheet.	(A)	(B)	(C)
8	Mark your answer on your answer sheet.	(A)	(B)	(C)

Dictation 질문과 응답을 다시 듣고 받아쓰시오.

🎧 09-02

1   _____?

(A) No, it's not necessary.
(B) _____.
(C) It was out of paper.

이 팩스를 어떻게 사용하나요?
(A) 아뇨, 그럴 필요는 없어요.
(B) 제가 보여드릴게요.
(C) 종이가 다 떨어졌어요.

[어휘] **use** 사용하다 | **fax machine** 팩스기 | **necessary** 필수적인 | **show** 보여주다, 설명하다 | **be out of** ~가 없다, 바닥나다

2   _____?

(A) I'll have time this afternoon.
(B) The projector is on the desk.
(C) _____.

그 프로젝트에 얼마나 많은 시간이 필요할까요?
(A) 오늘 오후에 시간이 날 거예요.
(B) 프로젝터(영사기)는 책상 위에 있어요.
(C) 최소한 한 주 더 걸릴 거예요.

[어휘] **how much time** 얼마나 많은 시간 | **project** 사업, 계획, 기획 | **have time** 시간이 나다, 여유가 있다 | **at least** 최소한

3   _____?

(A) _____.
(B) It is located on 5th Street.
(C) Tomorrow would be fine.

얼마나 자주 본사를 방문하나요?
(A) 한 달에 두 번이요.
(B) 5번 가에 위치해 있어요.
(C) 내일이 좋겠어요.

[어휘] **how often** 얼마나 자주 | **visit** 방문하다 | **home office(= headquarters)** 본사 | **be located** 위치해 있다 | **another +** 단수명사 또 다른 ~, 별도의

4 _____?

(A) I usually walk, but today I drove my car.
(B) Yes, I went there by bus.
(C) _____.

발표는 어떻게 진행되었나요?
(A) 보통은 걸어 다니는데 오늘은 제 차를 운전해서 갔어요.
(B) 맞아요. 저는 버스로 갔어요.
(C) 꽤 잘됐어요. 고마워요.

[어휘] **presentation** 발표, 연설 | **How ~ go?** ~이 어떻게 되어가나요? | **usually** 보통 | **drive** 운전하다 | **by** 〈수단, 방법〉 ~로 | **fairly** 꽤, 매우

5 _____?

(A) _____.
(B) On the shelf.
(C) In the front hallway.

이 여행 가방은 얼마인가요?
(A) 55달러입니다.
(B) 선반 위에 있습니다.
(C) 현관에 있습니다.

[어휘] **cost** 비용이 들다 | **shelf** 선반 | **hallway** 복도, 현관

6 _____?

(A) In half a year.
(B) At the end of the week.
(C) _____.

그들은 이 동네에 얼마나 오래 살았나요?
(A) 반 년 후에요.
(B) 주말에요.
(C) 3년 동안요.

[어휘] **neighborhood** 이웃 | **half** 반 | **at the end of** ~의 말에

7 _____?

(A) _____.
(B) From 9 to 6.
(C) I will see if he can.

SKY 극장에 어떻게 가야 하나요?
(A) 다음 횡단보도에서 좌회전하세요.
(B) 9시부터 6시까지예요.
(C) 그가 할 수 있을지 알아볼게요.

[어휘] **get to** 도착하다 | **theater** 극장 | **crosswalk** 횡단보도 | **see if** ~인지 아닌지 알아보다

8 _____?

(A) _____.
(B) It lasted at least an hour.
(C) The largest one available.

이 집을 얼마 동안 임대할 건가요?
(A) 2년 이상이요.
(B) 최소 한 시간 지속됐어요.
(C) 구할 수 있는 가장 큰 것입니다.

[어휘] **rent** 임대하다 | **over** ~ 이상 | **last** 지속되다 | **at least** 최소 | **available** 이용 가능한

DAY 10 질의 응답 - What

what 의문문에서는 의문사를 들었다고 해서 문제가 다 풀리지는 않기 때문에 what 뒤에 나오는 단어까지 잘 들어야 한다. 일반적으로 '~이 무엇인가? 무엇을 했나?'라는 질문이 기본이지만 what의 다양한 의미를 파악하는 게 중요하다.

- **What + kind[sort / type] of + 명사 ~?** 어떤 종류의 ~인가요? 〈종류를 묻는 질문〉
- **What's the cost / charge / deposit / rent ~?** 비용 / 요금 / 예금 / 세가 얼마죠? 〈비용, 금액을 묻는 질문〉
- **What do you think of ~?** ~을 어떻게 생각하나요? 〈의견을 묻는 질문〉

Q **What** did he present to the receptionist?
　　what + 조동사 과거형 + 주어 + 동사원형
A He presented **his identification card** to the receptionist.
　　　　　　　　what(무엇)에 대응하는 응답
Q 그가 접수계원에게 무엇을 제시했나요?
A 그의 신분증을 제시했어요.

핵심 Q & A 맛보기

- What kind of work did you looking for? 〈종류〉 어떤 일을 찾고 있나요?
  → I want to go into sales. 판매부에 들어가고 싶어요.
- What's the extension for personnel? 〈수치〉 인사부 내선번호가 뭔가요?
  → 459. 459번입니다.
- What do you think of the new desk? 〈의견〉 새 책상 어때요?
  → It looks convenient. 편리해 보여요.
- What's the weather like? 〈외양 / 상태〉 날씨가 어떤가요?
  → Windy and chilly. 바람이 불고 쌀쌀해요.
- What did he say about the policy? 〈무엇〉 그 정책에 관해 그는 뭐라던가요?
  → Nothing. 아무 말도 없었어요.

Practice

🎧 10-01

1 Mark your answer on your answer sheet. (A) (B) (C)
2 Mark your answer on your answer sheet. (A) (B) (C)
3 Mark your answer on your answer sheet. (A) (B) (C)
4 Mark your answer on your answer sheet. (A) (B) (C)
5 Mark your answer on your answer sheet. (A) (B) (C)
6 Mark your answer on your answer sheet. (A) (B) (C)
7 Mark your answer on your answer sheet. (A) (B) (C)
8 Mark your answer on your answer sheet. (A) (B) (C)

Dictation 질문과 응답을 다시 듣고 받아쓰시오.

🎧 10-02

1 _____?

(A) _____.
(B) Living in the city is convenient.
(C) Yes, I'm sorry to leave early.

그녀의 직업은 무엇인가요?
(A) 그녀는 외판원이에요.
(B) 도시에서 사는 것은 편리해요.
(C) 맞아요, 일찍 가서 미안해요.

[어휘] **What do / does 주어 do for a living?** ~의 직업은 무엇입니까? | **sales representative** 외판원 | **convenient** 편리한 | **leave** 떠나다, 출발하다

2 _____?

(A) The quickest way is by air mail.
(B) _____.
(C) It takes 20 minutes to get there.

공항으로 가는 가장 빠른 방법이 무엇인가요?
(A) 항공 우편이 가장 빨라요.
(B) 직행버스를 타세요.
(C) 도착하는 데 20분 걸려요.

[어휘] **the fastest** 가장 빠른 | **get to 장소** ~에 도착하다 | **quickest** 가장 빠른(quick의 최상급) | **by** 〈수단, 방법〉 ~로 | **airmail** 항공 우편 | **take** 타다 | **express** 급행의 | **shuttle** 정기 왕복버스

3 _____?

(A) _____.
(B) Yes, I'm looking forward to it.
(C) I was looking for something colorful.

어떤 직책을 바라고 있나요?
(A) 영업부서에 들어가길 원해요.
(B) 네, 저는 그것을 학수고대하고 있어요.
(C) 저는 색깔이 다채로운 것을 찾고 있었어요.

[어휘] **look for** 바라다, 기대하다 | **look forward to + (동)명사** (~하는 것을 매우 기대하다) | **colorful** 색상이 다양한

4 _____ ?

(A) It's supposed to be fine tomorrow.

(B) _____ .

(C) The presentation doesn't start until 9:30.

[어휘] **president** 사장 | **be supposed to-V** ~하기로 되어 있다 | **arrive** 도착하다 | **depend on** ~에 달려 있다 | **schedule** 예정
(표), 계획 | **start** 출발하다 | **until** ~까지

사장님은 몇 시에 도착하기로 되어 있나요?

(A) 내일은 날씨가 좋을 거예요.

(B) 비행기 일정에 달려 있어요.

(C) 발표는 9시 30분이 되어야 시작돼요.

---

5 _____ ?

(A) _____ .

(B) I got back.

(C) My questionnaire is missing.

[어휘] **quarter** 분기의, 1년에 네 번의 | **profit** 이익, 수익 | **questionnaire** 질문지 | **missing** 사라진, 없어진

쉴바 씨, 당신의 질문이 무엇이었나요?

(A) 나는 지난 분기의 수익에 대해 알고 싶었어요.

(B) 내가 돌아왔어요.

(C) 내 질문지가 없어요.

---

6 _____ ?

(A) To ask about bags.

(B) _____ .

(C) Bags for cleaning supplies.

[어휘] **trousers** 바지 | **supplies** 용품

가방 안에 무엇이 들어 있죠, 손님?

(A) 가방에 대해 문의하려고요.

(B) 그냥 셔츠와 바지예요.

(C) 청소용품 가방들이에요.

---

7 _____ ?

(A) Turn right here.

(B) _____ .

(C) I know a good shop.

[어휘] **what do you think of** ~에 대해 어떻게 생각하세요? | **turn** 돌다 | **right** 오른쪽 | **useful** 유익한 | **shop** 가게

그 온라인 워크숍에 대해 어떻게 생각해요?

(A) 여기서 오른쪽으로 가세요.

(B) 매우 유익하죠.

(C) 좋은 가게를 알고 있어요.

---

8 _____ ?

(A) _____ .

(B) She talked about tax laws.

(C) We still have a lot.

[어휘] **next to** ~ 옆에 | **tax** 세금 | **law** 법

당신 옆에 앉아 있던 여자의 이름이 뭐였죠?

(A) 기억이 안 나요.

(B) 그녀는 세법에 대해 말했어요.

(C) 우리는 여전히 많이 가지고 있어요.

DAY 11 질의 응답 - Why

이유나 원인을 묻는 의문문이기 때문에 주로 because, because of, due to, since 등 이유를 나타내는 접속사나 전치사구가 정답으로 나오게 되고, to-V(~하려고, ~하기 위해서)의 표현이 답으로 제시되기도 한다. 그러나 이러한 표현으로 오답을 유도하기도 하니 주의해야 한다.

Q **Why** will he go to a bank?
　의문사 + 미래조동사 + 주어 + 동사원형
A He will go to a bank **to make a credit card**.
　　　　　　　　　　why(왜)에 대응하는 응답
Q 그가 왜 은행에 가려고 하나요?
A 신용카드를 만들려고요.

📑 핵심 Q & A 맛보기

- Why are you going to New York? 뉴욕에는 왜 가요?
  → For a conference there. 회의 때문에요.
- Why did you stay up last night? 어젯밤에 왜 늦게 잤죠?
  → To finish the project in time. 프로젝트를 제때 끝내기 위해서죠.
- Why did they leave so early yesterday? 그들은 어제 왜 그렇게 일찍 떠났나요?
  → Because they had to catch the train. 기차를 타야 했기 때문이에요.
- Why hasn't Ms. Carlton worked on the proposal? 왜 칼튼 씨는 제안서 작업을 하지 않았나요?
  → She was transferred to another office. 그녀는 다른 사무실로 전근 갔어요.

※ 참고

흔히 나오는 응답 패턴	for / due to / because ~때문에
	to + 동사원형 ~하기 위해서(해석상 because를 빼도 이유를 설명할 수 있다.)

48

Practice

🎧 11-01

1. Mark your answer on your answer sheet.　(A)　(B)　(C)
2. Mark your answer on your answer sheet.　(A)　(B)　(C)
3. Mark your answer on your answer sheet.　(A)　(B)　(C)
4. Mark your answer on your answer sheet.　(A)　(B)　(C)
5. Mark your answer on your answer sheet.　(A)　(B)　(C)
6. Mark your answer on your answer sheet.　(A)　(B)　(C)
7. Mark your answer on your answer sheet.　(A)　(B)　(C)
8. Mark your answer on your answer sheet.　(A)　(B)　(C)

Dictation　질문과 응답을 다시 듣고 받아쓰시오.　🎧 11-02

1. _____?

   (A) _____.
   (B) Much earlier, thanks.
   (C) I exercise early in the morning.

   가게가 왜 이렇게 일찍 문을 닫았죠?
   (A) 공휴일 때문에요.
   (B) 훨씬 더 일찍이네요. 감사합니다.
   (C) 저는 아침 일찍 운동해요.

   [어휘] **close** 닫다 | **early** 일찍 | **because of** ~ 때문에 | **holiday** 국경일, 휴일 | **much** (비교급 강조부사) 훨씬 | **exercise** 운동하다

2. _____?

   (A) It's open for business.
   (B) It costs 2 dollars to clean.
   (C) _____.

   세탁소가 왜 문을 열지 않았나요?
   (A) 영업하고 있어요.
   (B) 세탁하는 데 2달러예요.
   (C) 매주 목요일에는 문을 닫아요.

   [어휘] **dry cleaner's** 세탁소 | **open** 열린 | **be open for business** 영업하다, 개업하다 | **cost** 비용이 들다, 비용 | **clean** 치우다, 세탁하다 | **close** 문을 닫다 | **every** 매 ~마다

3. _____?

   (A) _____.
   (B) I took off my boots.
   (C) Jackets were sold out.

   왜 재킷을 벗었어요?
   (A) 바깥 날씨가 꽤 따뜻해요.
   (B) 장화를 벗었어요.
   (C) 재킷이 다 팔렸어요.

   [어휘] **take off** 벗다 | **pretty** 꽤 | **warm** 따뜻한 | **outside** 외부의, 옥외의 | **took** take의 과거형 | **sold out** 매진된

Day 11　49

4 _____?

(A) It arrived at 5 o'clock.
(B) The airplane is delayed over 2 hours.
(C) _____.

[어휘] flight 비행기 | postpone 연기하다 | arrive 도착하다 | airplane 비행기 | delay 연기하다, 연착하다 | over ~ 동안 | mechanical 기계의, 기계적인 | problem 문제

102편 비행기가 왜 지연되었나요?
(A) 5시에 도착했어요.
(B) 비행기가 두 시간 연착되고 있어요.
(C) 기계 결함이 있었어요.

5 _____?

(A) Sure, I don't mind.
(B) Yes, I'll ask for directions.
(C) _____.

[어휘] send 보내다 | proposal 제안서 | mind 꺼리다 | ask for directions 길을 묻다 | completed 완성된

왜 저에게 제안서를 보내지 않았나요?
(A) 물론이죠, 전 괜찮아요.
(B) 네, 길을 물어볼게요.
(C) 완성되지 않아서요.

6 _____?

(A) _____.
(B) Coupons are non-transferable.
(C) My new office is on the 5th floor.

[어휘] transfer 전근하다, 옮겨가다 | close 가까이 | transferable 이전할 수 있는, 양도할 수 있는

지오바 씨가 왜 마이애미로 전근 갔죠?
(A) 그녀는 가족과 가까이에서 근무하길 원했어요.
(B) 쿠폰은 양도되지 않습니다.
(C) 내 새 사무실은 5층에 있어요.

7 _____?

(A) At least 10 dollars.
(B) _____.
(C) You will pay less next year.

[어휘] take a cab 택시 타다 | feel like -ing ~하고 싶다 | stroll 걷다 | pay less 덜 지불하다

극장까지 택시를 타는 게 어때요?
(A) 최소 10달러예요.
(B) 걷고 싶어요.
(C) 당신은 내년에 돈을 덜 낼 거예요.

8 _____?

(A) All of them have.
(B) The work of art will be revised.
(C) _____.

[어휘] Why don't we ~? 우리가 ~하는 게 어때? | work 작품 | revise 수정하다

이번 주에 미술관에 가는 게 어때요?
(A) 그들 모두가 그랬어요.
(B) 그 미술품은 수정될 거예요.
(C) 내가 스케줄을 확인해볼게요.

DAY 12 질의 응답 - 조동사·부정·부가의문문

1 조동사 의문문

문장에 조동사 can / will / should 등이 있을 경우, 조동사를 문장 앞으로 보내면서 동사는 원형 그대로 주어 뒤에 놓아두면 된다.

- I can have my shirt ordered by a phone call. 나는 전화로 셔츠를 주문할 수 있다.
  → Can I have my shirt ordered by a phone call? 전화로 셔츠를 주문할 수 있나요?
- He will living there. 그는 거기에서 살 것이다.
  → Will he be living there? 그는 거기에서 살 건가요?

2 부정의문문

1) 부정의문문을 만들고자 할 때는 do / does / did + not의 축약형 don't / doesn't / didn't를 주로 쓴다. be동사일 때도 마찬가지로 isn't / aren't / wasn't / weren't를 쓴다.

2) 부정의문문의 답은 질문의 not에 관계없이 긍정으로 해석해서 대답 내용이 긍정이면 yes, 부정이면 no로 답하면 된다.

- She lives in the company housing. 그녀는 사옥에서 산다.
  → Doesn't she live in the company housing? 그녀는 사옥에서 살지 않나요?
- You are supposed to be in the library. 너는 도서관에 있어야 한다.
  → Aren't you supposed to be in the library? 너 도서관에 있어야 하는 거 아니야?

3 부가의문문

자신이 말한 정보나 내용이 맞는지 확인하거나 상대에게 동의를 구할 때 쓰는 표현으로 평서문 뒤에서 앞 문장이 긍정이면 부정으로, 부정이면 긍정으로 묻는 형태이다. 주의할 점은 부정의문문과 마찬가지로 질문의 not에 개의치 말고 대답할 내용이 긍정이면 yes, 부정이면 no로 대답한다.

평서문이 긍정일 경우는 긍정의 답을 기대하면서, 부정일 경우는 부정의 답을 기대하면서 확인 및 동의를 구하는 표현이다.

평서문 주어 → 부가의문문 주어

긍정문 + 부정의문문?	Q She is hungry, isn't she? A Yes, she is. 배가 고픈 경우 / No, she isn't. 배가 고프지 않은 경우 Q You can be there on time, can't you? A Yes, I can. 제시간에 도착할 수 있는 경우 / No, I can't. 제시간에 도착할 수 없는 경우
부정문 + 부정의문문?	Q They haven't left early, have they? A Yes, they have. 일찍 떠난 경우 / No, they haven't. 일찍 떠나지 않은 경우 Q You've never been to Paris, have you? A Yes, I have. 가봤을 경우 / No, I haven't. 가보지 않았을 경우

Practice

🎧 12-01

1. Mark your answer on your answer sheet.   (A) (B) (C)
2. Mark your answer on your answer sheet.   (A) (B) (C)
3. Mark your answer on your answer sheet.   (A) (B) (C)
4. Mark your answer on your answer sheet.   (A) (B) (C)
5. Mark your answer on your answer sheet.   (A) (B) (C)
6. Mark your answer on your answer sheet.   (A) (B) (C)
7. Mark your answer on your answer sheet.   (A) (B) (C)
8. Mark your answer on your answer sheet.   (A) (B) (C)

Dictation 질문과 응답을 다시 듣고 받아쓰시오.   🎧 12-02

1. _____?

   (A) I'm going to work overtime tomorrow.
   (B) _____.
   (C) Yes, that's my plan.

   어제 늦게까지 일했나요?
   (A) 내일 초과 근무할 거예요.
   (B) 아뇨, 정오에 퇴근했어요.
   (C) 맞아요, 바로 그게 내 계획이죠.

   [어휘] **work late** 늦게까지 일하다 | **work overtime** 초과근무하다, 시간외 근무하다 | **left** leave의 과거(분사)형 | **at noon** 정오에 | **plan** 계획

2. _____?

   (A) I ride a bicycle to work.
   (B) Sorry, I can't remember it.
   (C) _____. _____.

   역까지 태워드릴까요?
   (A) 직장에 자전거를 타고 가요.
   (B) 미안한데, 기억 못하겠어요.
   (C) 고마워요. 정말 감사하게 생각해요.

   [어휘] **would like N/to-V** ~를 원하다, ~하고 싶다 | **a ride** 태우고 감 | **station** 역 | **remember** 기억하다 | **appreciate** 고마워하다

3. _____?

   (A) _____.
   (B) No, it was nice.
   (C) 5 dollars per person.

   당신 박물관 갔었죠, 아닌가요?
   (A) 맞아요, 새로운 전시가 시작됐어요.
   (B) 아뇨, 좋았어요.
   (C) 1인당 5달러예요.

   [어휘] **museum** 박물관 | **exhibit** 전시(물) | **open** 열다, 개방하다 | **per person** 1인당

4 _____?

(A) _____.
(B) It took 10 minutes by bus.
(C) We took a taxi to work.

[어휘] **would rather V** ~하는 게 낫다 | **take** 〈교통수단〉 ~을 타다 | **prefer to-V** ~하기를 더 좋아하다 | **walk** 걷다, 산책하다 | **it takes** 〈시간〉 ~ 걸리다 | **by** 〈수단, 방법〉 ~로

버스를 타고 싶으세요?
(A) 아니오, 저는 걷는 것이 좋겠어요.
(B) 버스로 10분 걸렸어요.
(C) 직장까지 택시를 탔어요.

5 _____?

(A) _____.
(B) The entire floor was clean.
(C) Yes, there isn't any.

[어휘] **vending machine** 자판기 | **entire** 전부의, 전체의

이 층에는 자판기가 없나요?
(A) 있어요, 복도 양쪽 끝에요.
(B) 층 전체가 깨끗했어요.
(C) 있어요, 하나도 없어요.

6 _____?

(A) _____.
(B) They are exciting.
(C) Yes, I have been busy with work.

[어휘] **recently** 최근에 | **a couple of** 두 번의 | **be busy with** ~로 바쁘다

최근에 영화 본 적 있어요?
(A) 있어요, 두 번이요.
(B) 그것들은 재미있어요.
(C) 네, 일로 바빴어요.

7 _____?

(A) _____.
(B) It lasted half an hour.
(C) They cook seafood.

[어휘] **get to** ~에 도착하다 | **would like A to-V** A가 ~하기를 원하다 | **last** 지속되다 | **half an hour** 30분 | **cook** 요리하다 | **seafood** 해산물

우리가 7시까지 이탈리아 식당에 도착해야 하나요?
(A) 물론이죠. 여러분이 그랬으면 좋겠어요.
(B) 30분 동안 지속됐어요.
(C) 그들은 해산물을 요리해요.

8 _____?

(A) The break time was short.
(B) A short-sleeved shirt is okay.
(C) _____.

[어휘] **short break** 짧은 휴식 | **break time** 휴식시간 | **short-sleeved** 반소매의

잠깐 쉬고 싶지 않나요?
(A) 휴식시간이 짧았어요.
(B) 반소매 셔츠도 괜찮아요.
(C) 우리에게는 할 일이 너무 많아요.

DAY 13 질의 응답 - 선택의문문

선택의문문은 A or B?(A 아니면 B?) 형태로 둘 중 하나를 선택하게 하는 의문문이다.

질문에 나왔던 표현을 그대로 써서 답을 찾는 문제가 출제되기도 하지만 질문에 나왔던 표현과 유사한 다른 표현을 선택지에 제시하기도 한다.

   ex) 질문에 나왔던 표현: a morning flight or an evening flight?
       선택지에 나오는 다른 표현: early one

Either would be fine(둘 다 좋아요), It doesn't matter(상관없어요), Neither, we should find out something else(둘 다 아니에요, 다른 것을 알아봐야 해요) 등 선택하지 않는 답변도 가능하다는 사실을 주의해야 한다.

> Q **Which** section would he like to sit, **smoking or non-smoking**?
>   의문사 + 명사 + 조동사 + 주어
>
> A He would like to sit **at the smoking section**.
>   which(어느 쪽)에 대응하는 대답
>
> Q 그는 흡연석과 금연석 중 어느 자리에 앉고 싶어 하나요?
> A 그는 흡연석에 앉고 싶어 하나요.

핵심 Q & A 맛보기

A 둘 중 하나를 택하면서 다른 말로 바꾸어 표현할 때

- **I'll take care of it.** 제가 처리할게요.
- **I don't mind waiting.** 저는 기다려도 상관없어요.
- **I want to lead the team this year.** 올해는 팀을 이끌고 싶어요.
- **I'll stop by to get it.** 제가 가지러 잠깐 들를게요.

B 둘 중 어느 것이나 상관없을 때

- **Either one is fine with me.** 어느 쪽이든 좋아요.
- **Whichever you prefer.** 둘 중 당신이 더 원하는 것으로요.
- **It doesn't matter.** 어떻든 괜찮아요.
- **It doesn't make any difference.** 어느 쪽이든 차이가 없어요.

C 둘 다 택하지 않을 때

- **Neither.** 둘 다 싫어요.
- **I haven't decided.** 아직 결정하지 않았어요.

✎ Practice

🎧 13-01

1	Mark your answer on your answer sheet.	(A)	(B)	(C)
2	Mark your answer on your answer sheet.	(A)	(B)	(C)
3	Mark your answer on your answer sheet.	(A)	(B)	(C)
4	Mark your answer on your answer sheet.	(A)	(B)	(C)
5	Mark your answer on your answer sheet.	(A)	(B)	(C)
6	Mark your answer on your answer sheet.	(A)	(B)	(C)
7	Mark your answer on your answer sheet.	(A)	(B)	(C)
8	Mark your answer on your answer sheet.	(A)	(B)	(C)

Dictation   질문과 응답을 다시 듣고 받아쓰시오.

🎧 13-02

1. _____?

   (A) _____.
   (B) I can give it to you.
   (C) Yes, in the room.

   어디에서 발표하고 싶으세요, 중국인가요 러시아인가요?
   (A) 어디든 좋아요.
   (B) 당신에게 그것을 줄 수 있어요.
   (C) 네, 방에서요.

   [어휘] **would like to-V** ~하기를 원하다 | **give a presentation** 발표하다 | **either** 둘 중 어느 것이나 | **place** 장소

2. _____?

   (A) Yes, I love it there.
   (B) _____.
   (C) I'm almost ready.

   우리 점심을 싸 갈까요, 아니면 식당에서 먹을까요?
   (A) 맞아요, 저는 그곳이 좋아요.
   (B) 식당 음식에는 질렸어요.
   (C) 저는 거의 준비가 됐어요.

   [어휘] **pack** 싸다, 포장하다 | **cafeteria** 식당 | **be tired of** 질린, 지긋지긋한

3. _____?

   (A) I'm fine, thanks.
   (B) _____.
   (C) I need to check his e-mail.

   메리 뉴튼과 통화했나요, 아니면 이메일을 보냈나요?
   (A) 저는 괜찮아요. 고마워요.
   (B) 사실 그녀가 내게 전화했어요.
   (C) 나는 그의 이메일을 확인할 필요가 있어요.

   [어휘] **talk to** 사람 ~에게 말을 걸다, 얘기하다 | **actually** 실제로, 사실상 | **give a call** 전화하다

4 _____ ?

(A) Sure, I'll buy you a ticket.
(B) _____ .
(C) I prefer a single room.

왕복표를 원하세요, 아니면 편도를 원하세요?
(A) 물론이죠, 제가 당신에게 표를 사줄게요.
(B) 왕복표로 주세요.
(C) 저는 1인실을 선호합니다.

[어휘] prefer ~을 선호하다 | round-trip 왕복의 | one-way 편도의 | return ticket 왕복표

5 _____ ?

(A) _____ .
(B) That sounds good.
(C) It's brand-new.

메뉴를 다시 보시겠습니까, 아니면 이미 결정하셨나요?
(A) 주문할게요.
(B) 좋은 생각이에요.
(C) 신제품입니다.

[어휘] look at 보다 | decide 결정하다 | ready 준비된 | brand-new 신제품인, 새로 나온

6 _____ ?

(A) Yes, if we have time.
(B) That sounds good to me.
(C) _____ .

지금 잠깐 쉴까요, 아니면 먼저 주문을 할까요?
(A) 그래요, 시간이 있다면요.
(B) 좋은 생각이에요.
(C) 주문 먼저 하죠.

[어휘] take a break 쉬다, 휴식하다 | make an order 주문하다 | take care of 처리하다, 돌보다

7 _____ ?

(A) _____ .
(B) I think I should.
(C) Yes, I can help him.

이메일로 답해야 하나요, 아니면 편지를 보내야 하나요?
(A) 전혀 상관없어요.
(B) 제가 그래야 할 것 같아요.
(C) 네, 그를 도울 수 있어요.

[어휘] respond 응답하다 | matter 중요하다 | not ~ at all 전혀 ~가 아니다

8 _____ ?

(A) _____ .
(B) Yes, we phoned him today.
(C) You will post it later.

오늘 제안사항을 논의해야 하나요, 아니면 결정을 미뤄야 할까요?
(A) 우리는 지금 결정해야 해요.
(B) 네, 오늘 그에게 전화했어요.
(C) 당신은 그것을 나중에 게시하게 될 거예요.

[어휘] discuss 논의하다 | postpone 연기하다 | make a decision 결정하다 | phone 전화하다 | post 게시하다

DAY 14 대화문 (1)

Part 3는 대화를 듣고 이와 관련된 세 문제를 푸는 형식으로서 총 13개의 대화와 39개의 문항으로 구성된다. 대화문의 주제는 비즈니스 및 일상 생활에서 흔히 접할 수 있는 상황들이며, 대화문의 종류에는 ❶ 두 사람 간의 짧은 대화문, ❷ 두 사람간의 긴 대화문, ❸ 세 사람간의 대화문, ❹ 시각 자료가 제시되는 유형이 있다. Part 3에서는 무엇보다 대화가 시작되기 전에 질문을 미리 파악하는 게 중요하다. 특히, 긴 대화문, 세 사람 간의 대화문, 시각 자료가 함께 제시되는 대화문의 경우 대화를 주고 받는 횟수가 길어졌기 때문에 세부적인 정보를 찾거나 전체적인 주제를 파악하기가 상당히 까다롭다. 그러므로 대화가 시작되기 전에 반드시 질문과 선택지를 미리 읽어두도록 한다.

대화에 나오는 연결어구에도 주의해야 한다. 앞의 내용과 상반되는 내용을 전개할 때 쓰는 but, however, actually, in fact나 결과나 내용을 정리하는 할 때 쓰는 so, then 등이 문장 후반에 나오면 그 뒤에 핵심 단서가 따라오는 경우가 많다.

질문이 여자에 관한 것인지, 남자에 관한 것인지도 잘 파악해야 한다. 대화 내용을 제대로 이해했더라도 남자의 말에서 단서를 잡아야 하는지, 여자의 말에서 단서를 잡아야 하는지를 혼동해서 문제를 틀리는 일이 빈번하기 때문이다. 질문의 주어가 여자인지, 남자인지, 혹은 제3자인지 정확히 파악해서 실수를 없애야 한다.

마지막으로 대화에 나왔던 말이 선택지에 그대로 나오면 거의 오답이다. 또한 긴 대화 내용을 다 기억하기 어렵 다는 점을 이용해서 대화와 관련된 단어들을 선택지에 제시해 청취자를 함정에 빠뜨리는 경우도 많으므로 주의해야 한다.

Types of Questions 질문 유형 파악하기

A 대상을 묻는 질문

직접 대화하고 있는 사람들의 이름이 아닌 제3자, 즉 화제의 중심이 되는 인물을 기억하는 것이 중요하기 때문에 질문의 who 뒤에 나오는 동사를 같이 읽어두어야 누구에 대해 묻는지 정확히 알 수 있다.

- Who most likely are the speakers? 화자들은 누구인 것 같은가?
- Who gave the man an offer? 누가 남자에게 제안을 했는가?

B 때를 묻는 질문

대화 중 연결되는 연결어나 제안을 나타내는 표현의 앞뒤에 단서가 주어진다.
긍정적인 연결어(okay, yes)일 경우는 앞 대화 내용에서 단서가 나오고, 부정적인 연결어(but, actually)와 how about~?, why don't we~?와 같이 제안의 표현일 경우는 뒤에 주로 단서가 나온다.

- When is the report due? 보고서 마감은 언제인가?
- What time does the staff meeting start? 직원회의는 몇 시에 시작하나?

C 장소를 묻는 질문

선택지의 장소들이 대부분 대화 중에 다 언급되는 경우가 많으므로 질문과 관련된 주어, 동사를 미리 읽고 나서 단서를 파악해야 한다.

- Where does this conversation take place? 이 대화는 어디에서 일어나고 있는가?
- Where did the women probably leave her luggage? 그녀는 짐을 어디에 둔 것 같은가?

D 방법을 묻는 질문

수단과 방법뿐 아니라 기간, 빈도, 수, 양 등 다양한 질문이 가능하고 보기가 모두 비슷하게 나오지만 대화의 흐름을 잘 따라가면 어렵지 않게 단서를 잡을 수 있다.

- How did the woman get to the place? 그 여자는 그 장소에 어떻게 왔는가?
- How should the man order the supplies? 남자는 어떻게 물건들을 주문해야 하는가?

E 이유를 묻는 질문

선택지가 다른 질문 유형의 것보다 긴 경우가 많기 때문에 질문뿐 아니라 선택지도 될 수 있으면 읽어 두는 것이 좋다. the reason is, due to, because 어구 뒤에 단서가 나올 수 있다.

- Why did the woman have to move? 여자는 왜 이사 가야 했는가?
- Why does the man want to speak to the manager? 남자는 왜 매니저와 얘기하기를 원하는가?

F '무엇'을 묻는 질문

대화의 초반에 주제를 제시하는 경우가 많기 때문에 첫 대화를 놓치지 않도록 주의해야 한다. 대화가 길고 어려운 문제일 때는 마지막 대화에서 다시 문제점과 해결 방안을 제시하기도 한다.

- What are the speakers discussing? 대화자들은 무엇에 대해 이야기하고 있는가?
- What's wrong with the flight reservation? 비행기 예약에 어떤 문제가 있는가?

G 대화의 일부 내용의 의미를 묻는 질문

인용된 대화문만으로는 정확한 의미를 알 수 없으므로, 전체적인 대화의 내용과 인용된 부분의 바로 앞과 뒤의 내용에 집중해야 한다.

- What does the man mean when he says, "I can make it"?
  남자가 "해낼 수 있어요"라고 말할 때 그가 의미하는 것은 무엇인가?
- What does the woman say, "What a relief"? 여자는 왜 "정말 다행이에요"라고 말하는가?

H 시각 자료의 정보를 묻는 질문

문제뿐만 아니라 시각 자료의 정보를 통해 어떤 정보를 묻고 있는지를 파악한 다음, 해당되는 내용이 언급되는 부분에 집중하며 들어야 한다.

- Look at the graphic. What size shoes the woman ordered?
  시각 자료를 보시오. 여자는 어떤 사이즈의 신발을 주문했는가?
- Look at the graphic. Which floor will the man and woman go to next?
  시각 자료를 보시오. 남자와 여자는 다음에 몇 층으로 갈 것인가?

◐ Warm-up 짧은 문제로 연습하기

Part 3는 대화를 듣기 전에 질문을 먼저 파악하는 게 관건이다. 짧은 문장으로 된 질문을 먼저 읽고 문제의 핵심을 파악하는 연습을 해보자. 그런 다음 대화를 들으면서 정답을 고른 후, 마지막으로 다시 녹음을 반복해서 들으면서 핵심어를 받아 적는다.

Understanding Questions 질문을 먼저 읽은 후 대화를 듣고 정답을 고르시오. 🎧 14-01

1 Who is the woman?

   (A) A travel agent
   (B) A real estate agent
   (C) A customs officer
   (D) A flight attendant

2 Where does this conversation take place?

   (A) In a restaurant
   (B) At a swimming pool
   (C) At a hotel
   (D) At a health club

3 What is the woman going to do this weekend?

   (A) Play tennis
   (B) Climb a mountain
   (C) Relax at home
   (D) Go shopping

Dictation 대화를 다시 들으면서 받아쓰시오. 🎧 14-02

Question 1 refers to the following conversation.

W   May I _____, sir?

M   Sure, here you are.

W   Do you have _____?

W   여권을 보여주시겠습니까?
M   물론입니다. 여기 있습니다.
W   신고하실 물품이 있으신가요?

[어휘] **passport** 여권 | **declare** 〈세관〉 신고하다 | **travel agent** 여행사 직원 | **real estate agent** 부동산 중개업자 | **customs officer** 세관원 | **flight attendant** 비행기 승무원

Question 2 refers to the following conversation.

W   This is your key, sir. _____ is 502.

M   Thanks a lot. Can you tell me where I can _____?

W   I am sorry, we don't have a health club. But we have a swimming pool on the first floor.

W   여기 열쇠가 있습니다. 손님. 손님 방 번호는 502호입니다.
M   고맙습니다. 어디에서 운동할 수 있는지 알려줄 수 있나요?
W   죄송하지만 저희는 헬스장은 없습니다. 1층에 수영장은 있습니다.

[어휘] **get exercise** 운동하다 | **take place** 일어나다, 발생하다

Question 3 refers to the following conversation.

W   James, _____ this weekend?

M   I'm not sure. Maybe I will play tennis or _____.

W   I'm planning to _____.

W   제임스, 이번 주말에 무엇을 할 계획이에요?
M   모르겠어요. 아마 테니스 치거나 등산갈까 해요.
W   저는 집에 있으면서 쉴 계획이에요.

[어휘] **plan to-V** ~할 계획이다 | **stay** 머물다, 체류하다 | **rest** 휴식을 취하다 | **climb** 올라가다, 등반하다

Practice

1. What event are the speakers discussing?

    (A) A product demonstration
    (B) A regional conference
    (C) A regular staff meeting
    (D) A company excursion

2. What does the woman say about the event?

    (A) It will take place in a different room.
    (B) The company CEO will attend it.
    (C) More tables and chairs are needed.
    (D) There was a problem with the schedule.

3. When will the event start?

    (A) At 10:45 A.M.
    (B) At 11:00 A.M.
    (C) At 2:00 P.M.
    (D) At 3:30 P.M.

---

4. Where most likely do the speakers work?

    (A) At a restaurant
    (B) At a drugstore
    (C) At a bakery
    (D) At a post office

5. What do the speakers decide to do?

    (A) Offer a discount to customers
    (B) Stop taking more orders
    (C) Deliver the items themselves
    (D) Hire some new employees

6. What does the woman mean when she says, "That should work"?

    (A) She will continue doing her job.
    (B) She likes the man's idea.
    (C) She is going to attend a party.
    (D) She will help some customers.

Dictation 대화를 다시 들으면서 받아쓰시오.   🎧 14-04

Questions 1-3 refer to the following conversation.

M   It's 10:30, Sasha. _____ in the Roger Conference Room before Donald Albright _____.

W   Oh, I'm sorry. I forgot to tell you. Mr. Albright sent me an e-mail last night to inform me that _____ in Dryden City this morning.

M   So then he won't be providing a demo for us today?

W   He will, but _____.

M   사샤, 지금 10시 30분이에요. 도날드 올브라이트가 11시에 있을 시연회를 위해 도착하기 전에 로저 컨퍼런스 룸에 가서 시청각 장비를 점검할게요.

W   오, 미안해요. 제가 잊고 말씀을 안 드렸네요. 올브라이트 씨가 어제 밤에 제게 이메일을 보냈는데, 오늘 아침 드라이든 시에서도 소프트웨어 시연이 잡혀 있는데, 잊어버리고 있었다고 했어요.

M   그럼 그는 오늘 우리 회사에서는 시연을 하지 않을 건가요?

W   아니요, 할거에요. 하지만 2시로 시간을 옮겼어요.

[어휘] **audio-visual** 시청각의 | **equipment** 장비 | **arrive** 도착하다 | **demonstration** 시연 | **forget to** ~할 것을 잊다 | **inform** 알리다 | **provide** 제공하다 | **move** 옮기다

Questions 4-6 refer to the following conversation.

M   We just received _____.

W   We sure have gotten busy this week.

M   I guess lots of people are having parties. _____ everyone ordered?

W   Yes, I think so. But _____ to deliver them.

M   _____ to customers that pick up their cakes and other pastries?

W   That should work. Let's give them 10% off.

M   Okay. Shall I call back _____?

W   No. Just tell new customers about the offer.

M   우리는 방금 전화상으로 두 건의 주문을 더 받았어요.
W   이번 주에는 확실히 바빠지겠군요.
M   많은 사람들이 파티를 여는 것 같아요. 모든 사람이 주문한 케이크를 전부 다 만들 시간이 될까요?
W   네, 그럴 것 같아요. 하지만 그것들을 배달할 사람들이 충분하지 않아요.
M   그들의 케이크와 다른 페이스트리들을 가져가는 고객들에게 할인을 제공하는 것이 어떨까요?
W   효과가 있을 것 같아요. 그들에게 10%의 할인을 제공하도록 하죠.
M   좋아요. 이미 주문을 한 모든 사람들에게 전화를 걸도록 할까요?
W   아니에요. 새 고객들에게만 이 제안에 대해 알려 주도록 해요.

[어휘] **deliver** 배달하다 | **offer** 제공하다 | **discount** 할인 | **customer** 고객 | **pastry** 페이스트리(구워서 만든 빵이나 과자류)

DAY 15 대화문 (2)

◯ Warm-up 짧은 문제로 연습하기

Part 3는 대화를 듣기 전에 질문을 먼저 파악하는 게 관건이다. 짧은 문장으로 된 질문을 먼저 읽고 문제의 핵심을 파악하는 연습을 해보자. 그런 다음 대화를 들으면서 정답을 고른 후, 마지막으로 다시 녹음을 반복해서 들으면서 핵심어를 받아 적는다.

Understanding Questions 질문을 먼저 읽은 후 대화를 듣고 정답을 고르시오.   🎧 15-01

1 What does Mr. Molly need to borrow?

   (A) Boots
   (B) Gloves
   (C) A car
   (D) A hard hat

2 Why is the man moving to San Francisco?

   (A) His relatives live in San Francisco.
   (B) He is visiting his parents.
   (C) He needs to attend a meeting.
   (D) He is going to work there.

3 Where does this conversation probably take place?

   (A) At a real estate agency
   (B) At an office
   (C) At a bank
   (D) At a park

Dictation 대화를 다시 들으면서 받아쓰시오. 🎧 15-02

Question 1 refers to the following conversation.

W Everyone has to _____ for protection in this plant.

M I'm afraid I _____ in my car.

W That's okay, Mr. Molly. We can _____.

W 이 공장 안에서는 안전을 위해 모두가 안전모와 장갑을 착용해야 합니다.
M 저는 차에 안전모를 두고 왔어요.
W 괜찮아요, 몰리 씨. 저희가 안전모를 빌려드릴 수 있어요.

[어휘] **wear** 착용하다, 입다 | **protection** 보호 | **plant** 공장 | **leave** 놓아두다 | **lend** 빌려주다

Question 2 refers to the following conversation.

W I heard you're _____ San Francisco.

M Yes, I _____ there.

W Let's _____.

W 당신이 샌프란시스코로 이사 갈 거라고 들었어요.
M 맞아요, 거기서 좋은 일자리를 찾았거든요.
W 연락하고 지내요.

[어휘] **move to** ~로 이사하다 | **keep in touch** 연락하고 지내다

Question 3 refers to the following conversation.

M I'd like to _____ this _____.

W Okay. How much will you deposit?

M $250. Fifty dollars is _____ and the rest is _____.

M 이것을 저축 계좌에 입금하고 싶어요.
W 좋습니다. 얼마나 입금하실 건가요?
M 250달러요. 50달러는 현금이고 나머지는 수표입니다.

[어휘] **deposit** 입금하다; 입금; 보증금 | **savings account** 저축계좌 | **in cash** 현금으로 | **rest** 나머지 | **in checks** 수표로

Practice  15-03

1. What is the man looking for?

   (A) A room key
   (B) A résumé
   (C) A staff ID
   (D) A receipt

2. Who is Roger Ebbett?

   (A) A company owner
   (B) A former executive
   (C) A new employee
   (D) A financial expert

3. According to the woman, what is the access code for?

   (A) Logging onto a computer
   (B) Using a photocopier
   (C) Turning on the security alarm
   (D) Opening the office door

---

4. What are the speakers mainly discussing?

   (A) How to cut down on spending
   (B) An upcoming business meeting
   (C) Their goals for the year
   (D) How much money they make

5. According to the man, what is true about the speakers' company?

   (A) It just got a new client.
   (B) It is hiring new employees.
   (C) It is buying new photocopiers.
   (D) It is not making a profit.

6. What does the man say he will do?

   (A) Attend a meeting
   (B) Contact Mr. Sanders
   (C) Go on a business trip
   (D) Visit Tina's office

Dictation 대화를 다시 들으면서 받아쓰시오. 🎧 15-04

Questions 1-3 refer to the following conversation.

M _____, Marni?
   _____, Roger Ebbett. He starts today so
   I'm going to meet him down at the front gate.

W Is that it under the chair?

M Oh, yes. Thank you. It must have fallen off the table.

W _____
   _____.
   I will write it down and leave it on his desk.

M 이 테이블에 제가 두고 간 ID 명찰 보셨어요, 마니? 신입 영업사원 로저 에벳에게 줄 것이에요. 그는 오늘 첫 출근이라 저는 그를 정문에서 만나려고 하고 있어요.
W 의자 밑에 있는 저것인가요?
M 아, 맞아요. 고마워요. 테이블에서 떨어졌나 보군요.
W 에벗 씨는 우리 제품 데이터베이스를 보려면 컴퓨터 접속 비밀번호도 필요할거에요. 제가 적어서 그의 책상 위에 올려둘게요.

[어휘] **ID (Identification)** 신분 증명 | **badge** 인식표, 명찰 | **representative** 대표하는 사람, 직원 | **fall off** ~에서 떨어지다 | **access** 접속 | **code** 코드, 암호 | **so that** ~할 수 있도록 | **view** 보다 | **product** 제품 | **leave** ~에 두다

Questions 4-6 refer to the following conversation with three speakers.

M   I was just in a meeting with Mr. Sanders. He told me _____ _____ .

WA Why do we need to do that?

M   Apparently, the company is losing lots of money. So _____ _____ .

WA I see. _____ our employees take?

M   That's a good idea.

WB _____ and making fewer photocopies.

WA _____ Tina. We should do that.

M   All right. I'll write an e-mail to Mr. Sanders now.

M   저는 방금 샌더스 씨와 회의를 했었어요. 그는 자금을 절약할 수 있는 몇 가지 방법을 생각해 보라고 저에게 말하더군요.
WA 우리가 왜 그렇게 해야 하는 것인가요?
M   듣자 하니, 회사에서 많은 금액의 손실을 보고 있어요. 그래서 우리는 지출을 줄여야만 해요.
WA 알겠어요. 직원들의 출장 횟수를 줄이는 것이 어떨까요?
M   좋은 생각이에요.
WB 종이를 덜 쓰는 것과 복사를 더 적게 하는 것을 해볼 수도 있어요.
WA 저는 티나의 의견에 동의해요. 우리는 그렇게 해야 해요.
M   좋아요. 지금 샌더스 씨에게 보낼 이메일을 작성해야겠어요.

[어휘] **come up with** 찾아내다, 생각을 해내다 | **apparently** 언뜻 보기에, 듣자 하니 | **reduce** 줄이다 | **business trip** 출장 | **make photocopies** 복사하다

DAY 16 대화문 (3)

➡ Warm-up 짧은 문제로 연습하기

Part 3는 대화를 듣기 전에 질문을 먼저 파악하는 게 관건이다. 짧은 문장으로 된 질문을 먼저 읽고 문제의 핵심을 파악하는 연습을 해보자. 그런 다음 대화를 들으면서 정답을 고른 후, 마지막으로 다시 녹음을 반복해서 들으면서 핵심어를 받아 적는다.

Understanding Questions 질문을 먼저 읽은 후 대화를 듣고 정답을 고르시오. 🎧 16-01

1. What will the woman do?

    (A) Hold a party for the man
    (B) Count the number of customers
    (C) Follow him
    (D) Seat the customers

2. What does the man mean when he says, "Not at all"?

    (A) He doesn't feel sick.
    (B) He doesn't have to go home early.
    (C) He didn't make an appointment with a doctor.
    (D) He doesn't mind if the woman leaves early.

3. How will the man solve the problem?

    (A) By postponing the conference
    (B) By asking the woman to make copies
    (C) By calling a repairman
    (D) By using a professional copy service

Dictation 대화를 다시 들으면서 받아쓰시오. 🎧 16-02

Question 1 refers to the following conversation.

W Good evening, sir. How many people are there _____?

M About five. And we'd like to _____, please.

W Certainly. Please _____.

W 어서 오세요, 손님. 일행이 몇 명인가요?
M 5명 정도입니다. 우리는 금연석에 앉고 싶은데요.
W 알겠습니다. 저를 따라오십시오.

[어휘] **party** 파티, 일행 | **section** 구역 | **certainly** 물론, 확실히, 틀림없이 | **hold** 열다, 개최하다 | **seat** 앉히다; 좌석

Question 2 refers to the following conversation.

W I'm not _____. Do you mind if I leave early?

M Not at all. But I think you should _____.

W If I don't feel better by tomorrow morning, I'll _____ with a doctor.

W 몸이 좋지 않아요. 저 일찍 가도 괜찮을까요?
M 괜찮아요. 그런데 의사에게 가 보셔야 할 것 같은데요.
W 내일까지 몸이 좋아지지 않으면 병원에 예약을 해야겠어요.

[어휘] **well** 건강한 | **leave** 떠나다, 퇴근하다 | **Do you mind~?** ~하면 안 될까요? | **appointment** 약속

Question 3 refers to the following conversation.

M Our copy machine _____ again. I need _____ for the conference this afternoon.

W _____ to Grenda's copyshop? They can _____ for you.

M That's a great idea! I'm on my way.

M 복사기가 또 고장 났어요. 오후 회의에 쓸 보고서 복사본들이 필요한데 말이죠.
W 그렌다의 복사 가게에 가는 건 어때요? 복사해 줄 거예요.
M 좋은 생각이네요. 가야겠어요.

[어휘] **broken** 고장 난 | **copy** 복사본, 복사하다 | **conference** 회의 | **Why don't you~?** ~하는 게 어때요? | **on one's way** 가는 중인, 진행 중인

Practice

1. What does the woman ask for?

   (A) A friend's address
   (B) The status of the New York office
   (C) A vacation in California
   (D) The man's vacation plans

2. What was the man planning on doing during his vacation?

   (A) Visiting his friends
   (B) Writing plans
   (C) Moving to New York
   (D) Seeing Mike and Jennifer

3. Why can't the man have his vacation in July?

   (A) He has a lot of work to take care of.
   (B) Some people will come from California.
   (C) He has to decide where to transfer.
   (D) Other workers have already signed up for July.

4. Why will Ted miss the meeting?

   (A) He's out of the city.
   (B) He's sick.
   (C) He's stuck in traffic.
   (D) He's meeting a client.

5. What does the woman mean when she says, "I can give it"?

   (A) She will make a presentation.
   (B) She will call Ted.
   (C) She will speak with the client.
   (D) She will create a graph.

6. What do the speakers say they need?

   (A) Some salary figures
   (B) Some computer files
   (C) Ted's phone number
   (D) Food and beverages

Dictation 대화를 다시 들으면서 받아쓰시오. 🎧 16-04

Questions 1-3 refer to the following conversation.

W Kyle, have you decided when you want to _____? I need to know your plans either today or tomorrow.

M Oh, that's right. Well, I think I want to go to California to _____ in the middle of July. Is that okay?

W Let me see. Mike and Jennifer want to take their vacation _____, so I'm afraid that you might have to _____.

M Really? That's too bad. I haven't seen them since I _____ this New York office.

W 카일, 휴가 언제 낼지 결정했어요? 오늘이나 내일 당신의 계획을 알아야 하는데요.
M 아, 맞아요. 7월 중순에 옛 친구들을 만나러 캘리포니아에 갈 생각이에요. 괜찮죠?
W 어디보자. 마이크와 제니퍼가 비슷한 시기에 휴가 내기를 원해서요. 안됐지만 당신이 다른 계획을 잡아야 할 것 같군요.
M 정말요? 곤란하게 됐군요. 여기 뉴욕 지사로 옮겨온 이후로 친구들을 못 만났거든요.

[어휘] **decide** 결정하다 | **take vacation** 휴가 가다 | **either A or B** A와 B 둘 어느 것 | **in the middle of** ~의 중간에, 중순에 | **about the same time** 비슷한 시기에 | **come up with** 제안하다, 안출하다 | **since** ~이래로 | **transfer to** 장소 ~로 옮겨가다

Questions 4-6 refer to the following conversation with three speakers.

MA Ted sent me a text message. _____ and won't be here in time for the meeting.

MB _____.
     What are we going to do now?

W   I'm familiar with the material. I can give it.

MA What about all the charts and graphs?

W   Ted is _____.

MB John, can you call Ted and tell him to e-mail us the files?

MA Sure. _____.

W   Have him send me the files, and I'll print them.

MB While you two are busy, _____ the conference room is prepared.

MA 테드가 저에게 문자 메시지를 보냈어요. 그는 엄청난 교통 체증에 갇혀서 회의에 제시간에 올 수 없을 것이라고 하더군요.
MB 그는 발표를 하기로 되어 있어요. 이제 어쩌면 좋죠?
W   제가 자료를 숙지하고 있어요. 제가 발표를 할게요.
MA 모든 도표들과 그래프들은 어떡하죠?
W   그것들의 사본을 갖고 있는 사람은 테드 뿐이에요.
MB 존, 테드에게 전화해서 그 파일들을 우리에게 이메일로 보내라고 말해 주겠어요?
MA 물론이죠. 즉시 그렇게 할게요.
W   그가 저에게 파일들을 보내도록 하시면, 제가 그것들을 복사할게요.
MB 두 사람이 바쁘게 움직이는 동안, 저는 회의실을 준비를 확실하게 해 둘게요.

[어휘] **traffic jam** 교통 체증 | **in time** 늦지 않게 | **be supposed to** ~하기로 되어 있다

DAY 17 대화문 (4)

⊙ Warm-up

시각 자료가 주어지는 문제에서는 질문을 먼저 파악하는 것 이외에도 제시된 시각 자료의 정보를 파악하는 것이 중요하다. 질문을 먼저 읽고 문제의 핵심을 파악하는 것과 함께 시각 자료의 종류와 세부적인 정보 또한 파악하도록 하자. 그런 다음 대화를 들으면서 정답을 고른 후, 마지막으로 다시 녹음을 반복해서 들으면서 핵심어를 받아 적도록 하자.

Understanding Questions 질문과 광고를 먼저 읽은 후 대화를 듣고 정답을 고르시오. 🎧 17-01

Helton's Clothing Store
We have the lowest prices in town.

Take advantage of our special summer sale:

• Men's Shirts	25% off
• Women's Blouses	15% off
• Men's Shorts	40% off
• Women's Swimwear	35% off

1 When is the sale going to begin?

(A) Today
(B) Tomorrow
(C) This weekend
(D) Next week

2 Look at the graphic. Which item has an incorrect discount?

(A) Men's shorts
(B) Men's shirts
(C) Women's blouses
(D) Women's swimwear

3 What is the man going to do next?

(A) Send an e-mail
(B) Call the printer
(C) Meet with Mr. Stewart
(D) Change the ad

Dictation 대화를 다시 들으면서 받아쓰시오. 🎧 17-02

Questions 1-3 refer to the following conversation and advertisement.

W   Thanks for _____ so quickly, James.

M   It's my pleasure. Since the sale is starting tomorrow, I got it done _____.

W   But there's _____.

M   What is it?

W   Mr. Stewart told me that the biggest discount we're allowed to offer is 35%. If we reduce the prices any more, _____.

M   All right. I'll change the ad and then e-mail it to you.

W   Great. If everything looks fine, I'll send it to the printer _____.

M   Sounds good. _____ then.

W   광고를 이렇게 빨리 마무리해줘서 고마워요, 제임스
M   천만에요. 세일이 내일 시작되기 때문에, 최대한 빨리 일을 했어요.
W   하지만 우리는 한 가지를 변경해야 해요.
M   무엇을요?
W   스튜어트 씨는 우리가 할 수 있는 할인의 최대치가 35%라고 말했어요. 우리가 가격을 더 낮춘다면, 이익이 남지 않을 것이라는군요.
M   알겠어요. 제가 광고를 수정해서 그것을 당신에게 이메일로 보낼게요.
W   좋아요. 모든 것이 괜찮아 보이면, 제가 그것을 서둘러야 하는 일로서 인쇄소에 보낼게요.
M   좋은 생각이군요. 그러면 일을 시작할게요.

[어휘] **complete** 완성하다, 마무리하다 | **advertisement** 광고 | **quickly** 빠르게 | **reduce** 줄이다 | **make a profit** 이익을 내다 | **a rush job** 서둘러야 하는 일 | **get to work** 일을 시작하다

 **Practice**

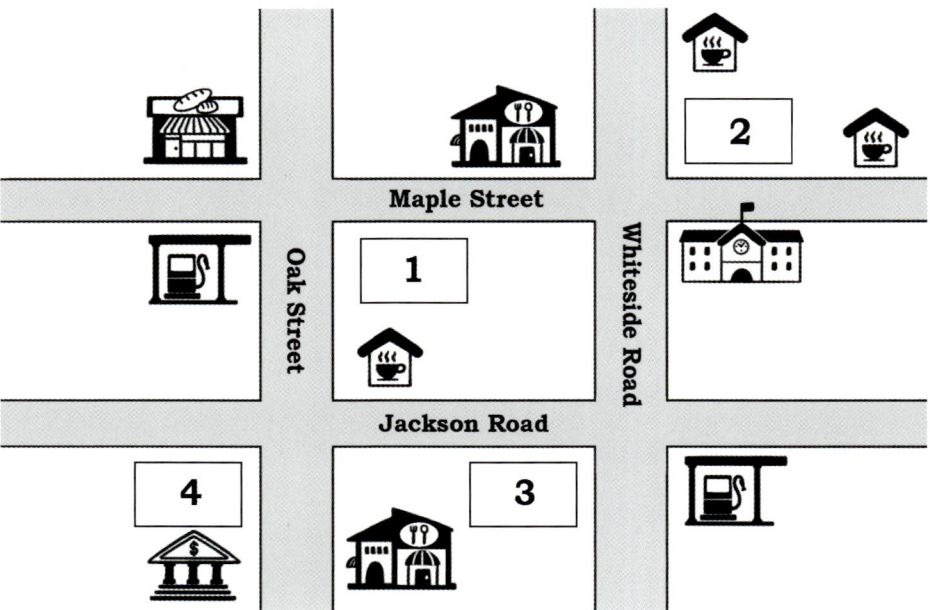

1. Where is the woman going?

    (A) To a high school
    (B) To a train station
    (C) To a library
    (D) To a restaurant

2. Look at the graphic. Where is the woman's final destination?

    (A) 1
    (B) 2
    (C) 3
    (D) 4

3. What does the woman want to do next?

    (A) Take the bus
    (B) Get something to drink
    (C) Make a phone call
    (D) Meet her friend

Castaway Publishing House

56 E. Broadway Ave., New York

Deliver To: AAA Books
Address: 310 Main St., Miami, FL

Item	Quantity
The Last Patriot	40
The Day the World Began	25
The King and His Daughter	15
50 Days at Sea	50

4. What are the speakers mainly discussing?

   (A) The recent bestseller list
   (B) How many books they have sold
   (C) How to display some books
   (D) The need to get more books

5. Look at the graphic. Which item does the man want more of?

   (A) *The Day the World Began*
   (B) *50 Days at Sea*
   (C) *The Last Patriot*
   (D) *The King and His Daughter*

6. What does the man request that the woman do?

   (A) Sell some books
   (B) Speak with a publisher
   (C) Contact a delivery company
   (D) Get in touch with an author

Dictation 대화를 다시 들으면서 받아쓰시오. 🎧 17-04

Questions 1-3 refer to the following conversation and map.

W Excuse me. _____ the public library. Do you know where it is?

M Sure. You're _____.

W I'm glad to hear that. How can I get there?

M Here's a map. We're on Jackson Road.

W Yes, I can see _____.

M Walk a couple of blocks to the intersection of Maple Street and Whiteside Road. _____ from the local high school.

W Thanks so much. Oh, do you know if there's a café near the library? I'm really thirsty and _____.

M Yes, there are a couple of cafés right beside it.

W That's great. _____.

W 실례합니다. 공공 도서관에 가려고 하는데요. 그것이 어디에 있는지 아시나요?
M 물론이죠. 당신이 그곳에서 그렇게 멀리 떨어진 곳에 있는 것은 아니에요.
W 잘 됐네요. 제가 그곳에 어떻게 갈 수 있을까요?
M 여기에 지도가 있어요. 우리는 잭슨 로에 있어요.
W 네, 우리가 어디에 있는지 알겠어요.
M 메이플 가와 화이트사이드 로의 교차로까지 두 블록 정도 걸어 가세요. 그것은 지역의 고등학교 건너편에 있어요.
W 정말 고마워요. 아, 도서관 근처에 카페가 있는지 아시나요? 저는 정말 목이 말라서 아이스 티를 마시고 싶어요.
M 네, 도서관 바로 옆에 두 곳의 카페가 있어요.
W 잘 됐군요. 도와 주어서 고마워요.

[어휘] **public library** 공공 도서관 | **intersection** 교차로 | **thirsty** 목마른 | **beside** ~의 옆에 | **assistance** 도움

Questions 4-6 refer to the following conversation and invoice.

M   Linda, I think _____ with these new books being displayed.

W   What's the problem?

M   There aren't enough of them. _____?

W   No, we haven't. These are all the books we got.

M   But there are only forty of them. _____ get twice that amount. I'm expecting this book to sell well.

W   _____ the publisher?

M   Yes, please. Try to get 100 more of them. This author's latest work is expected to _____.

W   Right. I'll _____ immediately.

M   린다, 진열되어 있는 새 책들에 한 가지 잘못된 점이 있는 것 같아요.
W   무엇이 문제인가요?
M   수량이 충분하지 않아요. 우리가 벌써 그 책들을 어느 정도 판매했나요?
W   아니요, 그렇지 않아요. 이것들이 우리가 받은 책의 전부예요.
M   하지만 겨우 40권뿐이잖아요. 우리는 그 두 배의 수량을 구매했어야 해요. 저는 이 책이 잘 팔릴 거라고 기대하고 있거든요.
W   제가 출판사에 연락해 볼까요?
M   네, 부탁해요. 그것들을 100부 더 받도록 해보세요. 이 작가의 최신 작품은 베스트셀러 목록에서 1위에 오를 것으로 기대되고 있어요.
W   그렇군요. 제가 즉시 그것을 처리할게요.

[어휘] **mistake** 실수, 잘못 | **display** 진열하다 | **be supposed to** ~하기로 되어 있다 | **amount** 수량 | **publisher** 출판사 | **author** 작가 | **immediately** 즉시

DAY 18 설명문 (1)

Part 4는 담화를 듣고 이와 관련된 세 문제를 푸는 형식으로서 총 10개의 담화와 30개의 문항으로 구성된다. 담화문의 주제는 비즈니스 및 일상 생활에서 흔히 접할 수 있는 상황들이며, 담화문의 종류는 전화 메시지, 회의록, 발표문, 공지, 라디오 방송, 광고 등으로 다양하다.

Part 4는 긴 지문을 들어야 하므로 체감 난이도가 높은 것이 사실이지만 문장 구조가 어렵지 않고 다른 파트들과 달리 비슷한 발음을 이용한 함정이 없기 때문에 집중력과 청취력을 키운다면 좋은 점수를 낼 수 있다.

Part 4 역시 문제지에 나오는 질문을 미리 읽어야 한다. 질문을 읽으면서 이 문제가 주제를 묻는 질문인지, 세부내용을 묻는 질문인지 구분하는 연습을 해야 한다. 시각 자료가 함께 제시되는 경우에는 질문과 선택지뿐만 아니라 제시된 시각자료도 함께 파악하여야 한다. 주제를 묻는 질문은 주로 전반부를 집중해서 들어야 하며, 언급한 내용을 다른 말로 바꾸어 제시하는 paraphrasing에도 익숙해져야 한다. 세부 내용을 묻는 질문은 날짜, 요일, 일정, 숫자에 집중해야 할지, 아니면 지문에서 언급한 대상의 특징, 장단점, 주의사항에 집중해야 할 지 잘 파악해서 들어야 한다.

지문을 듣는 동안에 질문에도 시선을 두어야 한다. 듣는 동시에 읽는다는 게 쉬운 일은 아니지만 평소 문제를 많이 풀어서 빠른 시간 안에 질문의 요지를 파악하는 연습을 해두는 것이 좋다. 집중력을 유지하기 위해 답안지 작성은 듣기 시험이 끝난 뒤 하는 게 더 효율적이다. 다음 문제에 대비할 수 있는 여유를 확보해야 지문과 질문에 온전히 집중할 수 있기 때문이다.

Types of Questions   질문 유형 파악하기

A 대상을 묻는 질문

화자가 누구인지, 혹은 담화의 대상이 되는 사람이 누구인지를 묻는 질문이다. 제시된 선택지를 미리 살펴본 다음 담화의 전체적인 내용을 파악한다면 어렵지 않게 정답을 고를 수 있다.

- Who most likely is the speaker? 화자는 누구일 것 같은가?
- Who would be interested in this announcement? 누가 이 공지에 흥미를 느낄 것인가?

B 때를 묻는 질문

세부적인 정보를 묻는 문제로, 질문에서 어떤 시간을 묻고 있는지를 먼저 파악하는 것이 관건이다. 그러므로 해당 질문과 선택지의 내용을 통해 질문의 대상을 먼저 알아 두어야 한다.

- When will the dinner begin? 저녁식사는 언제 시작될 것인가?
- At what time does the shop close? 그 가게는 몇 시에 문을 닫는가?

C 장소를 묻는 질문

담화에서 언급되는 특정한 장소를 묻는 문제도 출제되지만, 공지나 안내 방송의 경우에는 이들이 방송되는 장소를 묻는 것과 같이 담화의 주제를 파악해야 하는 경우도 있다.

- Where is this announcement being made? 이 공지는 어디에서 이루어지는가?
- According to this advertisement, where do people go to get samples?
  이 광고에 의하면 사람들은 견본을 얻기 위해서 어디로 가는가?

D 방법을 묻는 질문

How로 시작되는 질문으로는 수단, 방법, 기간, 빈도, 수 양 등 다양한 내용을 질문할 수 있으며, 선택지의 내용들은 모두 비슷한 형태이다. 대화의 흐름을 놓치지 않고 관련된 정보를 잘 파악하면 어렵지 않게 정답을 고를 수 있다.

- How can customers get the information about financing?
  고객들은 융자에 대한 정보를 어떻게 얻을 수 있는가?
- How can the listener hear the message again? 청자는 어떻게 메시지를 다시 들을 수 있는가?

E 이유를 묻는 질문

전화를 건 목적을 묻는 문제와 같이 담화의 목적을 이해해야 풀 수 있는 문제가 출제되기도 하며 체적인 사건의 원인을 묻는 경우도 있으므로, 무엇을 묻는 질문인지를 정확히 파악해야 한다.

- Why is the speaker calling? 화자는 왜 전화를 하는가?
- What reason is mentioned as the cause of the delay? 지연의 원인으로 언급된 이유는 무엇인가?

F '무엇'을 묻는 질문

담화 목적을 묻는 문제일 경우에는 초반부를 집중해서 들어야 한다. 세부적인 정보를 묻는 경우에는 질문의 내용을 파악한 다음 관련된 내용에 집중해야 한다.

- What is the purpose of this announcement? 이 공지의 목적은 무엇인가?
- What does the speaker request? 화자는 무엇을 요청하고 있는가?

G 담화의 일부 내용의 의미를 묻는 질문

담화의 주제와 전체적은 내용을 파악한 다음, 인용된 부분의 바로 앞과 뒤의 내용에 집중해야 한다.

- What does the speaker mean when he says "Let me elaborate on that"?
  화자가 "그것을 더 자세히 설명할게요"라고 말할 때 그가 의미하는 것은 무엇인가?
- What does the speaker mean when she says, "We simply couldn't afford that"?
  화자가 "우리는 그것을 감당할 수 없을 거예요"라고 말할 때 그녀가 의미하는 것은 무엇인가?

H 시각 자료의 정보를 묻는 질문

문제와 시각 자료를 통해 질문의 내용을 파악한 다음, 해당되는 내용이 언급되는 부분에 집중하며 들어야 한다.

- Look at the graphic. Which speaker will be changed? 시각 자료를 보시오. 어떤 강연자가 변경될 것인가?
- Look at the graphic. When did the Chinese market affect the company?
  시각 자료를 보시오. 중국 시장은 언제 회사에 영향을 주었는가?

◉ Warm-up 짧은 문제로 연습하기

Part 4도 역시 설명문을 듣기 전에 질문을 먼저 훑어보는 게 중요하다. 짧은 문장으로 된 질문을 먼저 읽고 문제의 핵심을 파악하는 연습을 하자. 그런 다음 설명문을 들으면서 정답을 고른 후, 마지막으로 다시 녹음을 반복해서 들으면서 핵심어를 받아 적는다.

Understanding Questions 질문을 먼저 읽은 후 담화를 듣고 정답을 고르시오. 🎧 18-01

1. What does the speaker mean when he says, "Please give him a big hand"?

    (A) He requests that the listeners to listen to Mr. Cashman's speech.
    (B) He requests that the listeners to welcome Mr. Cashman.
    (C) He requests that the listeners to give Mr. Cashman some help.
    (D) He requests that the listeners to ask Mr. Cashman some questions.

2. What will Mr. Cashman's position be?

    (A) A sales representative
    (B) A marketing director
    (C) A sales director
    (D) A researcher

---

3. How long will the indoor swimming pool be closed?

    (A) 1 day
    (B) 2 days
    (C) 3 days
    (D) 4 days

4. What are the members asked to do?

    (A) Call the sports club
    (B) Swim every morning
    (C) Use the outdoor swimming pool temporarily
    (D) Warm up before swimming

Dictation 지문을 다시 들으면서 받아쓰시오. 🎧 18-02

Questions 1-2 refer to the following talk.

This morning _____ Mr. Thomas Cashman _____ _____. Mr. Cashman will start to work this coming Wednesday. Please give him a big hand.

오늘 아침 우리는 우리의 신임 마케팅 이사인 토머스 캐시먼 씨를 환영하기 위해서 여기에 모였습니다. 캐시먼 씨는 오는 수요일부터 일을 시작하실 것입니다. 그에게 큰 박수를 보내 주시기 바랍니다.

[어휘] **director** 중역, 이사 | **give a hand** 박수를 보내다

Questions 3-4 refer to the following announcement.

This is a special announcement for all Bentware Sports Club members. Our indoor swimming pool will _____ on Monday. It _____. Until then, Please use our outdoor swimming pool. For more information, call our office at 628-1254. Thank you.

벤트웨어 스포츠 클럽 회원들께 드리는 특별 공지입니다. 저희 실내 수영장은 월요일 보수 작업을 위해 문을 닫습니다. 실내 수영장은 목요일 아침에 다시 개장합니다. 그때까지 저희 야외 수영장을 사용해주십시오. 더 많은 정보를 원하시면 저희 사무실 번호 628-1254로 연락해주세요. 감사합니다.

[어휘] **indoor** 실내의 | **close** 닫다, 폐쇄하다 | **maintenance** 보수, 유지 | **reopen** 다시 열다, 다시 시작하다 | **outdoor** 야외의

Practice

18-03

1. Where does the speaker most likely work?

    (A) At an cable company
    (B) At an employment office
    (C) At a clothing manufacturer
    (D) At a hardware store

2. Why did the listener contact the speaker?

    (A) To order supplies
    (B) To receive product details
    (C) To respond to an ad
    (D) To obtain a catalogue

3. Why does the speaker ask the listener to call?

    (A) To arrange a meeting
    (B) To provide a price
    (C) To discuss a sales strategy
    (D) To confirm a reservation

---

4. Who is Cal Peterson?

    (A) A client
    (B) An executive
    (C) A consultant
    (D) A job applicant

5. What does the speaker ask the listeners to do?

    (A) Speak with their staff members
    (B) Organize a meeting
    (C) Stop spreading false reports
    (D) Get more information on the market

6. What does the speaker mean when she says, "I'd like to address them right now"?

    (A) She intends to meet with upper management.
    (B) She is going to speak about the rumors.
    (C) She wants everyone to know the stories are false.
    (D) She needs people to provide their addresses.

Dictation 지문을 다시 들으면서 받아쓰시오. 🎧 18-04

Questions 1-3 refer to the following telephone message.

Good afternoon, Mr. Rodriguez. This is Cecilia Lyons at the Buford Street _____.

_____. Unfortunately, that position has already been filled. However, we are currently offering a free two-day job search program for individuals seeking managerial work. _____.

Please phone me at 538-9026 if you are interested.

안녕하세요, 로드리게즈 씨. 저는 뷰포드 고용센터의 세실리아 리용입니다. 저희 웹사이트에 광고된 철물점 관리직을 보고 귀하가 보내신 이메일에 응답 차 전화 드립니다. 안타깝게도, 그 자리는 이미 충원됐습니다. 하지만 저희는 현재 관리직 일을 찾는 분들을 위해서 이틀간에 걸친 무료 구직 프로그램을 제공하고 있습니다. 귀하와 여기에서 만나 이에 대해 보다 상세히 이야기 나누고 싶습니다. 관심 있으시면 제게 538-9026로 전화 주시기 바랍니다.

[어휘] **employment** 고용 | **in response to** ~에 응해 | **hardware store** 철물점 | **position** 직(책) | **advertised** 광고된 | **unfortunately** 안타깝게도 | **fill** 채우다 | **currently** 현재 | **offer** 제공하다 | **free** 무료의 | **individual** 개인 | **seek** 찾다 | **managerial** 관리(자)의 | **discuss** 논의하다 | **in more detail** 좀 더 상세히 | **interested** 관심 있는

Questions 4-6 refer to the following excerpt from a meeting.

Before the meeting finishes, I need _____.
There are _____ that the company is for sale. I'd like to address them right now. Those reports are false. Cal Peterson, our CEO, stressed to me that _____. We aren't interested in being bought, and we intend to _____. So please let your workers know about this _____. I'd really appreciate that.

회의를 마치기 전에, 저는 한가지 더 이야기를 해야겠어요. 회사가 매각된다는 소문들이 떠돌고 있어요. 저는 지금 그것들을 해명하고 싶군요. 그러한 소문들은 모두 거짓이에요. 우리 회사 최고경영자인 칼 피터슨은 우리 기업이 매각 대상이 아니라고 강조했어요. 우리는 매각되는 것에 관심이 없고, 우리의 독립성을 유지할 생각이에요. 그러므로 여러분의 직원들에게 가능한 빨리 이 사실을 알려 주세요. 그에 대해 정말 고맙게 생각해요.

[어휘] **rumor** 소문 | **address** (문제를) 다루다, 처리하다 | **report** 소문 | **false** 거짓의, 잘못된 | **stress** 강조하다 | **on the marker** 시장에 내놓은 | **intend** 의도하다 | **independence** 독립

DAY 19 설명문 (2)

➡ Warm-up 짧은 문제로 연습하기

Part 4도 역시 설명문을 듣기 전에 질문을 먼저 훑어보는게 중요하다. 짧은 문장으로 된 질문을 먼저 읽고 문제의 핵심을 파악하는 연습을 하자. 그런 다음 설명문을 들으면서 정답을 고른 후, 마지막으로 다시 녹음을 반복해서 들으면서 핵심어를 받아 적는다.

Understanding Questions 질문을 먼저 읽은 후 담화를 듣고 정답을 고르시오. 🎧 19-01

1 Why are these positions being offered?
   (A) Some staff members have been transferred.
   (B) The firm has expanded its business.
   (C) Many part-time workers have left.
   (D) They expect more customers.

2 What type of job is being offered?
   (A) Personnel director
   (B) In-store sales staff
   (C) Computer programmer
   (D) Computer technician

---

3 Who is the speaker?
   (A) A pilot
   (B) A flight attendant
   (C) A travel agent
   (D) A captain of a ship

4 What are the travelers advised to do?
   (A) Remember to take their belongings
   (B) Go to the gate 9
   (C) Set the time
   (D) Wear seatbelts

5 What is the weather like in Denver?
   (A) Sunny
   (B) Snowy
   (C) Windy
   (D) Rainy

Day 19   87

Dictation 지문을 다시 들으면서 받아쓰시오.   🎧 19-02

Questions 1-2 refer to the following announcement.

We at Del Computer are pleased to announce several _____ at our new store downtown. If you know about computers and _____, this may be a good job for you. For more information, contact Mr. Molly in the personnel department.

저희 델 컴퓨터 사는 시내에 있는 신규 지점에 영업사원의 몇몇 공석이 있음을 알리게 되어 기쁩니다. 여러분이 컴퓨터에 대해 알고 사람들과 어울려 일하기를 좋아한다면 이 공석은 아마 여러분에게 좋은 직업이 될 것입니다. 더 많은 정보를 원하시면 인사과의 몰리 씨에게 연락해 주십시오.

[어휘] **opening** 결원, 공석 | **downtown** 시내 | **contact** 연락하다

Questions 3-5 refer to the following announcement.

Good morning, ladies and gentlemen. This is _____. We are approaching Denver International Airport for landing. So please make sure your _____ _____. It's _____ outside. The local time is 9:30. I hope you have enjoyed your flight and have a pleasant stay in Denver.

안녕하십니까, 승객 여러분. 저는 기장입니다. 저희는 착륙을 위해 덴버 국제공항에 접근하고 있습니다. 그러므로 안전벨트를 매셨는지 확인해 주시기 바랍니다. 바깥 날씨는 쌀쌀하고 비가 오고 있습니다. 지역 시각은 9시 30분입니다. 즐거운 여행 되셨기를 바라며 덴버에서 즐거운 시간 되십시오!

[어휘] **landing** 착륙 | **make sure** 확인하다, 확실히 하다 | **fasten** 매다, 단단히 고정하다 | **chilly** 쌀쌀한 | **pleasant** 즐거운

Practice

 19-03

1. What is the main subject of the broadcast?

   (A) Events in a city
   (B) Sports results
   (C) Business news
   (D) Traffic problems

2. How can people find out when a jazz band will play?

   (A) By calling a tourist center
   (B) By reading a pamphlet
   (C) By going to a park
   (D) By visiting a website

3. When will a charity event take place?

   (A) On Friday
   (B) On Saturday only
   (C) On Saturday and Sunday
   (D) On Sunday only

---

4. What problem does the caller mention?

   (A) A person did not answer the phone.
   (B) A person was too busy to meet.
   (C) A person was not at home.
   (D) A person sent the wrong package.

5. When is the man available tomorrow?

   (A) At 9:00 A.M.
   (B) At 11:00 A.M.
   (C) At 12:00 P.M.
   (D) At 1:00 P.M.

6. What does the man mean when he says, "Your signature is required by the sender"?

   (A) The woman has to sign for the package.
   (B) The woman must contact the sender.
   (C) The sender wants to see the woman in person.
   (D) The sender will personally deliver the item.

Dictation 지문을 다시 들으면서 받아쓰시오.   🎧 19-04

Questions 1-3 refer to the following radio broadcast.

It's time once again for "Weekends in Glendale." You won't want to miss _____ _____ in Meadow Park on Friday, Saturday and Sunday from 1:00 P.M. to 5:00 P.M. This exhibit will feature works of more than 150 photographers from across the country. Plus, _____ is still going on until next Wednesday. _____ www.glendalejazzfestival.com. Finally, there will be _____ _____ to raise money for the Everst Street Children's Hospital. The game starts at 1:30 at Ford Field. Tickets can be purchased at the gate.

다시 찾아온 "글렌데일 위켄드" 시간입니다. 여러분께서는 금, 토, 일 오후 1시부터 오후 5시까지 메도우 파크에서 진행되는 제11회 연례 야외 사진전을 놓치고 싶지 않으실 것입니다. 이 전시는 전국의 사진가 150여 명의 작품들을 특별 전시합니다. 그리고 제20회 글렌데일 재즈 페스티벌은 다음주 수요일까지 계속 됩니다. 공연 일정은 www.glendalejazzfestival.com에서 보실 수 있습니다. 끝으로, 토요일에는 에버스트 스트리트 아동 병원을 위한 모금을 목적으로 자선 야구경기가 열릴 것입니다. 이 경기는 포드 필드에서 1시 30분에 시작됩니다. 입장권은 입구에서 구입하실 수 있습니다.

[어휘] **miss** 놓치다 | **annual** 연례의 | **outdoor** 야외의 | **exhibit** 전시회 | **feature** 특집으로 하다 | **works** 작품들 | **photographer** 사진가 | **across the country** 전국에서 | **plus** 그리고, 게다가 | **go on** 계속되다 | **schedule** 일정 | **performance** 공연 | **finally** 끝으로 | **charity** 자선 | **raise money** 모금하다 | **purchase** 구입하다

Questions 4-6 refer to the following excerpt from a recorded message.

Hello. This is Greg Townshend calling for Ms. Andrea Martin. _____
_____ this morning at 11. When I rang the doorbell, _____
_____. According to the instructions on the package, _____
_____. Your signature is required by the sender. _____
to give you your package. Please call me back at 804-2923 before six o'clock. I can visit your home tomorrow between 10 A.M. and noon or between 1:30 and 3 P.M. Thank you. Goodbye.

안녕하세요. 저는 안드레 마틴 씨에게 전화한 그렉 타운센드입니다. 저는 오늘 아침 11시에 귀하의 소포를 배송하려 했습니다. 제가 초인종을 눌렀을 때, 아무도 대답하지 않았습니다. 소포에 있는 지시 사항에 따르면, 저는 이것을 직접 배송해야 합니다. 발송인이 귀하의 서명을 요구하였습니다. 제가 귀하의 소포를 귀하게 전해 드릴 수 있는 시간을 정하고자 합니다. 6시 전까지 804-2923으로 저에게 답신 전화를 주시기 바랍니다. 저는 내일 오전 10시부터 정오까지나 오후 1시 30분부터 3시 사이에 귀하의 댁에 방문할 수 있습니다. 감사합니다. 안녕히 계세요.

[어휘] **package** 소포 | **doorbell** 초인종 | **instruction** 지시 | **in person** 직접 | **sender** 발송인

DAY 20 설명문 (3)

❯ Warm-up

시각 자료가 주어지는 문제에서는 질문을 먼저 파악하는 것 이외에도 제시된 시각 자료의 정보를 파악하는 것 또한 중요하다. 질문을 먼저 읽고 문제의 핵심을 파악하는 것과 함께 시각 자료의 정보를 파악하도록 하자. 그런 다음 설명문을 들으면서 정답을 고른 후, 마지막으로 다시 녹음을 반복해서 들으면서 핵심어를 받아 적는다.

Understanding Questions 질문과 표를 먼저 읽은 후 담화를 듣고 정답을 고르시오. 🎧 20-01

HOUR	SPEAKER
9:00 A.M.	Mika Oishi
10:00 A.M.	Jarod Wilson
11:00 A.M.	Gertrude Taylor
12:00 P.M.	Gloria Knight

1. Look at the graphic. When do the listeners probably hear the announcement?
   (A) At 9:00 A.M.
   (B) At 10:00 A.M.
   (C) At 11:00 A.M.
   (D) At 12:00 P.M.

2. Where are the listeners?
   (A) In an office
   (B) At a store
   (C) At a conference
   (D) At a train station

3. Who most likely are the listeners?
   (A) People who want to learn about marketing
   (B) People who are interested in making money
   (C) People who work as train engineers
   (D) People who would like to become farmers

Dictation 지문을 다시 들으면서 받아쓰시오. 🎧 20-02

Questions 1-3 refer to the following talk and schedule.

May I have your attention, please? Gloria Knight, our last speaker of the day, cannot attend today's conference. _____ due to a mechanical error. Fortunately, Barry Steele is _____. We have talked to him, and he has agreed to speak in Ms. Knight's place. _____, Mr. Steele works at Stewart Financial with Ms. Knight and _____ in the industry. In the meantime, Jarod Wilson is ready to start talking. So _____ _____.

잠시만 주목해 주시겠습니까? 오늘 우리의 마지막 강연자인 글로리아 나이트가 오늘의 컨퍼런스에 참석하지 못합니다. 기계적인 오류로 인해 그녀의 기차가 지연되고 있습니다. 다행히도, 배리 스틸이 오늘 참석하였습니다. 우리는 그에게 이야기를 했고, 그는 나이트 씨를 대신하여 강연해 주시는 것에 동의하였습니다. 여러분이 모를 경우에 대비하여, 스틸 씨는 나이트 씨와 함께 스튜어트 파이낸셜에서 근무하고 있고 업계에서 성공한 투자가로 잘 알려져 있습니다. 그 동안에, 제럿 윌슨이 말씀하실 준비가 되었습니다. 그에게 큰 박수를 보내 주시기 바랍니다.

[어휘] **mechanical** 기계적인 | **in attendance** 참석한 | **in one's place** ~ 대신에 | **be familiar with** ~을 잘 알다 | **field** 분야 | **in the meantime** 그 동안에 | **give ~ a big hand** ~에게 큰 박수를 보내다

Practice

Instructor	Class
Joel Simmons	Watercolor Painting
Wendy Wilson	Sculpture
John Burke	Drawing
April Kenmore	Oil Painting

1. Why does Ms. Sheldon call Mr. Windsor?

   (A) To invite him to visit an art gallery
   (B) To offer him a teaching position
   (C) To talk to him about his artwork
   (D) To ask him to attend classes

2. Look at the graphic. Which instructor is sick?

   (A) John Burke
   (B) Joel Simmons
   (C) Wendy Wilson
   (D) April Kenmore

3. Where did Ms. Sheldon meet Mr. Windsor?

   (A) At an art exhibit
   (B) At a school
   (C) At the Gilmore Institute
   (D) At a gallery

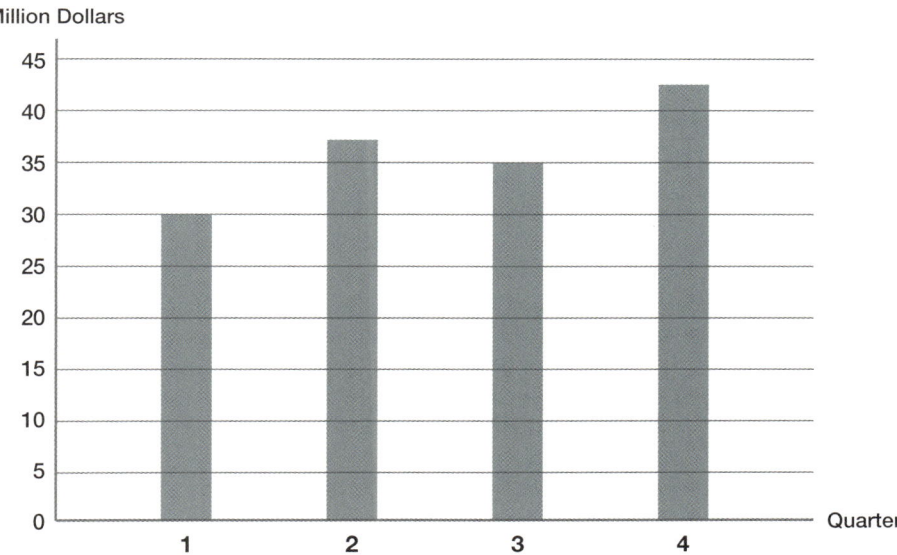

4. What is the talk mostly about?

   (A) The company's newest stores
   (B) The company's performance in the past year
   (C) The company's expectations for this year
   (D) The company's declining revenues

5. What does the speaker say about the fourth quarter?

   (A) The American economy affected it.
   (B) It was an average performance.
   (C) The company opened some new stores.
   (D) It was worse than had been expected.

6. Look at the graphic. How much did the company earn when the European market affected it?

   (A) $30 million
   (B) $37.5 million
   (C) $35 million
   (D) $42 million

Dictation 지문을 다시 들으면서 받아쓰시오.   🎧 20-04

Questions 1-3 refer to the following talk and schedule.

Hello, Mr. Windsor. This is Tina Sheldon calling from the Gilmore Institute. I wonder if _____. _____ and needs to take this semester off. We therefore need a teacher for our oil painting class. I immediately thought of you since _____ when we met at the art exhibit last month. Would you please call me back at 631-5057 when you have the opportunity? I need to know _____. If you can't, I'll have to ask someone else. Thank you. Goodbye.

안녕하세요, 윈저 씨. 저는 길모어 학원에서 전화 드리는 티나 셸던입니다. 저는 당신이 여전히 이번 학기에 강의를 할 수 있는지 여부가 궁금합니다. 우리 강사들 중 한 명이 병에 걸려서 이번 학기를 진행할 수 없게 되었습니다. 그래서 우리는 유화 강좌를 진행할 강사를 필요로 하고 있습니다. 우리가 지난 달에 미술품 전시회에서 만났을 때 당신은 가르치는 일을 하고 싶다고 말했기 때문에 저는 즉시 당신이 생각났습니다. 괜찮으실 때 631-5057로 저에게 전화를 해 주시겠습니까? 당신이 강좌를 진행할 수 있는지 알고 싶습니다. 당신이 할 수 없다면, 저는 다른 사람에게 부탁을 해야 할 것입니다. 감사합니다. 안녕히 계세요.

[어휘] **available** 이용할 수 있는 | **semester** 학기 | **instructor** 강사 | **oil painting** 유화 | **mention** 언급하다 | **exhibit** 전시회

Questions 4-6 refer to the following excerpt from a meeting and graph.

I'd like to talk about _____. In the first quarter, our sales were _____ in the first quarter of the previous year. Our revenues increased by 25% in the second quarter though. That happened thanks to _____. We had hoped sales would increase in the third quarter, but they didn't. They actually _____. But they recovered in the fourth quarter thanks to the booming American economy. In fact, our revenues in the fourth quarter _____ for the company.

지난해의 우리의 성과에 대해 이야기하고자 합니다. 1분기에, 우리의 판매는 전년도 1분기와 비슷했습니다. 하지만 우리의 수익은 2분기에 25% 증가했습니다. 우리가 유럽에 개장한 모든 새 점포들 덕분에 그러한 결과가 일어났습니다. 우리는 3분기에 판매가 증가하기를 바랐지만, 그렇게 되지 않았습니다. 판매는 실제로 약간 하락했습니다. 하지만 호황을 맞은 미국 경제에 힘입어 4분기에는 회복되었습니다. 사실, 우리의 4분기 수익은 회사의 기록을 달성했습니다.

[어휘] **performance** 성과 | **quarter** 분기 | **previous** 이전의 | **revenue** 수익 | **increase** 증가하다 | **slightly** 약간 | **recover** 회복하다 | **boom** 호황을 맞다

Reading
Comprehension

DAY 01	문장의 구조와 형식	**DAY 11**	시제
DAY 02	명사	**DAY 12**	가정법
DAY 03	형용사	**DAY 13**	장문 빈칸 채우기 & 독해 (3)
DAY 04	부사	**DAY 14**	접속사
DAY 05	장문 빈칸 채우기 & 독해 (1)	**DAY 15**	비교
DAY 06	수량형용사	**DAY 16**	장문 빈칸 채우기
DAY 07	대명사	**DAY 17**	관계대명사
DAY 08	장문 빈칸 채우기 & 독해 (2)	**DAY 18**	전치사
DAY 09	수동태	**DAY 19**	단문 독해 & 어휘
DAY 10	동사 연결	**DAY 20**	독해 - 복합지문

DAY 01 문장의 구조와 형식

Objectives

문장을 구성하는 기본 요소를 이해하자.
문장은 무엇 때문에 다양한 형태를 가지는지 이해하자.
각 형식에 따른 동사들의 사용법을 숙지하자.

영어 문장의 기본 구성요소는 주어, 동사, 목적어, 보어이다. 주어는 동작과 상태의 주체로서 문장의 주제를 나타낸다. 동사는 주어의 동작과 상태를 설명한다. 목적어는 동사가 나타내는 동작의 대상이며, 보어는 주어나 목적어를 보충 설명하는 말이다.

1 1형식: 주어 + 자동사 + 부사

동사 자체만으로 주어의 의미를 전달하는 문장이다.

- The new employee **works** hard. 그 신입사원은 열심히 일한다.
- Profits **increased** steadily last year. 수익이 작년에 꾸준히 증가했다.

2 2형식: 주어 + 연결동사(be, remain, get, become) + 보어(형용사, 명사)

연결동사(불완전자동사) 다음에 주어의 상태를 나타내는 형용사나 주어와 동격인 명사가 와서 주어를 보충 설명하는 문장이다. 대표적인 동사가 be동사이고 이때 be동사는 '~이다, ~한 상태이다'라는 뜻이다. be동사 상당어구에는 remain, get, become 등이 있다.

- The serious problem **was** difficult to solve. 그 심각한 문제는 해결하기 어려웠다.
  → 형용사 difficult가 주어 problem의 상태를 나타내고 있다.
- The company's products **remain** competitive. 그 회사 제품은 여전히 경쟁력이 있다.
  → 형용사 competitive가 주어 products의 상태를 나타내고 있다.
- The famous speaker **is** our supervisor. 그 유명한 연설자는 우리 상사이다.
  → be동사 다음에 오는 명사 supervisor는 주어와의 동격관계를 나타낸다.

3 3형식: 주어 + 타동사 + 목적어

동사 다음에 바로 목적어가 와야 하는 문장이다. 목적어 자리에는 명사, 대명사, that절, 동명사(V-ing)가 온다. 대다수 동사가 자동사도 되고 타동사도 되기 때문에, 타동사로만 쓰이는 동사는 따로 외워야 한다.

- The managers **are discussing** the sales figures. 매니저들은 판매 수치를 논의하고 있다.
- The sales report **shows** that our company is going bankrupt.
  그 판매 보고서는 우리 회사가 파산할 거라는 사실을 보여준다.
  → show는 '~을 보여주다'라는 타동사이고, 뒤에 오는 that절이 목적어이다.

4 4형식: 주어 + 수여동사 + 간접목적어 + 직접목적어

수여동사는 '주다'로 해석되는 동사들이며 간접목적어(~에게)에게 직접목적어(~을, ~를)를 수여하는 문장이다. 대표적인 수여동사로는 offer(제공하다), grant(주다), bring(가지고 오다), present(제시하다), lend(빌려주다) 등이 있다.

- I will **give** an outstanding employee an award. 나는 탁월한 직원에게 상을 줄 것이다.
- The store **sent** us a number of receipts. 그 가게는 우리에게 많은 영수증을 보냈다.

간접목적어와 직접목적어의 위치를 바꿔 쓸 수 있다.

> 수여동사 + 간접목적어 + 직접목적어 → 수여동사 + 직접목적어 + 전치사(to) + 간접목적어

- Our company will offer **employees apartments**. 회사는 사원들에게 아파트를 제공할 것이다.
                            간접목적어   직접목적어
  → Our company will offer **apartments to employees**. 회사는 아파트를 사원들에게 제공할 것이다.
                                 직접목적어 + 전치사 + 간접목적어

5 5형식: 주어 + 동사 + 목적어 + 목적보어(형용사)

목적어의 상태를 설명하는 목적보어가 목적어 다음에 따라오는 문장이다. 목적보어로는 형용사가 많이 나온다.

- Last month's bonuses made me **happy**. 지난달 보너스가 나를 행복하게 했다.
- We should keep our office **clean** at all times. 항상 사무실을 깨끗하게 유지해야 한다.

DAY 02 명사

Objectives

문장 속에서 명사의 위치와 그 역할을 숙지하자.
토익에 자주 출제되는 명사의 어미를 숙지하자.

명사란 사람, 동물, 식물뿐 아니라 추상적인 사물의 이름을 나타내는 말이다. 예를 들면, 하늘에서 떨어지는 물줄기 → rain(비), 사람들이 모여서 공부하는 곳 → library(도서관), 잠잘 때 보이는 영상 → dream(꿈) 등이 명사이다. 명사가 들어가는 위치가 시험에 자주 출제되므로 명사가 들어갈 자리와 명사 어미를 기억해두자.

1 명사의 위치와 역할

1) 주어 자리에 온다.

주어는 동사 앞에 나오며 대개 문장 첫 부분에 나온다.

예제 ------- of job performance usually takes place at the end of the week.

(A) Reviewed (B) Reviewer (C) Review

번역 업무 실적 평가는 대개 주말에 이루어진다.
정답 (C)

2) 형용사 뒤에 온다.

긴머리 = long hair, 흥미진진한 스포츠 = exciting sports처럼 명사는 형용사 뒤에 와서 형용사의 수식을 받는다.

예제 The company received numerous ------- about the quality of products.

(A) complaining (B) complains (C) complaints

번역 그 회사는 제품 품질에 관한 수많은 불만사항을 접수했다.
정답 (C)

3) 타동사 뒤에 온다.

타동사 뒤에는 '~을/~를'에 해당하는 목적어가 오는데, 이때 명사가 목적어 역할을 한다. 예를 들어, buy shoes는 '타동사(buy 사다) + 목적어(shoes 신발을)'로 구성되어 있는데, shoes가 바로 명사이다.

> **예제** The company accepted ------- for those defective products.
> (A) responsibility (B) responsible (C) response
>
> 번역 그 회사는 결함 있는 그 제품들에 대한 책임을 인정했다.
> 정답 (A)

4) 관사 뒤에 온다.

관사에는 부정관사 a/an과 정관사 the가 있다. 부정관사 a/an은 '하나의'라는 뜻이라서 단수명사 앞에 쓰이고, 정관사 the는 명사를 특정하게 만드는 역할을 한다. '사과 한 개'를 먹고 싶다고 할 때는 '한 개의 사과 = an apple'이라고 표현하면 되고, 아무 사과가 아니고 탐스럽게 생긴 '그 사과'가 먹고 싶다고 할 때는 '그 사과 = the apple'로 표현한다.

> **예제** The store on the first floor of the hotel sells a ------- of souvenirs.
> (A) various (B) variety (C) vary
>
> 번역 호텔 1층에 있는 상점은 다양한 기념품들을 판다.
> 정답 (B)

5) 소유격 뒤에 온다.

소유격은 '~의'라는 뜻을 나타낸다. 대명사의 소유격은 my, your, his, her, their, its가 있고(주의: it's는 it is의 축약표현), 일반명사의 소유격은 Lori's(로리의)처럼 N(명사)'s 형태를 쓴다. 소유격은 혼자서만은 쓸 수 없고 his house(그의 집)처럼 꼭 명사가 있어야 한다.

> **예제** Employees in the payroll department gave their ------- to the charity last week.
> (A) donate (B) donations (C) donator
>
> 번역 지난주에 경리과 직원들이 자선단체에 기부금을 냈다.
> 정답 (B)

6) 전치사 뒤에 온다.

전치사는 명사나 대명사 앞에 나오고 in the room(~ 안에), at 9 o'clock(~시에), about him(~에 대해)에서 보듯이 시간, 장소, 조건, 수단, 방향 등 여러 가지 뜻을 나타낸다. 전치사의 목적어가 명사일 때는 명사를 그대로 쓰면 되지만, 대명사일 때는 목적격(me, you, her, him, them, it)을 쓴다.

> **예제** We tried to handle the fragile items with ------- when they were delivered.
> (A) cautious   (B) caution   (C) cautiously
>
> **번역** 우리는 깨지기 쉬운 그 물건들이 배달되었을 때 조심스럽게 다루려고 애썼다.
> **정답** (B)

2 기억해야 할 명사 어미

-ion	evaluation	평가	application	지원(서)
-ment	employment	고용	payment	지불, 지급
-ance	performance	공연; 업무 실적	maintenance	유지, 관리
-ence	convenience	편리	evidence	증거
-ness	awareness	인식	freshness	신선함
-cy	accuracy	정확성	emergency	긴급상황
-ity	security	보안, 안전	productivity	생산성
-ive*	objective	목표 (형: 객관적인)	alternative	대안 (형: 양자택일의)
-al*	arrival	도착	approval	승인, 인정

* –ive와 –al은 흔히 형용사 어미로 쓰이지만 명사 어미로도 쓰이니 암기해두자.

Practice

1. This manual provides ------- on how to operate your new microwave oven properly.
   (A) instruct
   (B) instructor
   (C) instructions
   (D) instructional

2. Workers are required to wear ------- clothes while they are on the construction site.
   (A) protection
   (B) protect
   (C) protected
   (D) protective

3. It looks like that there is no considerable ------- between these two photocopiers.
   (A) different
   (B) differentiate
   (C) differing
   (D) difference

4. Visitors should present a form of ------- when they wish to enter the building.
   (A) identify
   (B) identifying
   (C) identification
   (D) identity

5. I'm sorry to remind you that we haven't received any written ------- from the registration office.
   (A) confirm
   (B) confirming
   (C) confirmation
   (D) confirmed

6. The latest research ------- about the pollution levels will be published immediately.
   (A) resulting
   (B) results
   (C) resulted
   (D) result in

7. ------- designed our new computer system to suit the needs of our company.
   (A) Research
   (B) Researching
   (C) Researched
   (D) Researchers

8. Because of bad weather ------- all flights to the Philippines were cancelled yesterday afternoon.
   (A) qualification
   (B) approval
   (C) conditions
   (D) analysis

9. A(n) ------- of experienced sales representatives can harm overall sales earnings.
   (A) emphasis
   (B) variety
   (C) security
   (D) lack

10. Those who will sign any contract are advised to review the terms of the -------.
    (A) production
    (B) agreement
    (C) consideration
    (D) newsletter

DAY 03 형용사

Objectives

문장 속에서 형용사의 위치와 기능을 이해하자.
특이한 형용사의 형태를 암기하자.
토익에 자주 출제되는 형용사의 어미를 숙지하자.

형용사는 명사의 성질, 상태, 모양, 크기를 설명하거나 수식하는 역할을 한다. 예를 들면, '바람이 시원하다', '다리가 날씬하다', '농담이 썰렁하다'와 같이 명사를 설명, 즉 서술적으로 표현할 수 있고, '시원한 바람', '날씬한 다리', '썰렁한 농담'이라고 명사를 수식하여 표현할 수도 있다.

1 형용사의 위치와 역할

1) 명사 앞에 온다.

> **boy는 '보이'인데 어떤 '보이'?**
> a **tall** boy, a **handsome** boy, a **smart** boy, a **stupid** boy, a **lazy** boy, a **humorous** boy처럼 형용사는 명사 앞에서 명사를 다양하게 표현한다.

예제 We are seeking ------- individuals to participate in those outdoor activities.

(A) interest (B) interested (C) interestingly

번역 우리는 그 야외활동 참여에 관심 있는 사람들을 찾고 있다.
정답 (B)

2) be동사 뒤에 온다.

형용사는 「주어 + be동사 + 형용사」의 형태로 be동사 뒤에서 주어의 상태를 설명한다.

예제 The company's profits were ------- enough to attract potential investors.

(A) impress (B) impression (C) impressive

번역 그 회사의 수익은 잠재적인 투자자들을 매료시킬 만큼 인상적이었다.
정답 (C)

3) be동사 상당어구 뒤에 온다.

be동사 자리에 쓰는 상당어구는 get, become, remain, seem, look 같은 연결동사들이 있다. 이 동사들은 대개 be동사로 바꿔도 의미가 통한다.

▶ **become/get + 형용사** : ~하게 되다.
  Workers will become accustomed to operating the machine.
  직원들은 그 기계 사용에 익숙해질 것이다.

▶ **remain + 형용사** : ~인 상태로 있다.
  The entire building remains unoccupied right now. 그 건물 전체가 현재 비어 있는 상태이다.

▶ **seem/look + 형용사** : ~인 것 같다.
  The election seems fair to me, but nobody else thinks so.
  그 선거가 내게는 공정해 보이지만 다른 사람은 아무도 그렇게 생각하지 않는다.

> 예제 The tourists looked ------- after the tour of the province.
>   (A) tire   (B) tired   (C) tirement
>
> 번역 관광객들은 그 지역 관광 후에 지쳐 보였다.
> 정답 (B)

4) 동사 make, keep, find의 목적보어 자리에 온다.

이 동사들은 「주어 + 동사(make, keep, find) + 목적어 + 목적보어(형용사)」형태로 쓰이는 5형식 동사들이다. 이때 형용사가 목적보어 자리에 와서 목적어의 상태를 설명할 수 있다.

> **주어 + 타동사 + 목적어 + 목적보어(형용사)**
>   목적어의 상태를 설명하는 형용사

▶ **make**
  His speech made the audience encouraged. 그의 연설은 청중을 고무시켰다.

▶ **keep**
  Please keep the schedule posted on the bulletin board. 일정을 게시판에 계속 공지하시오.

▶ **find**
  I find his music impressive. 나는 그의 음악이 감동을 준다고 생각한다.

2 기억해야 할 형용사 어미

-able/-ible	**eligible** participants	적격한 참가자
-ous	**various** benefits	다양한 혜택
-ic	**economic** growth	경제 성장
-al	**potential** customers	잠재 고객
-ive	**competitive** prices	경쟁력 있는 가격
-ful	**successful** candidates	성공적인 지원자
-ent/-ant	**current** positions	현재 직위
-ed	**detailed** information	자세한 정보

3 특이한 형용사의 형태

보통 –ly가 있으면 대부분이 부사이지만, –ly가 있는데 명사 앞이나 be동사 뒤에서 형용사로 쓰이는 단어들이 있으니 꼭 확인해두자.

1) 형용사 + –ly = 부사

slow**ly** 천천히   quick**ly** 빨리   convenient**ly** 편리하게   beautiful**ly** 아름답게

2) 명사 + –ly = 형용사

friend**ly** 친절한   cost**ly** 비싼   in a time**ly** manner 시기 적절하게
on a year**ly** basis 일 년에 한 번씩   be like**ly** to-V ~일 것 같다

- The products were **costly**, so I couldn't buy them. 제품들은 비싸서 살 수가 없었다.
- There will be a meeting in a **timely** manner. 시기 적절하게 회의가 있을 것이다.
- The inspection was conducted on a **yearly** basis. 검사는 일 년에 한 번씩 실시되었다.
- Mr. Roberto is **likely** to win the award this year. 올해는 로베르토 씨가 수상할 것 같다.

Practice

1. The software company's president is quite ------- about all the different computers.
   (A) knowing
   (B) knowledge
   (C) knowledgeable
   (D) know

2. The advertising company is experiencing ------- expansion into international markets.
   (A) consider
   (B) considerably
   (C) considered
   (D) considerable

3. The steering committee conducted a ------- review for those long-term strategies.
   (A) completing
   (B) completely
   (C) complete
   (D) completion

4. Our financial problems became ------- after a few cost-cutting measures were carried out.
   (A) manage
   (B) manageable
   (C) management
   (D) manageably

5. The instructions seemed ------- to follow at first, but later I found them difficult.
   (A) easy
   (B) easily
   (C) ease
   (D) easier

6. Our new human resources director is an ------- person in our company.
   (A) admire
   (B) admiration
   (C) admirable
   (D) admirably

7. Their experienced employees were ------- of resolving difficult problems very well.
   (A) able
   (B) capable
   (C) serious
   (D) secure

8. Please make sure that workers should be ------- of all the safety regulations in the workplace.
   (A) conditional
   (B) further
   (C) temporary
   (D) aware

9. The manufacturing company has recently announced its ------- profits in sales.
   (A) impressive
   (B) various
   (C) statistical
   (D) motivated

10. Our company is seeking ------- workers who can work efficiently within a limited time.
    (A) extensive
    (B) hesitant
    (C) familiar
    (D) skilled

DAY 04 부사

Objectives
문장 속에서 부사의 위치를 알자.
혼동되는 부사를 올바르게 선택하는 방법을 알자.
형태 변화로 다른 의미를 지니는 부사를 숙지하자.

부사는 완전한 영어 문장을 만드는 데 영향을 주는 것은 아니므로 문장에서 꼭 필요한 품사는 아니다. 하지만 부사는 동사, 형용사, 다른 부사, 또는 구나 문장을 꾸며주므로, 부사를 적절하게 사용하면 영어를 매우 잘 구사하는 것처럼 보이게도 한다. 이러한 특성 때문에 부사는 토익 시험에서도 가장 많이 등장하는 품사이다.

1 부사의 위치와 역할

1) 문장 끝에서 부사가 다른 부사를 수식한다.

부사는 부사끼리 연속해서 쓸 수 있다. 예를 들어 'This book is written easily understandably.'에서 easily understandably(쉽게 이해할 수 있게)처럼 「부사 + 부사」 형태로 쓸 수 있다.

> **예제** The president made a presentation very ------- at the annual conference.
> (A) hesitate (B) hesitant (C) hesitantly
>
> 번역 그 사장은 연례 회의에서 매우 머뭇거리며 발표를 했다.
> 정답 (C)

2) 형용사 앞자리에서 형용사를 수식한다.

| 주어 + be동사 + 부사 + 형용사 | He is **very** kind. |
| 부사 + 형용사 + 명사 | a **very** kind man |

> **예제** Mr. Parker is a ------- efficient employee in the human resources division.
> (A) high (B) highly (C) height
>
> 번역 파커 씨는 인력자원부에서 매우 유능한 직원이다.
> 정답 (B)

3) **동사를 수식한다.**

'It will probably rain tomorrow.'처럼 「주어 + 부사 + 동사」 형태로 부사가 동사를 앞에서 수식할 수 있다.

> **예제** The doctor ------- recommended the healthy diet to the patient.
> (A) strong   (B) strength   (C) strongly
>
> **번역** 그 의사는 환자에게 건강 식이요법을 강력히 추천했다.
> **정답** (C)

4) **수동태에서 과거분사를 앞뒤에서 수식한다.**

be p.p.(~되어지다, ~당하다) 형태가 수동태인데, 「be p.p. + 부사」나 「be + 부사 + p.p.」처럼 부사가 과거분사 앞이나 뒤에 올 수 있다.

> This project was **finally finished**. = This project was **finished finally**.
>   부사   p.p.   p.p.   부사

> **예제** The profits were reduced -------, compared to last quarter's.
> (A) substantially   (B) substantial   (C) substance
>
> **번역** 지난 분기와 비교해볼 때, 수익이 상당히 감소했다.
> **정답** (A)

5) **문장 전체를 수식한다.**

주어 앞에 주로 콤마(,)가 보이고, 그 앞자리가 비워져 있으면 부사가 와서 문장 전체를 수식한다.

> **예제** -------, our company didn't get the contract for some reason.
> (A) Unfortune   (B) Unfortunately   (C) Unfortunate
>
> **번역** 운이 나쁘게도 우리 회사는 몇 가지 이유 때문에 그 계약을 체결하지 못했다.
> **정답** (B)

2 헷갈리는 부사의 올바른 선택

부사 중에서 -ly가 있을 때와 없을 때 의미가 달라지는 부사들이 있다. -ly로 끝나지 않는 부사들은 가끔 형용사로도 쓰이므로 의미를 구분해서 기억해 두자.

-ly가 있을 때와 없을 때 의미가 달라지는 부사	
late (형) 늦은 (부) 늦게	lately 최근에
hard (형) 어려운 (부) 열심히	hardly 거의 ~하지 않다
high (형) 높은 (부) 높게	highly 매우
near ~ 근처에	nearly 거의
full 가득 찬	fully 완전히
ready 준비된	readily 쉽게
just 바로, 막	justly 공정하게
heavy 무거운	heavily 심하게

1) late / lately

- I stayed up (**late**/lately) last night to finish my financial report.
  나는 재무 보고서를 끝내기 위해 지난 밤 늦게까지 깨어 있었다.

- I have traveled around the world (late/**lately**) to catch new trends.
  나는 새로운 유행을 알기 위해 최근에 세계를 여행했다.

2) high / highly

- Different colorful flags are flying (**high**/highly) in the air.
  다양한 색깔의 깃발들이 공중에 높이 날고 있다.

- The company developed a (high/**highly**) competitive marketing strategy.
  회사는 매우 경쟁력 있는 마케팅 전략을 개발했다.

3) hard / hardly

- She works (**hard**/hardly) to be eligible for the promotion.
  그녀는 승진 자격을 갖추기 위해 열심히 일한다.

- It seemed that she (hard/**hardly**) worked on the proposal.
  그녀는 제안서에 대해 거의 작업하지 않은 것 같다.

Practice

1. The updated system is ------- considered to be useful among the entire staff.
   (A) general
   (B) generalize
   (C) generalized
   (D) generally

2. Because the questions were not difficult, all the students could ------- solve them.
   (A) easy
   (B) easily
   (C) ease
   (D) more easy

3. Technicians must read safety instructions ------- before starting any experiments.
   (A) thorough
   (B) thoroughness
   (C) thoroughly
   (D) throughout

4. Our new department store will be ------- located in the heart of the city.
   (A) convenient
   (B) conveniently
   (C) convenience
   (D) convene

5. Registration information will be ------- available at the office on the first floor.
   (A) ready
   (B) readily
   (C) readiness
   (D) readied

6. Identification cards were ------- renewed before the end of the week.
   (A) automate
   (B) automated
   (C) automation
   (D) automatically

7. Applicants are encouraged to dress ------- when they are interviewed.
   (A) clearly
   (B) properly
   (C) dramatically
   (D) enthusiastically

8. There are ------- a small number of job openings in the sales positions.
   (A) quickly
   (B) highly
   (C) currently
   (D) originally

9. The new construction project in the district took much ------- than expected.
   (A) stronger
   (B) higher
   (C) extremely
   (D) longer

10. All the staff members are encouraged to work ------- to achieve their goals.
    (A) adequately
    (B) collaboratively
    (C) approximately
    (D) finally

DAY 05 장문 빈칸 채우기 & 독해 (1)

PART 6

Questions 1-4 refer to the following e-mail.

TO: Randy Smith <randy_s@bascomb.com>
FROM: Ann Harper <ah@bascomb.com>
RE: Your Presentation
DATE: July 12

Randy,

I was very pleased with the presentation you gave this morning. ------- You spoke very well, and you used some excellent charts and graphs. ------- you left the room, I spoke with the clients for a while longer. They all said that you ------- the problem and potential solutions very well. They understood exactly what we are planning to do for them. Thanks to you, they're ------- not going to cancel the project. So we don't have to worry about losing that account.

Thanks again for all of your assistance.

Ann

1. (A) The presentation is going to start at ten.
   (B) I'll see you in my office later today.
   (C) We received a very thoughtful present.
   (D) The clients were also impressed.

2. (A) So
   (B) After
   (C) While
   (D) Consequently

3. (A) explaining
   (B) explained
   (C) have explained
   (D) are explaining

4. (A) hesitantly
   (B) possibly
   (C) definitely
   (D) always

PART 7

Questions 1-3 refer to the following memo.

TO: All Staff Members
FROM: Greg Thompson
RE: Overtime Work
DATE: May 25

We have just signed contracts with three new companies. As a result, we are going to be extremely busy for the next couple of months. Currently, the assembly lines are only running from 7 A.M. to 9 P.M. That is going to change as of June 1 though. Starting then, we will be operating all three assembly lines 24 hours a day.

For the time being, we do not intend to hire any new workers. Instead, we would like to give everyone the opportunity to work overtime, something we have never done before. — [1] — Each worker is authorized to work up to 20 overtime hours a week. For overtime works, you will be compensated at a rate 150% of your regular salaries. — [2] —

If you are interested in working more hours than normal, please speak with your immediate supervisor no later than Thursday, May 28. — [3] — If you have a preference as to when you would like to work overtime, please let your supervisor know. — [4] — We will post every employee's working hours on the company Web site by 5:00 P.M. on Friday, May 29.

---

1 Why was the memo sent?

(A) To describe an opportunity
(B) To announce a new hiring
(C) To discuss a new regulation
(D) To explain a payment process

2 According to the memo, what is going to happen on June 1?

(A) Some contracts will be signed.
(B) Overtime work will be permitted.
(C) Schedules will be posted.
(D) Salaries will be increased.

3 In which of the positions marked [1], [2], [3], and [4] does the following sentence best belong?

"Your requests will be taken into consideration when making the work schedule."

(A) [1]
(B) [2]
(C) [3]
(D) [4]

DAY 06 수량형용사

Objectives

명사의 단수·복수에 따라 달라지는 수식어를 숙지하자.
항상 복수형으로 쓰는 명사를 외우자.
불가산명사의 종류와 쓰임을 알자.

수량형용사란?

수량형용사는 명사 앞에서 명사의 수나 양(많은 ~, 적은 ~)을 나타내는 형용사를 말한다. 명사에는 가산명사(셀 수 있는 명사)와 불가산명사(셀 수 없는 명사)가 있기 때문에, 수량형용사도 ❶ 가산명사 앞에만 쓰는 수량형용사, ❷ 불가산명사 앞에만 쓰는 수량형용사, ❸ 둘 다에 쓸 수 있는 수량형용사로 구분해서 쓰게 된다.

가산명사 수식	one each every + 단수명사	two, three... both 둘 다 a few 몇몇의 few 거의 없는 + 복수명사 several 여럿의 many 많은 a number of 많은
불가산명사 수식	a little 조금의 little 거의 없는 much 많은 a great deal of 매우 많은 a large amount of 매우 많은	
둘 다 수식	not any/no 없는 some 몇몇의 any 얼마간의 a lot of/lots of 많은 + 복수 가산명사 / 불가산명사 plenty of 많은 most 대부분의 all 모든	

116

1 단·복수명사 수식어구

1) 불가산명사

불가산명사는 복수형(-s)으로 만들거나 부정관사 a/an(하나의)을 붙일 수 없다.

clothing 의류	funding 자금	housing 주택	seating 좌석
luggage 수하물	baggage 수하물	merchandise 상품	equipment 장비
furniture 가구	information 정보	advice 충고	permission 허락
research 연구	cash 현금	money 돈	change 잔돈
work 일	evidence 증거		

> **주의** 영어의 가산명사, 불가산명사의 개념은 우리말과 다르기 때문에 단순히 추측해서 생각하면 틀릴 때가 많다. 그러므로 일단 토익에 자주 나오는 불가산명사를 따로 외워두고 나머지는 가산명사로서 단수, 복수를 표시해준다고 생각하면 구분하기가 쉽다.

2) a little + 불가산명사 / a few + 복수명사

few/a few와 little/a little의 가장 큰 차이점은 few/a few는 복수가산명사(-s) 앞에 쓰고, little/a little은 불가산명사 앞에 쓴다는 것이다. 이 수량형용사들은 부정관사 a가 붙어 있으면 긍정적인 의미로 '몇몇의', '조금 있는'이란 뜻이 되고, 부정관사 a가 없이 few와 little 형태로 쓰면 '~가 거의 없는'이라는 부정적인 의미로 해석된다.

- **A little competition** is going to be useful among employees.
  약간의 경쟁은 직원들 간에 유용할 것이다.

- Only **a few employees** are going to attend the seminar this Friday.
  몇 명의 직원들만 이번 금요일 세미나에 참석할 것이다.

- Very **few** students were absent from a science class yesterday.
  어제 과학 수업에 결석한 학생이 거의 없었다.

- **Little** time was allowed to fill out the enclosed form completely.
  동봉된 양식을 작성할 시간이 거의 허용되지 않았다.

3) much + 불가산명사 / many + 복수명사

둘 다 '많은 ~'이라는 뜻이지만 much 뒤에는 불가산명사, many 뒤에는 복수명사가 온다.

- We needed **much time** to look over those legal documents to avoid mistakes.
  실수를 피하기 위해서 그 법률 서류들을 검토하는 데 많은 시간이 필요했다.

- The company announced that it is going to actively recruit **many experts**.
  회사는 많은 전문가들을 적극적으로 고용할 것이라고 발표했다.

4) **another + 단수명사 / other + 복수명사**

둘 다 '다른 ~'이라는 뜻이지만 another 뒤에는 단수명사, other 뒤에는 복수명사가 온다.

- **Another innovative solution** will be needed to solve the problem.
  문제 해결을 위해서는 다른 혁신적인 해결책이 필요할 것이다.

- It is becoming much harder to compete with **other companies**.
  다른 회사들과 경쟁하는 것이 훨씬 어려워지고 있다.

5) **every + 단수명사 / all + 복수명사, 불가산명사**

둘 다 '모든, 모두'라는 뜻이지만 all은 가산명사와 불가산명사 둘 다 수식할 수 있고, every는 개개인에 초점을 맞춘 '모두'라는 뜻이어서 단수명사만 수식한다.

- Because we were under a tight schedule, **every measure** was taken.
  우리는 일정이 빡빡했기 때문에 모든 조치가 취해졌다.

- We took **all the measures** in order to prevent serious traffic accidents.
  심각한 교통사고를 막기 위해서 우리는 모든 조치를 취했다.

- **All his money** was spent on helping poor people.
  그의 돈은 전부 가난한 이들을 돕는 데 쓰였다.

6) **this + 단수명사, 불가산명사 / these + 복수명사**

지시형용사 this와 these는 무엇을 가리킬 때 쓰는 말로서, this(이 ~)는 단수명사 앞, these(이들 ~)는 복수명사 앞에 쓰인다.

- **This candidate** who looks diligent and hardworking will be selected.
  이 근면하고 성실해 보이는 지원자가 선택될 것이다.

- As **these candidates** look competent and promising, they will be hired.
  이 지원자들은 능력 있고 유망해 보이기 때문에 고용될 것이다.

7) **each + 단수명사 / each of the + 복수명사**

each는 '각각의'라는 뜻을 지닌 형용사로서 뒤에 단수명사가 나오고, each of the는 '각각의 ~는'이라는 뜻이기 때문에 논리적으로 뒤에 복수명사가 나와야 한다.

- **Each performance** held in the downtown theater featured different cultures.
  시내 극장에서 열린 각 공연은 다양한 문화를 보여줬다.

- **Each of the applicants** must pass the test to be considered for the position.
  각각의 지원자는 그 직책의 고려 대상이 되기 위해서 테스트를 통과해야 했다.

8) various, several + 복수명사

various(다양한)와 several(여러 개의, 몇몇의)은 그 뜻에서 알 수 있듯이 뒤에 복수명사가 나와야 한다.

- We will discuss **various factors** which affect our domestic market.
  우리는 국내 시장에 영향을 미치는 다양한 요소들을 논의할 것이다.

- **Several passengers** missed the airplane due to rush hour traffic.
  러시아워의 교통혼잡 때문에 몇 명의 승객들이 비행기를 놓쳤다.

2 항상 복수형으로 쓰는 명사

다음 명사들이 특정한 뜻으로 쓰일 때는 -s를 붙여서 복수형으로 써야 한다.

goods 제품	belongings 소지품	standards 기준
regulations 규정, 규칙	resources 자원	repairs 수리

※참고

standard와 regulation은 단수형으로 쓰이면 뜻이 달라진다.
- the standard of living 생활 수준 (standard 수준)
- regulation of prices 가격 조정 (regulation 조절, 조정)

Practice

1. Managers should make sure that ------- steps must be taken properly and efficiently.
   (A) every
   (B) all
   (C) much
   (D) a little

2. The information in ------- reports will be sent to the research department next week.
   (A) this
   (B) these
   (C) much
   (D) a large great deal of

3. The hotel provides travelers with ------- convenient options in order to attract tourists.
   (A) several
   (B) each
   (C) another
   (D) a little

4. The attached documents contain ------- on the safety precautions in all laboratories.
   (A) regulate
   (B) regulation
   (C) regulates
   (D) regulations

5. All the staff are required to lock the door ------- evening before they leave for the day.
   (A) each
   (B) all
   (C) nearly
   (D) fewer

6. The manufacturing company apologized for its ------- faults in delivery of shipments.
   (A) so
   (B) much
   (C) such
   (D) many

7. The building is now facing troubles with too much unusable ------- on the ground floor.
   (A) spaced
   (B) space
   (C) spacious
   (D) spaces

8. We provide a lot of relocation ------- and services to clients in an effort to impress them.
   (A) inform
   (B) information
   (C) informer
   (D) informant

9. The guest speaker is scheduled to give a lecture on ------- domestic issues.
   (A) every
   (B) much
   (C) several
   (D) each

10. The courier company has received numerous ------- about its late delivery and poor service.
    (A) complaining
    (B) complains
    (C) complaint
    (D) complaints

DAY 07 대명사

Objectives

대명사의 기본적인 기능을 알자.
대명사 각각의 격과 기능을 알자.
재귀대명사의 용법을 알자.

대명사는 말 그대로 앞에 나왔던 명사를 짧게 대신해서 쓰는 명사이다. 대명사는 앞에 나온 명사의 수(단수-복수), 성(남성-여성), 격(주격-소유격-목적격)을 일치시켜야 한다.

1 대명사의 용법과 격 구분

1) 명사와 대명사의 일치

단수명사는 단수대명사가, 복수명사는 복수대명사가 각각 받는다.

- **The corporation** announced yesterday that **it** decided to reduce costs.
  그 회사는 가격을 인하하기로 결정했다고 어제 발표했다.
- **The corporations** announced that **they** would retain **their names** after **they are merged.** 그 회사들은 합병 후에도 그들의 이름을 유지할 것이라고 발표했다.

2) 대명사의 격 구분

토익에서는 주어 위치에는 주격, 명사 앞에는 소유격, 타동사나 전치사 뒤에서는 목적격의 대명사를 넣는 문제들이 나온다.

수	인칭	주격	소유격	목적격	소유대명사	재귀대명사
단수	1인칭	I	my	me	mine	myself
	2인칭	you	your	you	yours	yourself
	3인칭	he she it	his her its	him her it	his hers —	himself herself itself
복수	1인칭	we	our	us	ours	ourselves
	2인칭	you	your	you	yours	yourselves
	3인칭	they	their	them	theirs	themselves

❶ **주격** – 문장에서 맨 앞자리이고 동사 앞에 온다.
- If **your** should require more information, I'll send it to you immediately. (×)
  → If **you** should require more information, I'll send it to you immediately. (○)
  당신이 더 많은 정보를 요구한다면 즉시 정보를 보낼 것이다.
- **John and me** will take care of all the invitations to the going-away party. (×)
  → **John and I** will take care of all the invitations to the going-away party. (○)
  존과 내가 모든 송별회 초대장을 처리할 것이다.

❷ **소유격** – 형용사처럼 명사를 꾸미고 그것이 누구의 것인지 나타낸다.
- Please submit **you** résumé and cover letter to the personnel department. (×)
  → Please submit **your** résumé and cover letter to the personnel department. (○)
  당신의 이력서와 자기 소개서를 인사과에 제출하세요.

※참고

> 소유대명사: 「소유격+명사」를 나타내며 소유대명사 뒤에는 명사가 올 수 없다.
> - That's **mine umbrella**. (×)
> - That's **my umbrella**. → That's **mine**. (○)

❸ **목적격** – 타동사나 전치사의 목적어 자리에 온다.
- Mr. Toma was determined to give **them** a pay increase last month.
  토마 씨는 지난달에 그들에게 월급 인상을 해주기로 결심했다.
- Some brochures were sent to **him and his associates** yesterday.
  어제 그와 그의 동료들에게 소책자들이 보내졌다.

❹ **재귀대명사** – 주어가 하는 행위나 동작이 주어 자신에게 되돌아오는 경우 재귀대명사를 쓴다.

a. 재귀 용법 – 동사나 전치사의 목적어로 쓰인다.
- Help **yourself** to the food. 음식 마음껏 드세요.

b. 강조 용법 – '자체, 자신'이란 뜻으로 주어, 목적어를 강조하는 표현이라서 생략해도 무방하다. 주로 강조하고자 하는 대명사 가까이 또는 문장 끝에 위치한다.
- I fixed the copy machine **myself** and Lora made copies.
  내가 직접 그 복사기를 고쳤고 로라가 복사를 했다.
- The woman **herself** moved the furniture without any help.
  그 여자 스스로 어떤 도움도 받지 않고 가구를 옮겼다.

c. 관용적 용법

> by oneself = alone = on one's own 혼자서, ~끼리

- I thought I could manage technical problems **by myself**.
  나 혼자서 기술적인 문제를 처리할 수 있다고 생각했다.
- They are going to deal with the problem **by themselves**.
  그들끼리 문제를 해결할 것이다.

❺ It의 용법 – 날씨, 거리, 시간, 계절, 명암 등을 나타내는 문장의 주어로 쓰이며 해석을 따로 하지 않는다.
- It is raining heavily. 비가 많이 내리고 있다.
- It is 3 miles to the school. 학교까지 3마일이다.
- It is dark outside. 밖이 어둡다.
- It is Saturday today. 오늘은 토요일이다.

3) 중복된 대명사 삭제

한 문장 안에 주어가 있는 경우 주격 대명사를 중복해서 쓰면 안 된다.

- The tenants **they** must pay their rent on time. (×)
  세입자들은 집세를 제때 내야 한다. (→ they 삭제)

Practice

1. The president ------- checked the estimated sales figures for the next quarter.
   (A) him
   (B) he
   (C) himself
   (D) his

2. We are going to experiment with ------- analysis on the symptoms of the influenza.
   (A) she
   (B) her
   (C) hers
   (D) herself

3. A notice should be forwarded to ------- bank as soon as possible.
   (A) you
   (B) your
   (C) yours
   (D) yourself

4. The president hopes that you will call ------- immediately to let him know about the results.
   (A) himself
   (B) he
   (C) him
   (D) his

5. I'm writing again to you on the recommendation of a colleague of -------.
   (A) my
   (B) mine
   (C) I
   (D) myself

6. The government praised ------- success in reorganizing and downsizing within a limited time.
   (A) them
   (B) whose
   (C) their
   (D) those

7. Employees have to make copies of food receipts and turn ------- in to the accounting office.
   (A) they
   (B) their
   (C) them
   (D) themselves

8. As a result of a heavy workload, the payroll department had trouble finishing analysis by -------.
   (A) it
   (B) one
   (C) itself
   (D) oneself

9. Mr. Spencer devised innovative strategies and ------- proved to be useful.
   (A) we
   (B) you
   (C) they
   (D) it

10. You should fill out the forms and return them at ------- earliest convenience.
    (A) you
    (B) your
    (C) yours
    (D) yourself

DAY 08 장문 빈칸 채우기 & 독해 (2)

PART 6

Questions 1-4 refer to the following letter.

March 25

To Whom It May Concern,

I would like ------- that Harold Armstrong was an employee at JC Shipping from May 2012 to June 2014. During that time, Mr. Armstrong worked as an assistant manager in the Accounting Department. Unfortunately, I am not personally aware of the ------- of the work that he performed. However, you can feel free to ------- his supervisor at that time. Her name is Lucy Marston. She is still employed here at JC Shipping. -------

Sincerely,

Tomas Fritz

Director, HR Department
JC Shipping

1. (A) confirmed
   (B) confirm
   (C) confirming
   (D) to confirm

2. (A) quality
   (B) ability
   (C) sense
   (D) requirement

3. (A) report
   (B) contact
   (C) approve
   (D) write

4. (A) She stopped working here around six months ago.
   (B) You can reach her at 494-3023 during regular business hours.
   (C) I hope you are pleased with my evaluation of Mr. Armstrong.
   (D) Mr. Armstrong should be a valuable employee at our firm.

PART 7

Questions 1-4 refer to the following text message chain.

Bobo, Richard   11:01 A.M.
Good morning, Joe. Do you know if my envelope has arrived?

Dawson, Joe   11:02 A.M.
The mailman hasn't dropped off anything yet. What are you expecting?

Bobo, Richard   11:03 A.M.
Mary Carter is sending me a contract. She sent it by courier two hours ago. Are you sure it isn't there?

Dawson, Joe   11:04 A.M.
Let me ask Denise. She might know. I'll be right back.

Bobo, Richard   11:04 A.M.
Thanks.

Dawson, Joe   11:08 A.M.
Denise told me that a courier came ten minutes ago and left it with her. It's on her desk.

Bobo, Richard   11:10 A.M.
That's great news. In that case, could you do a favor for me?

Dawson, Joe   11:10 A.M.
What do you need?

Bobo, Richard   11:11 A.M.
Could you open the envelope and look at the terms of the contract? I need to know if everything is fine.

Dawson, Joe   11:13 A.M.
Actually, I'm not familiar with your client. I don't think I'd be of any help.

Bobo, Richard   11:14 A.M.
That's all right. I'll be back at noon. I'll take a look at it then.

1   Why did Mr. Bobo contact Mr. Dawson?

   (A) To get Mr. Carter's contact information
   (B) To ask to speak with Denise
   (C) To inquire about a delivery
   (D) To have him print a contract

2   At 11:04 A.M., what does Mr. Dawson mean when he writes, "I'll be right back"?

   (A) He has to leave the office.
   (B) He is going to take a break.
   (C) He will send a response soon.
   (D) He needs to call a delivery company.

3   Who most likely is Denise?

   (A) A colleague of Mr. Dawson's
   (B) A delivery person
   (C) Mr. Bobo's client
   (D) A lawyer

4   What does Mr. Bobo request that Mr. Dawson do?

   (A) Sign a contract
   (B) E-mail Ms. Carter
   (C) Call a courier
   (D) Open an envelope

DAY 09 수동태

Objectives

수동태가 어떻게 만들어지고, 왜 쓰이는지를 알자.
수동태 뒤에는 목적어가 올 수 없음을 알자.
자동사는 수동태가 될 수 없음을 알자.

주어가 동작의 주체가 되어서 '~가 …을 하다'라고 표현하는 것을 능동태라 하고, 주어가 동작의 대상이 되어서 '~가 …되다'라고 표현하는 것을 수동태라고 한다. 수동태는 항상 동사의 형태가 「be동사 + 과거분사(p.p.)」이며, 그 뒤에 목적어가 나올 수 없다.

- He **plays** music. 그가 음악을 연주한다. 〈능동태〉
  → 주어인 He(그)가 동사 plays(연주하다)의 주체 즉, 행위자이므로 능동태이다.
- Music **is played** by him. 그에 의해서 음악이 연주된다. 〈수동태〉
  → 주어인 Music(음악)이 동사 is played(연주되다)의 대상이므로 수동태이다.

1 수동태 만드는 방법

1단계
능동태의 목적어를 수동태의 주어로 삼는다.

2단계
능동태의 동사를 「be동사 + 과거분사(p.p.)」로 바꾼다. 뜻은 '~되(어지)다'이다.

3단계
능동태의 주어를 「전치사(주로 by) + 목적격(행위자)」형태로 바꾸어 문장 뒤로 보낸다. 단, 행위자가 의미 전달에 중요하지 않다고 생각되면 생략한다.

- Employees **published** revised brochures. 직원들이 개정된 안내책자를 발행했다.
  → Revised brochures **were published** (by employees).
  개정된 안내책자가 (직원들에 의해) 발행되었다.
- The results **impressed** all the managers. 그 결과는 모든 관리자들을 만족시켰다.
  → All the managers **were impressed** with the results. 모든 관리자들이 결과에 만족했다.

※참고 **능동태와 수동태의 형태와 시제**

시제	능동태	수동태
현재 / 과거	writes / wrote	is written / was written
현재진행 / 과거진행	is writing / was writing	is being written / was being written
현재완료 / 과거완료	has written / had written	has been written / had been written
미래	will write, is going to write	will be written, is going to be written

2 수동태 문제 확인 방법

- 타동사 뒤에 목적어가 있으면 능동태, 타동사 뒤에 목적어가 없으면 수동태이다.
- 수동태 동사 다음에는 바로 명사(목적어)가 올 수 없고 「전치사 + 명사 / 부사 / to-V」형태가 온다.

- The items from India must handle carefully. (×)
  → The items from India must **be handled** carefully. (○)
  인도에서 온 물건들은 조심스럽게 다루어져야 한다.

- Guests invite to attend an annual company party. (×)
  → Guests **are invited** to attend an annual company party. (○)
  손님들은 회사 연례 파티에 참석하도록 초대된다.

3 수동태에서 by 이외의 전치사를 쓰는 경우

be pleased **with** ~에 기뻐하다	please 기쁘게 하다
be satisfied **with** ~에 만족하다	satisfy 만족시키다
be interested **in** ~에 흥미를 느끼다	interest 흥미를 끌다
be involved **in** ~에 참여하다	involve 참여시키다
be concerned **about** ~을 걱정하다	concern 걱정을 끼치다

4 자동사는 수동태가 될 수 없다.

문장을 수동태로 만들려면 목적어가 반드시 필요하다. 목적어가 불필요한 자동사는 be동사 + p.p. 형태로 쓸 수 없다. (대표 자동사 – arrive, rise, appear, happen, occur, take place)

- The consumer prices **were risen** dramatically last month. (×) → rise는 자동사
- The consumer prices **rose** dramatically last month. (○) 그 소비자 가격은 지난달 엄청나게 올랐다.

Practice

1. The bank is ------- near the office building where you work.
   (A) locate
   (B) locating
   (C) located
   (D) location

2. Before products are ------- to retailers, make sure that they are adequately wrapped.
   (A) ship
   (B) shipping
   (C) shipped
   (D) shipment

3. The accident ------- on the Atrova street at the beginning of last week.
   (A) take place
   (B) took place
   (C) was taken place
   (D) had taken place

4. It seems that all defective merchandise ------- for a full refund.
   (A) accepts
   (B) accept
   (C) will be accepted
   (D) has accepted

5. Please check sales figures before they ------- to the accounting department.
   (A) submits
   (B) will submit
   (C) submitted
   (D) are submitted

6. Interviews will ------- all afternoon and then there will be a small reception.
   (A) conduct
   (B) are conducting
   (C) have conducted
   (D) be conducted

7. Delegates for a trade fair ------- in Manila ahead of schedule.
   (A) were arrived
   (B) arrives
   (C) arrived
   (D) has arrived

8. All of the applicants are ------- for the advertised positions.
   (A) involved
   (B) concerned
   (C) known
   (D) qualified

9. Companies will be ------- to receive a lot of grants from the government.
   (A) detailed
   (B) pleased
   (C) responsible
   (D) previous

10. Employees who want to be ------- for travel expenses need to submit those receipts.
    (A) spent
    (B) informed
    (C) reimbursed
    (D) requested

DAY 10 동사 연결

Objectives
조동사 뒤에 오는 동사 형태를 알자.
일반동사 두 개를 연결시키는 원리를 알자.

1 조동사 뒤에는 반드시 동사원형이 온다.

조동사 뒤에 오는 동사원형의 능동태와 수동태에도 주의하자. 타동사인 경우 목적어가 있으면 능동태를, 없으면 수동태를 써야 한다.

1) 조동사 + 자동사 + 전치사
- The train **will leaving at** 3:00 P.M. at the station. (×)
  → The train **will leave at** 3:00 P.M. at the station. (○)
  기차는 역에서 오후 3시에 출발할 것이다.

2) 조동사 + 타동사 + 목적어
- Mr. Smith **will to attend the conference** instead of me. (×)
  → Mr. Smith **will attend the conference** instead of me. (○)
  스미스 씨가 저 대신 회의에 참석할 것입니다.

3) 조동사 + be p.p. + 전치사
- Your check **must sent to** the head office before the deadline. (×)
  → Your check **must be sent to** the head office before the deadline. (○)
  귀하의 수표가 마감 전에 본사로 보내져야 합니다.

2 동명사의 위치

동명사란 동사를 명사화시킨 것으로서 「동사 원형 + -ing」형태이고 '~하는 것'으로 해석한다. 말 그대로 명사 역할을 하기 때문에 주어와 목적어 자리에 쓰인다.

1) 동사 앞에 온다.
동명사는 명사처럼 문장의 주어가 될 수 있다.
- **Meeting** the needs of the customers is our biggest priority.
  고객의 필요를 충족시키는 것이 우리의 최우선 순위이다.

2) 동사 뒤에 온다.
동명사만 목적어로 취하는 타동사를 기억해두자.

enjoy 즐기다	finish 끝내다	mind 꺼리다
consider 고려하다	suggest 제안하다	recommend 추천하다
postpone 연기하다	include 포함하다	discontinue 중단하다

Day 10 131

- He **enjoyed visiting** the tourist attraction. 그는 관광명소 방문을 즐겼다.
- The auditor **finished investigating** the document. 감사관은 서류 조사를 끝냈다.
- The cabin crews **mind opening** the window. 선원은 창문 여는 것을 꺼린다.
- I'm **considering accepting** the job offer. 그 직업 제안 수락을 고려하고 있다.
- The company **suggested rebuilding** the old house. 회사는 그 낡은 집의 재건축을 제안했다.
- The trainer **recommended using** the tools. 그 교관은 도구 사용을 추천했다.

3) 전치사 뒤에 온다.

전치사 뒤는 목적어 자리라서 명사, 대명사, 동명사가 와야 한다.

- You should refrain **from using** cellular phones. 당신은 휴대폰 사용을 자제해야 한다.
- We are aimed **at attracting** more potential customers.
  우리는 더 많은 잠재 고객을 끌 것을 목표로 하고 있다.

3 동사 + to-V

타동사 뒤에 오는 to-V(to부정사)는 명사처럼 목적어 역할을 한다. 뜻은 '~하기를, ~하는 것을'이다.

- The team **decided to finish** the report. 그 팀은 보고서를 끝내기로 결정했다.
- The corporation **failed to achieve** the goal. 그 회사는 목표 달성을 못했다.

※ 부정사만 목적어로 취하는 타동사

need to-V ~할 필요가 있다	want to-V ~하기를 원하다
like to-V ~하기를 좋아하다	hope to-V ~하기를 희망하다
agree to-V ~할 것에 동의하다	plan to-V ~할 것을 계획하다
manage to-V 그럭저럭 ~을 하다	refuse to-V ~하기를 거절하다
decide to-V ~하기로 결정하다	expect to-V ~하기를 기대하다

4 주어 + 동사 + 목적어 + to-V

5형식 문장에서 to-V가 목적보어 자리에 나오면 '목적어(사람)에게 ~하도록 …하다'란 뜻이 된다.

- He wanted me to water the plant. 그는 내가 식물에 물을 주기를 원했다.
- The president asked the stockbroker to sell his stock.
  사장님은 주식 중개인에게 그의 주식을 팔라고 요청했다.

※ 부정사를 목적보어로 취하는 타동사

tell someone to-V ~에게 …하도록 말하다	advise someone to-V ~에게 …하라고 충고하다
allow someone to-V ~에게 …하는 걸 허락하다	ask someone to-V ~에게 …하도록 요청하다
require someone to-V ~에게 …하도록 요구하다	

Practice

1. He finally decided ------- his job and look for another one.
   (A) to quit
   (B) quitting
   (C) quit
   (D) to quitting

2. We intended ------- our orders by telephone at first.
   (A) placing
   (B) to place
   (C) having placed
   (D) places

3. SMAT company lost lots of money this year, so it's considering ------- down one of the factories.
   (A) to close
   (B) closing
   (C) closed
   (D) close

4. There's a good chance that you will ------- in the competition and be eligible for a promotion.
   (A) success
   (B) succeed
   (C) succeeded
   (D) be succeeded

5. While no one can ------- the future, it is clear that we face a coming recession.
   (A) predict
   (B) predicting
   (C) predicted
   (D) to predict

6. This itinerary is intended for employees who wish to ------- their stay in different cities.
   (A) extending
   (B) extends
   (C) extend
   (D) extended

7. The president recommended ------- new systems that improve work environments.
   (A) requiring
   (B) adopting
   (C) discontinuing
   (D) overcoming

8. Mr. Cubara is looking forward to ------- the environmental company.
   (A) joining
   (B) reappearing
   (C) proceeding
   (D) indicating

9. Market analysts' duties include ------- rises and drops in stock prices.
   (A) performing
   (B) predicting
   (C) convincing
   (D) representing

10. They eventually discontinued ------- mergers from occurring.
    (A) launching
    (B) renovating
    (C) maintaining
    (D) preventing

DAY 11 시제

Objectives

각 시제의 기본 동사 형태와 그 시제가 쓰이는 상황을 알자.
각 시제에 관련된 시간 관계 표현을 알자.

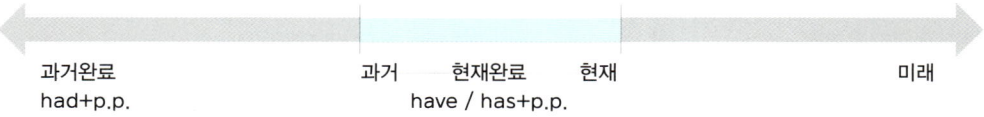

과거완료　　　　　　　　과거　　현재완료　　현재　　　　　　　　미래
had+p.p.　　　　　　　　　　　have / has+p.p.

1 과거완료

과거완료 시제의 동사 형태는 had+p.p.이며, 과거 이전의 어느 때부터 과거의 특정 시점까지 일어난 일을 나타낸다.

1) 과거 어느 때의 동작보다 앞선 동작

'과거에 ~했는데 그 이전에는 …했다'고 표현할 때 쓴다.

- When we arrived at the station, they **had already departed**.
  우리가 역에 도착했을 때 그들은 떠나고 없었다. (→ 도착하기 전에 벌써 출발했다.)

- She said that she **had bought** a house located near the company.
  그녀는 회사 근처에 있는 집을 샀다고 말했다. (→ 말하는 시점 이전에 이미 집을 샀다.)

2) 과거 어느 때까지의 상태의 계속

'과거의 한 시점부터 계속해서 ~했다'라는 표현이다. 기준이 되는 과거 시점과 기간을 나타내는 표현을 확인한다.

- He **had been** sick **for two weeks** when the doctor came to visit.
  의사가 왔을 때 그는 이미 2주 동안 아팠었다. (→ 의사가 오기 전까지 2주간 아팠다.)

2 과거

과거 시제는 과거의 동작, 상태, 경험을 나타낸다. 과거 시점을 나타내는 yesterday, ago, last, in 1987, then, at that time 같은 부사구가 나오면 과거 시제인지 확인해야 한다.

- The office equipment **became** completely operational **three days ago**.
  사무용 기기는 3일 전에 완전히 작동 가능해졌다.

3 현재완료

현재완료 시제의 동사 형태는 have / has+p.p.이며, 현재를 기준으로 과거에 일어난 일이 현재에 영향을 미치고 있는 것을 나타낸다.

1) 현재 시점에서 방금 완료된 동작

과거에 시작된 동작이 지금 막 완료되었음을 뜻해서 '막 ~하였다'로 해석한다.

- I **have just finished** arranging tables and chairs outside.
  나는 테이블과 의자를 야외에 배치하는 것을 막 끝냈다.

2) 현재까지 상태의 계속

과거에 일어난 일이 현재까지 계속될 때 사용하며 '계속 ~해왔다'고 표현한다. 기간을 나타내는 since(~이래로), for(~동안) 같은 부사구와 함께 쓴다.

❶ since + 과거시점 / since + 주어 + 과거동사

- The company has been in trouble **since last year's ground-breaking ceremony**.
  그 회사는 작년 착공식 이후로 계속 재정적으로 곤란한 상태다.

- I've been working on the project **since I was promoted**.
  나는 승진된 이후로 계속해서 그 프로젝트 작업을 하고 있다.

❷ for the last[past] + 기간

- Profits have steadily increased **for the last few years**.
  지난 몇 해 동안 수익은 꾸준히 증가했다.

3) 현재까지의 경험

과거의 경험을 이야기할 때 쓰며 '~한 적이 있다'로 해석한다. before(전에), ever(일찍이), never(결코 ~않다), times(~ 번) 등의 부사와 쓴다.

- I have seen him twice **before**. 나는 그를 전에 두 번 본 적이 있다.
- We have **never** done any volunteer work. 우리는 자원봉사를 해본 적이 없다.

4 현재

현재 시제는 일반적인 사실, 현재의 동작, 상태, 습관을 표현할 때 쓴다. 주어가 3인칭 단수일 때는 동사에 -(e)s를 붙인다. usually(보통), sometimes(때때로)처럼 반복되는 일을 나타내는 부사나 now(지금)처럼 현재를 나타내는 부사와 함께 쓴다.

- Libraries **usually** charge a fee for the late return of books.
  도서관들은 도서 반납 지연에 대해 벌금을 부과한다.

- The speaker is **now** giving a lecture in the auditorium.
  그 연설자는 지금 강당에서 강의하고 있다.

5 미래

미래 시제의 동사 형태는 「will / be going to + 동사원형」이며 미래에 일어날 일을 나타낸다. 아래와 같은 미래 시간을 나타내는 부사구가 문장에 보이면 미래 시제를 써야 한다.

| tomorrow 내일 | next + time 다음 ~ | in + time ~ 후에 | at the end of this year 연말에 |

- My supervisor promises that I **will get** a raise **at the beginning of next year**.
  내 상사는 내년 초에 내가 임금 인상을 받을 것이라 약속하고 있다.

Practice

1. Mr. Sanchez ------- his first job twenty-five years ago and now he is the head of accounting.
   (A) starts
   (B) was starting
   (C) has started
   (D) started

2. It is likely that the negotiators ------- supply order contracts by the end of next week.
   (A) finish
   (B) finished
   (C) will finish
   (D) have finished

3. The public relations division has a lot of applications that it ------- over the past 3 weeks.
   (A) collected
   (B) has collected
   (C) collects
   (D) will collect

4. We ------- a number of changes in the way we do business since the new president came in.
   (A) saw
   (B) had seen
   (C) have seen
   (D) will see

5. Mr. Baker ------- widely recognized over the last five years because of his popular mystery novel.
   (A) is
   (B) was
   (C) has been
   (D) can be

6. The food company ------- an effective marketing campaign in the foreseeable future.
   (A) develop
   (B) develops
   (C) developed
   (D) will develop

7. Since Ms. Grig joined the company last October, sales ------- to our surprise.
   (A) double
   (B) doubled
   (C) have doubled
   (D) are doubling

8. Because Mr. Chin is retiring, a farewell party ------- on Friday next week.
   (A) holds
   (B) held
   (C) will be hold
   (D) is holding

9. It is expected that growing competition will cause a decline in sales -------.
   (A) properly
   (B) shortly
   (C) carefully
   (D) highly

10. The company is ------- enjoying increased revenues because of a new line of clothing.
    (A) previously
    (B) currently
    (C) soon
    (D) regularly

가정법

Objectives

가정법 주절과 종속절의 시제를 알자.
If 생략 후의 문장 형태와 시제를 알자.

직설법은 과거, 현재, 미래의 사실을 있는 그대로 표현하는 문장인데 반해, 가정법은 '만약 ~라면 …할 텐데'라고 추측 또는 가정하는 문장이다. 토익에서 가정법은 if절의 시제와 주절의 시제를 올바르게 연결했는지 묻는 문제가 출제된다.

1 가정법 현재

현재나 미래에 대한 불확실한 사실을 추측 또는 가정한다.

> **If** + 주어 + 현재동사 ~, 주어 + **will / can** + 동사원형   만일 ~라면 …할 것이다
> **If** + 주어 + 현재동사 ~, 동사원형   만일 ~라면 …하시오

- **If** I **get** a promotion today, I **will** be very delighted. 내가 오늘 승진한다면 아주 기쁠 것이다.
- **If** you **have** further questions, please **contact** me. 질문이 더 있다면 내게 연락하세요.

2 가정법 과거

현재 사실에 반대되는 일을 가정한다.

> **If** + 주어 + 과거동사 ~, 주어 + **would [could / should / might]** + 동사원형   만일 ~라면 …할

- **If** I **were** you, I **would** not **do** that. 내가 너라면 그렇게 하지 않겠다.

3 가정법 과거완료

과거 사실에 반대되는 일을 가정한다.

> **If** + 주어 + **had p.p.** ~, 주어 + **would [could / should / might]** + **have p.p.**   만일 ~했더라면

- **If** our department **had prepared** it earlier, we **could have done** it on time.
  우리 부서가 조금 더 일찍 준비했다면 정각에 할 수 있었을 텐데.

Practice

1. If I ------- this report, my secretary will submit it to the proper department by the deadline.
   (A) finish
   (B) finished
   (C) has finished
   (D) will finish

2. Defective merchandise may be exchanged if you ------- the receipt within a week of your purchase.
   (A) present
   (B) had presented
   (C) will present
   (D) would present

3. Please ------- to the security guard directly if you leave much earlier than expected.
   (A) will report
   (B) report
   (C) reported
   (D) reporting

4. If the results of the survey ------- released, your division could not receive the necessary funds.
   (A) was
   (B) were
   (C) had
   (D) have

5. ------- the human resources department directly if you experience any problems.
   (A) Contacting
   (B) Contact
   (C) Will contact
   (D) Can contact

6. Flight attendants will require passengers to do so if the passengers' seat belts ------- not tightened prior to taking off.
   (A) were
   (B) are
   (C) will be
   (D) will have

7. If we are not able to ------- this contract, we will experience severe financial problems.
   (A) decline
   (B) consider
   (C) remodel
   (D) renew

8. They might come into effect immediately if new policies were ------- unanimously.
   (A) approved
   (B) demonstrated
   (C) reimbursed
   (D) submitted

9. It will be very helpful if you thoroughly ------- the background of the applicants.
   (A) refer
   (B) check
   (C) advertise
   (D) exchange

10. If the company had ------- steps earlier, they could not have faced the crisis.
    (A) increased
    (B) stimulated
    (C) watched
    (D) taken

DAY 13 장문 빈칸 채우기 & 독해 (3)

PART 6

Questions 1-4 refer to the following article.

Deer Valley Museum to Open Soon

Portland (August 29) – On Monday, September 1, the Deer Valley Museum is set to open its doors to the public. Construction on the museum has taken more than two years. ------- 1 An anonymous ------- 2 provided more than $2 million in February though. So construction on the building was swiftly completed. The museum has three exhibit halls. It contains artwork, sculptures, ancient relics, and many other items ------- 3 interest. The museum's curator, Dr. Joe Stephenson, recently said, "I believe the people of Portland are going to love this museum. The exhibits are ------- 4 entertaining and educational."

1. (A) Everyone visiting the museum loves it.
   (B) It was delayed due to a lack of funds.
   (C) The museum lacks any work of art.
   (D) Everything should be finished by next month.

2. (A) donate
   (B) donor
   (C) donation
   (D) donated

3. (A) of
   (B) at
   (C) in
   (D) to

4. (A) either
   (B) still
   (C) both
   (D) yet

PART 7

Questions 1-2 refer to the following text message chain.

Gonzalez, Philip 5:40 P.M.
Hi, Cindy. I'm at the airport, but the client hasn't arrived yet.

Hanlon, Cindy 5:41 P.M.
Didn't you hear? He changed flights, so he's coming in later.

Gonzalez, Philip 5:42 P.M.
I had no idea. Could you let me know his flight information?

Hanlon, Cindy 5:44 P.M.
He's on Flight TM34 out of Paris. It's arriving at 6:20.

Gonzalez, Philip 5:45 P.M.
Got it. Thanks. It looks like I've got to wait a while then.

Hanlon, Cindy 5:45 P.M.
How about going over the files Mr. Wilson sent us? He wants our opinion of them tomorrow.

Gonzalez, Philip 5:47 P.M.
Okay. Let me find a coffee shop, and I'll get to work.

---

1 At 5:42, what does Mr. Gonzalez mean when he writes, "I had no idea"?

(A) He has never met the client before.
(B) He could not find the correct gate at the airport.
(C) He was unaware some travel plans had changed.
(D) He did not know which terminal to go to.

2 What does Ms. Hanlon ask Mr. Gonzalez to do?

(A) Look at some work
(B) Get her a beverage
(C) File a complaint
(D) Contact Mr. Wilson

DAY 14 접속사

Objectives

각 접속사의 기능을 알자.
상관접속사를 암기하자.
문장 속에서 접속사와 전치사를 구별하자.

1 등위접속사

단어와 단어, 구와 구, 절과 절을 대등하게 연결하는 접속사로, 대표적인 등위접속사는 and와 or이다.

1) 단어 연결

- Employees are asked to be efficient **and** creative. 직원들은 능률적이고 창의적일 것을 요구 받는다.
  형용사 + and + 형용사

2) 구 연결

- People usually commute by bus **or** on foot. 사람들은 대개 버스를 타거나 걸어서 통근한다.
  전치사구 + or + 전치사구

3) 절(문장) 연결

- Mr. Sierto began a new study **and** I started sorting documents.
  독립절 + and + 독립절
  시에르토 씨는 새로운 연구를 시작했고 나는 서류 분류를 시작했다.

2 상관접속사

쌍을 이루어 같이 다니는 접속사를 말하며, 짝이 올바르게 이뤄져 있는지 확인하는 문제가 출제된다.

1) both A and B = A and B alike (A와 B 둘 다)

- The instructional video was enjoyed by **both** adults **and** children.
  그 교육용 비디오는 어른들과 아이들 모두 좋아했다.

2) not only A but (also) B (A뿐만 아니라 B도)

- **Not only** management **but also** employees are aware of the importance.
  경영진뿐만 아니라 직원들도 그 중요성을 알고 있다.

3) **either A or B** (A나 B 둘 중 하나)

- The last shipment will arrive **either** today **or** tomorrow.
  마지막 배송품은 오늘이나 내일 도착할 것이다.

4) **neither A nor B** (A도 B도 아닌)

- **Neither** my supervisor **nor** her assistants are responsible for the faults.
  내 상사도 그녀의 조수도 그 잘못에 책임이 없다.

3 이유·원인을 나타내는 접속사와 전치사 구분

1) 이유·원인을 나타내는 접속사

> **because [as / since / now that]** + 주어 + 동사   ~하기 때문에, ~해서

- **Because** everyone was available on Sunday, he held a housewarming party.
  모두가 일요일에 시간이 났기 때문에 그는 집들이를 했다.

2) 이유·원인을 나타내는 전치사

> **because of [owing to / thanks to / due to]** + 명사 / 동명사   ~ 때문에

- **Because of** noise from the construction site, I can't focus on my study.
  공사장 소음 때문에, 공부에 집중할 수가 없다.

3) 결과를 나타내는 접속부사

> **so**(그래서), **therefore**(그러므로), **consequently**(결론적으로), **thus**(그래서) 등은 결과를 나타내는 접속어로 「문장(절) + 접속어 + 문장(절)」 형태로만 사용된다.

- I checked the list carefully, **so** there should be no mistakes.
  내가 목록을 주의 깊게 확인해서 실수가 없을 것이다.
- Ms. Peterson was fired last week; **therefore**, she is looking for a job.
  피터슨 씨는 지난주에 해고됐다. 그러므로 그녀는 일자리를 찾고 있다.

4 양보·상반을 나타내는 접속사와 전치사 구분

1) 양보·상반을 나타내는 접속사

> **although [even though / though]** + 주어 + 동사   비록 ~일지라도, ~임에도 불구하고
> **while** + 주어 + 동사   ~인 반면에

- **Although** he is right, I don't still trust him.
  비록 그가 옳을지라도, 나는 여전히 그를 믿지 않는다.

2) 양보·상반을 나타내는 전치사

> **in spite of / despite** + 명사 상당어구   ~에도 불구하고

- **In spite of** the heavy rain, this fund-raising concert took place outdoors.
  폭우에도 불구하고, 이 자선모금 콘서트는 야외에서 열렸다.

3) 상반된 의미를 나타내는 접속어

> **but / yet / however** (그러나), **nevertheless / nonetheless** (그럼에도 불구하고) 등은 반대를 나타내는 접속어로 「문장(절) + 접속어 + 문장(절)」 형태로만 쓰인다.

- Sales representatives explained the function of the machine, **but** customers didn't listen carefully.
  판매직원들이 기계의 기능을 설명했다. 그러나 고객들은 주의 깊게 듣지 않았다.

- He heard the bad news; **nonetheless**, he decided to invest in the project.
  그는 나쁜 소식을 들었다. 그럼에도 불구하고 그는 그 프로젝트에 투자하기로 결정했다.

Practice

1. ------- the division hired temporary workers to complete the project, the company saved more money.
   (A) Even
   (B) However
   (C) Nevertheless
   (D) Since

2. We thoroughly checked all the figures; -------, our supervisor found a number of mistakes.
   (A) while
   (B) however
   (C) although
   (D) as

3. ------- a downturn in the market, considerable downsizing is still needed to ensure our company's competitiveness.
   (A) Because
   (B) Nevertheless
   (C) Due to
   (D) Thus

4. ------- tourists did not arrive in the designated area on schedule, they missed their flight.
   (A) Because
   (B) Therefore
   (C) Owing to
   (D) Yet

5. ------- concerns over weak sales, the company can not come up with effective solutions.
   (A) Thanks to
   (B) Despite
   (C) Because
   (D) Even though

6. Ms. Arden thoroughly prepared for the interview, ------- she did not know what would happen during her job interview.
   (A) although
   (B) while
   (C) between
   (D) since

7. ------- several flaws, their proposal for the shopping complex was adopted.
   (A) In spite of
   (B) Unless
   (C) Even though
   (D) Because of

8. Meetings were postponed ------- unexpected power failures.
   (A) despite of
   (B) as a result of
   (C) while
   (D) nonetheless

9. The company provides not only reliable information ------- also valuable skills.
   (A) and
   (B) but
   (C) or
   (D) so

10. Please make sure that newspapers should be placed ------- in the black bins or next to the copy machine.
    (A) not only
    (B) neither
    (C) for
    (D) either

DAY 15 비교

Objectives
짧은 음절과 긴 음절의 형용사·부사의 비교급과 최상급 형태를 알자.
than 앞의 형용사·부사 꼴은 비교급임을 알자.
원급 비교 as ~ as의 쓰임새를 알자.
최상급을 유도하는 표현들을 알자.

형용사나 부사는 일반적으로 원래 형태 그대로 써서 사물이 '~하다'라는 뜻을 나타낸다. 하지만 두 대상을 비교할 때는 '더 ~하다'는 뜻을 나타내는 비교급 형태(-er / more ~)를 쓰고, 셋 이상을 비교할 때는 '가장 ~하다'라는 뜻을 가진 최상급 형태(the -est / the most ~)를 쓴다.

1 비교급과 최상급의 형태

1) 1음절 또는 -y로 끝나는 2음절 형용사와 부사

원급	비교급 (-er)	최상급 (the + -est)
great	greater	the greatest
high	higher	the highest
busy	busier	the busiest
easy	easier	the easiest

2) 2음절 이상의 형용사와 부사

원급	비교급 (more ~)	최상급 (the most ~)
profitable	more profitable	the most profitable
efficient	more efficient	the most efficient

3) 불규칙 변화하는 형용사와 부사

원급	비교급	최상급
good	better	the best
bad	worse	the worst
many / much	more	the most
little	less	the least

2 비교급 비교

두 대상을 비교할 때 쓰며 「비교급 + than」의 형태가 된다. 전치사 than이 나오면 앞에는 언제나 비교급 형용사나 부사가 온다는 사실을 기억해야 한다.

- This test is **easier than** the previous one. 이번 시험이 지난 번 시험보다 쉽다.
- Mr. Krim is **more** qualified **than** Mr. Pecker. 크림 씨가 페커 씨보다 더 자격이 있다.

※참고

> 비교급을 강조할 때는 very나 too를 쓸 수 없고 much, even, far, a lot을 쓴다.

3 원급 비교

두 대상을 비교할 때 「as + 형용사 / 부사 + as」형태로 '~만큼 …하다'는 뜻을 나타낸다.

1) be + as 형용사 as

- The new system is **as good as** the old one. 새로운 시스템은 이전 것만큼 좋다.

2) 수동태 / 완전한 문장 + as 부사 as

- They fastened their seat belts **as tightly as** they could. 그들은 좌석벨트를 되도록 꽉 조여맸다.

4 최상급의 용법

셋 이상을 비교할 때 '가장 ~하다'라는 뜻을 나타낸다. 최상급 앞에는 정관사 the나 소유격 인칭대명사(my, your, his, her, our, their, its)가 나온다.

1) the + 최상급 + in 장소 (~에서 가장 …한)

최상급을 유도하는 힌트(지역이나 장소)가 뒤따라 나온다.

- Information Technology is one of **the most** popular subjects **in the world**.
  정보 기술은 세계에서 가장 인기 있는 주제 중 하나이다.
- Ms. Parker's car is **the most** expensive **in the automobile market**.
  파커 씨의 차는 자동차 시장에서 가장 비싼 차다.

2) 최상급 + of the three / of all + 복수명사 (셋 가운데, 모든 ~가운데서)

여기서 of는 '~가운데서'라는 뜻으로 흔히 최상급 형용사와 함께 쓴다.

- John is **the tallest of the three** students. 존은 세 명의 학생들 중 가장 크다.
- **Of all** the economic problems, the increase in the price of oil is **the most serious**. 모든 경제 문제들 중에서 유가 상승이 가장 심각하다.

Practice

1. The vice president has the ------- office on this floor.
   (A) most spacious
   (B) more spacious
   (C) spacious
   (D) space

2. The new schedule provides even ------- flexibility in their shifts.
   (A) great
   (B) greater
   (C) greatest
   (D) more great

3. Tenants were required to vacate the building as ------- as possible.
   (A) rapidity
   (B) rapid
   (C) rapidly
   (D) more rapidly

4. The price of computer chips declined ------- faster than most experts had predicted.
   (A) more
   (B) most
   (C) much
   (D) many

5. The company has difficulty resolving much more production problems ------- we expected.
   (A) if
   (B) when
   (C) than
   (D) as

6. The ------- selection of boots in the shoes industry will be displayed at the beginning of the year.
   (A) wide
   (B) widely
   (C) wider
   (D) widest

7. Professor Katila developed ------- many skills as possible to improve interpersonal relationships.
   (A) so
   (B) as
   (C) a lot
   (D) most

8. The rate of salary increases was ------- higher, compared to just 3 percent last year.
   (A) so
   (B) very
   (C) far
   (D) most

9. Of all the current medical machines, this machine is ------- sophisticated.
   (A) much
   (B) more
   (C) less
   (D) the most

10. Unnecessary paperwork will be eliminated as ------- as possible to improve efficiency.
    (A) quick
    (B) quicker
    (C) quickly
    (D) quickest

DAY 16 장문 빈칸 채우기

PART 6

Questions 1-4 refer to the following memo.

To: All Cleaning Staff
From: Eric Devers
Date: October 30
Subject: Cleaning Protocol

Please let me remind everyone about the cleaning protocol when you are working the night -------. If any employees are working overtime, you should avoid cleaning in their workspaces. Wait until they have gone home for the day. This ------- offices and areas with cubicles. In addition, please try to clean the laboratories first. ------- So if you haven't cleaned the labs by 4:00 A.M., they may already be occupied. Lastly, please be sure to recycle all metal, glass, plastic, and paper objects instead of ------- them away.

1. (A) time
   (B) space
   (C) shift
   (D) period

2. (A) includes
   (B) portrays
   (C) refers
   (D) mentions

3. (A) The labs are open twenty-four hours a day.
   (B) I'm available anytime you have questions.
   (C) Dr. Wilson works in one of the laboratories.
   (D) Many researchers come in early in the morning.

4. (A) throw
   (B) thrown
   (C) throwing
   (D) having thrown

Questions 5-8 refer to the following advertisement.

Murray's Furniture Store is having our annual sale this coming weekend. It's going to last from Friday morning until Sunday night. ------- that time, all items in the store will be on sale.
                                                          5

Sofas and beds will be discounted up to 40%. Chairs, tables, and dressers will be selling at ------- of 20-50%. We'll also provide free delivery in the Talladega area. All you
             6
need to do is spend $250 or more. For more information, call us at 235-9543. -------
                                                                                 7

Take ------- of this opportunity to redo your entire house. You won't find a better deal
     8
anywhere else.

5. (A) While
   (B) During
   (C) Since
   (D) Instead

6. (A) discountable
   (B) discounting
   (C) discounts
   (D) discounted

7. (A) Or just visit us at 459 W. Stanton Street.
   (B) Ask how you can get your furniture delivered for free.
   (C) This going-out-of-business sale will be our biggest ever.
   (D) We only accept orders that are made online.

8. (A) advantage
   (B) benefit
   (C) gain
   (D) improvement

Questions 9-12 refer to the following e-mail.

To: brobinson@personalmail.com
From: customersupport@safecard.com
Re: Card Usage
Date: September 21

Dear Mr. Robinson,

On September 20, some ------- activity regarding your Safe Card ending with the numbers 4098 was recorded. Someone attempted to use your card to make a cash advance from an ATM three times. ------- As soon as we detected these failed attempts, we ------- access to your card. You will not be able to use your card again until you contact us. Please call our toll-free number at 1-888-555-1303 at any time. We ------- you know how to access your card again. And we can send you a new one if you lost yours.

Sincerely,

Customer Support Team
Safe Card

9. (A) suspected
   (B) suspicious
   (C) suspiciousness
   (D) suspiciously

10. (A) You must show your ID whenever you use your card.
    (B) In every instance, the improper PIN was used.
    (C) Your cash advance limit has been increased.
    (D) It has been a while since you used your credit card.

11. (A) approved
    (B) resisted
    (C) terminated
    (D) banished

12. (A) let
    (B) have let
    (C) are letting
    (D) will let

DAY 17 관계대명사

Objectives

관계대명사로 두 문장을 연결시키는 방법을 알자.
관계대명사 격에 따라 뒷 문장이 어떻게 바뀌는지를 알자.
앞 명사를 수식하는 형용사절임을 알자.

관계대명사는 두 문장을 접속사 없이 한 문장으로 연결할 때 사용된다. 다시 말해, 두 문장 '내가 음악을 들었다 + 내가 그 음악을 좋아 한다'를 한 문장 '내가 좋아하는 음악을 들었다'로 만드는 것이다.

1 만드는 방법

	사람	사물
주격 관계대명사	who, that	which, that
소유격 관계대명사	whose	whose
목적격 관계대명사	who(m), that	which, that

- I met a friend. + The friend is looking for a new job.
  → I met a friend **and he** is looking for a new job.
  　　　　　　　　접속사　대명사
  → I met **a friend who** is looking for a new job.
  　　　　　명사　　관계대명사
  나는 새로운 일을 찾고 있는 한 친구를 만났다.

- He has defective equipment. + The equipment needs to be repaired.
  → He has defective equipment **and it** needs to be repaired.
  　　　　　　　　　　　　　　접속사　대명사
  → He has defective **equipment which** needs to be repaired.
  　　　　　　　　　　명사　　관계대명사
  그는 수리가 필요한 결함이 있는 장비를 가지고 있다.

2 주격, 소유격, 목적격 구분

앞에 나온 명사의 종류와 형용사절 안에서의 위치에 따라, 격에 맞는 관계 대명사를 선택해야한다.

❶ 주격 : 형용사 절 안에 주어가 없으면 – who / which / that

- Many experts (**who** expected low sales) were surprised at the good news.
  낮은 판매를 예상했던 많은 전문가들이 그 좋은 소식에 놀랐다.

- The fence (**which** was built last week) has already been damaged.
  지난주에 만들어진 울타리가 이미 손상되었다.

❷ 소유격 : 형용사 절 안에 빠진 부분이 없고 〈~의〉로 해석되면 – whose

- We will hire people (**whose** qualifications are impressive).
  우리는 자격요건이 훌륭한 사람들을 고용할 것이다.

- I rented an office (**whose** interior was modern and tasteful).
  나는 인테리어가 현대적이고 고급인 사무실을 임대했다.

❸ 목적격 : 형용사 절 안에 목적어가 없으면 – whom / which / that

- The sales representative (**whom** you want to meet) is now in a meeting.
  당신이 만나고 싶어 하는 판매직원이 지금 미팅중이다.

- We have finally developed the programs (**which** customers wanted).
  우리는 마침내 고객들이 원했던 프로그램을 개발했다.

Practice

1. We are seeking individuals ------- can work evening and weekend shifts.
   (A) who
   (B) them
   (C) which
   (D) those

2. The company will implement the policy ------- was proposed by Mr. Benson.
   (A) who
   (B) whose
   (C) which
   (D) what

3. Here is a list of clients ------- complaints were about our poor service.
   (A) who
   (B) whose
   (C) which
   (D) what

4. I am contacting you concerning the interview with you ------- is scheduled for Tuesday, September 12.
   (A) who
   (B) whose
   (C) which
   (D) what

5. Those ------- are unwilling to apply for a credit card online are advised to call the nearest bank directly.
   (A) whose
   (B) whom
   (C) which
   (D) who

6. Roca Gallery's displays are expected to attract people ------- might be interested in stone sculptures.
   (A) when
   (B) what
   (C) many
   (D) who

7. The reports ------- you requested are now on Ms. Carton's desk.
   (A) who
   (B) whose
   (C) that
   (D) they

8. The items ------- prices are reasonable will be able to attract much more customers.
   (A) where
   (B) whose
   (C) that
   (D) which

9. I am writing in response to your e-mail ------- is requesting drinks and snacks for your reception.
   (A) who
   (B) this
   (C) that
   (D) those

10. The board of directors selected a company ------- is able to oversee the progress of our construction work.
    (A) where
    (B) whose
    (C) that
    (D) what

DAY 18 전치사

Objectives

기본 전치사의 정확한 쓰임새를 알자.
관용적으로 쓰이는 전치사구를 숙지하자.

전치사는 「전치사 + 명사」형태로 쓰이며 명사 앞에 어떤 전치사가 오느냐에 따라 시간, 장소, 이유, 방법 등 다양한 의미를 나타낸다.

1 전치사의 종류

1) at: 시간, 장소, 비율, 가격, 속도

❶ 시간 (~에): 일정한 시각이나 때를 나타낸다.
- **at** 3 o'clock 3시에
- **at** night 밤에
- **at** the end of this month 이달 말에
- **at** noon 정오에
- **at** midnight 자정에
- **at** all times 항상

❷ 장소 (~ 주위에): 지점, 장소를 나타낸다.
- **at** the desk 책상 주위에
- **at** the computer 컴퓨터 주위에

❸ 비율, 가격, 속도 (~의 비율로, ~의 가격에, ~의 속도로)
- **at** a rate of 10 miles an hour = **at** a speed of 10 miles an hour 시속 10마일의 속도로
- **at** a competitive price 싼 가격에
- **at** a rate of 10 dollars per month 한 달에 10달러로

2) in: 장소, 분야, 시간

❶ 장소 (~ 안에, ~에서): 지명 앞에 온다.
- **in** the city 도시에서
- **in** New York 뉴욕에서

❷ 분야, 방면 (~ 분야에서)
- advances **in** medical technology 의료기술의 진보
- decline **in** its population 인구의 감소
- experience **in** the same field 같은 분야에서의 경험

❸ 시간 (~에, ~ 후에, ~ 동안)
- **in** the morning 아침에
- **in** the winter 겨울에
- **in** the 21st century 21세기에
- **in** 10 minutes 10분 후에
- **in** April 4월에
- **in** 2020 2020년에
- **in** the last[past] 3 years 지난 3년 동안

※ 관용표현

in detail 자세히   in writing 서면으로   in place 제자리에
in conclusion 결론적으로   in advance 미리, 사전에

3) **on**: 장소, 시간

❶ 장소 (~에)
- **on** my desk 책상 위에
- **on** the waiting list 대기자 명단에
- **on** the fourth floor 4층에
- **on** the last page 마지막 페이지에

❷ 시간 (~에): 요일, 날짜, 특정한 날
- **on** Monday 월요일에
- **on** May 10 5월 10일에

※ 관용표현

every hour on the hour 매 시간 정각마다   on one's way to 장소 ~로 가는 길에
on business 업무상   on the rise 상승세에

4) **over**: 장소, 시간, 범위, 수단, 주제

❶ 장소 (~ 위에)
- **over** a low flame 낮은 불 위에

❷ 시간 (~ 동안, ~에 걸쳐)
- **over** the past few years 지난 몇 년 동안

❸ 범위 (~을 넘는)
- **over** 100 competitors 100명이 넘는 경쟁자

❹ 수단 (~로)
- **over** the phone 전화로
- **over** the Internet 인터넷으로

❺ 주제 (~에 관해서)
- a dispute **over** the proposal 그 제안에 관한 논쟁

5) **for**: 가격, 목적, 기간, 이유

❶ 가격 (~로)
- **for** free = free of charge 무료로
- have a good lunch **for** 9 dollars 9달러로 근사한 점심식사를 하다

❷ 목적 (~을 위해)
- stabilize prices of commodities **for** people 사람들을 위한 일용품 가격을 안정시키다
- **for** commercial purposes 상업적인 목적으로

❸ 기간 (~ 동안)
- **for** a year 1년 동안

2 전치사 구분하기

비슷한 의미를 가진 전치사들을 쓰임새에 맞게 구분하자.

1) **for** vs. **during** (~ 동안)

❶ for + 숫자, 구체적인 기간
- **for** 10 years 10년 동안
- **for** the last 5 years 지난 5년 동안

❷ during + the 특정 사건, 특정 시기
- **during** the summer vacation 여름방학 동안
- **during** the training session 연수기간 동안

※참고 '~ 동안'을 나타내는 다른 전치사들

> ❶ over (~ 동안)
> **over** the last several years 지난 몇 년 동안
>
> ❷ through (~ 내내)
> We'll prepare for the international food exhibition **through** the rest of the period. 우리는 남은 기간 내내 국제 음식 박람회를 준비할 것이다.

2) from vs. since (~부터)

❶ **from + 과거시점**: 일이나 사건이 시작되는 시점만 나타내기 때문에 과거시제와 함께 쓴다.
- I started to work here **from** last month. 지난달부터 여기서 일하기 시작했다.

❷ **since + 과거시점**: 일이나 사건이 시작된 시점 이후로 계속을 나타내며 현재완료와 같이 쓴다.
- I have been attending this university **since** 3 years ago.
  나는 3년 전부터 계속 이 대학에 다니고 있다.

3) by vs. until (~까지)

❶ **by**: 정해진 때까지 어떤 일이나 동작이 완료되는 것을 말한다.
- by와 주로 함께 쓰이는 동사

finish 끝내다	complete 완성하다	return 반환하다	submit 제출하다

❷ **until**: 정해진 때까지 일, 동작이 계속 이어지는 상태가 끝이 난다는 의미다.
- until과 주로 함께 쓰이는 동사

stay 머물다	open 열다	last 지속되다	wait 기다리다

※참고 '수단'이나 '방법'을 나타내는 by

> ❶ **by + 명사 (~에 의해)**
> He plans to travel all around the nation **by bicycle**.
> 그는 전국을 자전거로 여행할 계획이다.
>
> ❷ **by + V-ing (~함으로써)**
> They try to solve the problem **by looking** over it thoroughly.
> 그들은 철저히 문제를 검토함으로써 문제를 해결하려고 노력한다.

DAY 19 단문 독해 & 어휘

PART 7

Questions 1-3 refer to the following e-mail.

To: Jarvis Cooper <jcooper@gadsdenindustries.com>
From: Melanie Harris <melanie.h@tricom.com>
Subject: Brochure Request
Date: August 23

Dear Mr. Cooper,

It was a pleasure to make your acquaintance at the convention in Knoxville last week. — [1] — I was particularly intrigued by the presentation you gave about your company's products. When I returned to my company, I spoke with my boss about you and your firm. — [2] —

Unfortunately, I am not longer in possession of the brochure I received from you. Would it be possible for you to mail several of them to me? — [3] — I'd like to share them with my colleagues. My address is 67 Whitmore Street, Atlanta, GA.

Once everyone gets a chance to look at your products, we will connect with you to set up a meeting. — [4] — We are willing to go to Albuquerque. Or, if you have plans to be in the local area, you are welcome to come to our office here. Please let me know how quickly you can send the brochures. I would like to inform my boss of that.

Regards,

Melanie Harris

Tricom, Inc.

1. What is the purpose of the e-mail?
   (A) To set up a meeting
   (B) To ask for information to be sent
   (C) To thank a person for attending a convention
   (D) To inquire about the terms of a contract

2. Where most likely is Mr. Cooper's company located?
   (A) Knoxville   (B) Atlanta
   (C) Gadsden   (D) Albuquerque

3. In which of the positions marked [1], [2], [3], and [4] does the following sentence best belong?

   "He believes our two companies have the potential to do business."

   (A) [1]
   (B) [2]
   (C) [3]
   (D) [4]

1 어휘 정리 – 명사

▶ **effect** 효력, 효과

I felt the **effect** of the medicine immediately. 나는 즉시 그 약효를 경험했다.

▶ **raise** (임금) 인상

Mike in marketing department expects a **raise**.
마케팅 부서에서 근무하는 마이크는 봉급 인상을 기대하고 있다.

▶ **permission** 허가, 승인

Employees must get **permission** from their supervisor.
직원들은 상사로부터 허가를 받아야 한다.

▶ **advance** 발전, 진보; 사전 / **in advance** 미리, 사전에

Advances in medicine have increased the survival rate for cancer patients.
의약 분야에서의 발전은 암 환자의 생존률을 증가시켰다.

You are advised to register in **advance** since the course is very popular.
그 강좌는 인기가 있기 때문에 미리 등록하시길 바랍니다.

▶ **notice** 공지, 주의

Until further **notice**, you'd better wait.
추후 통지가 있을 때까지 기다리는 게 낫다.

▶ **alternative** 대안, 다른 방도

We came up with some **alternatives**. 우리는 몇몇 대안들을 제안했다.

▶ **damage** 손상, 손실 (동:손상시키다)

Damage to our company image was caused by improper marketing strategies.
우리 회사의 이미지 손상은 적절하지 못한 마케팅 전략들에 의해 야기되었다.

▶ **access to** ~의 이용

He was able to have **access to** certain information.
그는 특정 정보를 이용할 수 있었다.

▶ **proposal** 제안, 제의

We will review the **proposal** and then make a final decision.
그 제안서를 검토하고 나서 최종결정을 할 것이다.

▶ **attempt** 시도

Her **attempt** to do business with him will succeed soon.
그와 거래하려는 그녀의 시도는 곧 성공할 것이다.

▶ **claim** 주장, 청구 / **file a claim** 청구하다

Please file your **claim** with your insurance company. 당신의 보험회사로 청구해주세요.

▶ **caution** 주의, 조심

The lifeguard gave **caution** to people in the swimming pool.
안전요원은 수영장에 있는 사람들에게 주의를 주었다.

▶ **advantage** 이점, 유리한 점; 이용 / **take advantage of** 이용하다

The **advantage** of this house is the ability to save money.
이 집의 이점은 돈이 절약된다는 것이다.

You'd better **take advantage of** this opportunity.
너는 이 기회를 이용하는 것이 좋다.

▶ **description** 묘사, 설명

We provide a more detailed **description** of the new product.
우리는 신제품에 대한 더 상세한 설명을 제공한다.

▶ **agreement** 동의, 합의

Both parties reached an **agreement**. 양쪽 정당은 합의에 도달했다.

2 어휘 정리 – 형용사

▶ **costly** 값비싼, 비용이 많이 드는

Using a wireless Internet service could be **costly**.
무선 인터넷 서비스를 사용하는 것은 비쌀 수 있습니다.

▶ **sufficient** 충분한

The department will get **sufficient** funds next quarter.
그 부서는 다음 분기에 충분한 자금을 받을 것이다.

▶ **appropriate** 적절한, 적당한

Our security company will take **appropriate** steps.
우리 경비회사가 적절한 조치를 취할 것입니다.

▶ **authorized** 공인된, 허가된

You are advised to use an **authorized** service center.
공인된 서비스 센터를 이용하는 게 좋다.

▶ **accurate** 정확한

The accounting office requested **accurate** figures.
회계 사무실은 정확한 수치를 요구했다.

▶ **eligible** 자격이 있는, 적임의

They are **eligible** for the position.
그들은 그 직책에 적합하다.

▶ **attractive** 좋은, 매력적인

The remodeled shopping center has **attractive** features.
개조된 쇼핑센터는 매력적인 특색을 지니고 있다.

▶ **designated** 지정된, 정해진

Facilities should be **designated** as non-smoking buildings.
시설물들은 금연 건물로 지정되어야 한다.

▶ **practical** 실용적인, 실질적인

These **practical** books help you understand financial basics.
이 실용서들은 재무의 기본원리를 이해하는 데 도움을 준다.

▶ **significant** 중요한, 상당한

The results of this study had **significant** impacts on consumers.
이 연구의 결과들은 소비자들에게 상당한 영향을 미쳤다.

▶ **available** 이용 가능한, 시간이 있는

Information on our web site is **available** for members.
웹 사이트에 나와 있는 정보는 회원 이용이 가능하다.

▶ **dedicated** 헌신적인, 열심인

Our company is **dedicated** to providing quality services.
당사는 양질의 서비스 제공에 헌신하고 있다.

▶ **valid** 유효한

This coupon is **valid** for one month only.
이 쿠폰은 한 달 동안만 유효하다.

▶ **subsequent** 뒤이어 일어나는, 다음의

The **subsequent** test results indicated potential hazards.
그 후의 테스트 결과는 잠정적인 위험을 나타냈다.

▶ **impressive** 인상적인, 상당한

The company posted **impressive** profits yesterday.
그 회사는 어제 상당한 수익을 공시했다.

3 어휘 정리 – 부사

▶ **actively** 활발히

The manufacturing company is **actively** recruiting people.
그 제조회사는 활발히 구인작업을 하고 있다.

▶ **approximately** 약, 대략

The awards will be given to **approximately** 10 people.
그 상은 약 10명에게 수여될 것이다.

▶ **frequently** 자주, 빈번하게

Frequently called numbers are listed on page 1.
빈번하게 전화가 오는 번호는 1페이지에 적혀 있다.

▶ **promptly** 즉시, 곧

Please return documents to my office **promptly**.
즉시 서류를 내 사무실로 되돌려주세요.

▶ **temporarily** 일시적으로

Mr. Grial will **temporarily** be using this office.
그리얼 씨는 임시로 이 사무실을 쓸 것이다.

▶ **currently** 지금, 현재

The building is **currently** under construction.
그 건물은 현재 건설 중이다.

▶ **cooperatively** 협동해서, 협동적으로

We must work **cooperatively** to meet the deadline.
우리는 마감일을 맞추기 위해 협동해서 일해야 한다.

▶ **immediately** 즉시

The new policy will be effective **immediately**.
새로운 정책이 곧 발효될 것이다.

▶ **periodically** 정기적으로, 주기적으로

Test results should be reported **periodically**.
테스트 결과들은 정기적으로 보고되어야 한다.

▶ **largely** 주로, 대개

Outdoor performances were cancelled **largely** due to the bad weather.
야외 공연들은 주로 악천후 때문에 취소됐다.

▶ **thoroughly** 철저히, 완전히

You are required to inspect the room **thoroughly**.
당신은 그 방을 철저히 검사해야 합니다.

▶ **eventually** 결국에는

The economy is expected to stabilize **eventually**.
경제가 마침내 안정될 전망이다.

▶ **voluntarily** 자발적으로

Managers **voluntarily** participated in the charity event.
관리자들이 자발적으로 그 자선행사에 참여했다.

▶ **instantly** 즉시, 바로

Instantly recognizable street signs will be installed soon.
즉시 알아볼 수 있는 거리 표지판이 곧 설치될 것이다.

▶ **properly** 제대로, 적절히

All the electronic equipment operates **properly**.
모든 전자장비가 제대로 작동된다.

4 어휘 정리 – 동사

▶ relocate 이전하다
The company is planning to **relocate** its plants overseas.
회사는 공장들을 해외로 이전할 계획이다.

▶ enhance 향상시키다
Domestic companies struggle to **enhance** their images.
국내 회사들은 이미지 향상에 노력하고 있다.

▶ meet 충족시키다
Try to **meet** the requirements for the position.
그 직책을 위한 필수요건을 충족시키도록 노력해라.

▶ obtain 얻다, 획득하다
Security guards **obtained** parking permits.
경비원들은 주차 허가증을 얻었다.

▶ implement 실행하다
The corporation **implemented** revised procedures.
그 기업은 개정된 절차를 실행했다.

▶ resolve 해결하다
Mr. Venta will be able to **resolve** the complicated problem.
벤타 씨는 그 어려운 문제를 해결할 수 있을 것이다.

▶ renew 갱신하다
You are required to **renew** your driver's license immediately.
당신은 즉시 운전 면허증을 갱신해야 한다.

▶ handle 처리하다
My secretary **handles** all paper work for me.
내 비서는 나를 위해 모든 서류업무를 처리한다.

▶ **indicate** 보여주다, 나타내다

The forecast **indicates** that we will face delicate issues.
그 예측은 우리가 미묘한 문제에 직면할 것임을 보여준다.

▶ **notify** 알리다

Please **notify** employees of the revised schedule in writing.
직원들에게 수정된 일정을 서면으로 알리세요.

▶ **utilize** 이용하다

It is necessary to **utilize** all the relevant data.
모든 관련 자료를 이용하는 것이 필요하다.

▶ **accommodate** 수용하다

The conference hall is large enough to **accommodate** 100 people.
회의실은 100명을 수용하기에 충분하다.

▶ **conduct** 하다

They are scheduled to **conduct** a survey tomorrow.
그들은 내일 조사를 하도록 예정되어 있다.

▶ **coordinate** 조정하다, 관리하다

It is difficult to **coordinate** all the outdoor activities.
모든 야외 활동을 관리하는 것은 어렵다.

▶ **retain** 유지하다

This refrigerator **retains** original flavors and freshness.
이 냉장고는 원래의 향과 신선함을 유지한다.

DAY 20 독해 - 복합지문

PART 7

Questions 1-5 refer to the following two letters.

Hamilton Thames
29 Martin St.
Pearl, Arizona 81009

Dear Mr. Thames,

I am writing in regard to the order for a dining table and chairs that you placed with our company recently. In your order, you specified that you wanted Set #411, which is made out of oak and has a modern appearance, to be delivered by March 9th. Unfortunately, this set has been more popular than we expected and is currently out of stock. We will have more in stock on March 15th and could ship it so that it will arrive at your home by the 18th. If this is not acceptable, we do have another set available in oak for $710 that we could send to you as soon as the 2nd of March. I have attached pictures and detailed information about this set to this letter. Please write me back to let me know what you would prefer to do about this matter. Thank you very much for your business and I apologize for the inconvenience.

Sincerely,

Pauline Ferren

Pauline Ferren
Sales Representative
Traditional Furniture, Inc.

Pauline Ferren
309 Marble Tower
Wheeling, Arizona 80744

Dear Ms. Ferren,

After looking over the information on Set #809 that you sent me in your letter, I have decided that I would prefer to receive it instead of the furniture I originally ordered. It seems like it will actually match my dining room better and is $120 less expensive than Set #411. I assume that the difference in amount will be sent to my bank account, but please call me at 713-992-8008 if this is not the case. Thank you.

Regards,

Hamilton Thames

1. What problem does the first letter mention?

   (A) An item is not in stock.
   (B) A form has not been received.
   (C) An address is wrong.
   (D) A payment is overdue.

2. When did Mr. Thames ask that his purchase be delivered by?

   (A) March 2nd
   (B) March 9th
   (C) March 15th
   (D) March 18th

3. What can be known about Set #809?

   (A) It will arrive at Mr. Thames on March 15th.
   (B) It is the most popular item.
   (C) Its price is $710.
   (D) It is a new product in the Traditional Furniture line.

4. What does Mr. Thames ask Ms. Ferren to do?

   (A) Give a special discount
   (B) Use express shipping
   (C) Send a different product
   (D) Wait for his check to arrive

5. Why might Ms. Ferren call Mr. Thames?

   (A) To confirm an address
   (B) To discuss a difference in prices
   (C) To inform of a shipping date
   (D) To give an account number

Questions 6-10 refer to the following two letters.

December 8
Christine Woods
17 Windsor Place
Cleveland, OH 64461

Dear Ms. Woods,

Thank you for your interest in our seminar for real estate brokers wishing to increase their profits. We will be conducting several seminars in your area during the month of January and have openings available in all of them. They will be taking place on January 7-8, 20-21, and 27-29. If you would be interested in participating in any of these sessions or would simply like more information about the material that we cover in our seminars, please write me back at your convenience. Thank you.

Sincerely,

Larry Emerson

Larry Emerson
Head Organizer
Lexington Seminars

December 18
Larry Emerson
9004 Hiker St.
Lexington, KY 39011

Dear Mr. Emerson,

Thank you for the information you sent. I would be very interested in attending the last seminar you are offering in the month of January, but I would like to receive some more information about the seminar before signing up. Firstly, how much is the fee for attending one of your seminars? Also, will you be focusing on any certain area of the real estate business in your seminar? I deal almost exclusively in industrial real estate, so information about commercial and residential real estate might not be very helpful for me. I hope that you will be able to answer these questions soon so that I can go ahead and make a decision. You can write me back by mail or contact me at 429-9399-0080. I look forward to your response.

Regards,

Christine Woods
Christine Woods

6   Who does Mr. Emerson say the seminars are for?

   (A) People who want to receive promotions
   (B) People who want to change business areas
   (C) People who want to make more money
   (D) People who want to find a job with another company

7   In the second letter, the word "certain" in line 4 is closest in meaning to

   (A) doubtable
   (B) stable
   (C) specific
   (D) possible

8   What is the purpose of the second letter?

   (A) To cancel a seminar
   (B) To ask for more information
   (C) To request a meeting
   (D) To tell about event openings

9   On what dates might Christine Woods attend a seminar?

   (A) January 7-8
   (B) January 20-21
   (C) January 27-29
   (D) January 29-31

10 What does Christine Woods want to know about?

   (A) The focus of the seminar
   (B) The dates seminars will be available
   (C) The distance to the event site
   (D) The effectiveness of an advertisement

Questions 11-15 refer to the following advertisement and e-mails.

Work at Decker Construction

Decker Construction is the newest construction firm in the state. We specialize in building private residences. We are now hiring people for the following positions:

Architect: will help design homes; must have a four-year degree in Architecture and three years of work experience; creativity is a must; will work in an office and go onsite on occasion; salary is negotiable

Carpenter: will work onsite at all times; must have five years of experience as a carpenter; should have a fine eye for detail; will be compensated for overtime work

Driver: will drive heavy machinery, including forklifts and delivery trucks; must have a commercial driver's license; can be trained to drive some vehicles; paid by the hour

Accountant: will do accounting work in the home office; must have either an associate's degree in Accounting or three years of experience; must be able to work with a team; salaried position

Call Bill Wester at 576-3030 for more information. To learn how to apply for a position, visit our Web site at www.deckerconstruction.com and click on the "Jobs" icon. Decker Construction is an equal opportunity employer.

E-Mail Message

To:	Richard Moses <rmoses@homemail.com>
From:	Bill Wester <billwester@deckerconstruction.com>
Subject:	Interview
Date:	July 17

Dear Mr. Moses,

Thank you for submitting your application packet to Decker Construction. I looked at your résumé and was impressed with your work experience. In addition, your portfolio included a number of creative designs. You did excellent work when you were at McCarthy's.

Mr. Decker and I would like to interview you for the open position. We would like for you to come here on Monday, July 28 at 10:00 A.M. The interview will take around two hours to complete. After that, we would like you to have lunch with us and a couple of other members of our team. Please let me know if you are available on this date.

Sincerely,

Bill Wester
Decker Construction

To: Bill Wester <billwester@deckerconstruction.com>
From: Richard Moses <rmoses@homemail.com>
Subject: Re: Interview
Date: July 18

Dear Mr. Wester,

Thank you very much for requesting to interview with me. I have heard a lot of positive things about Decker Construction. And I believe I have a lot to contribute to your firm if you hire me.

Unfortunately, I am going to be out of the state from July 26 to July 29. I have a previously scheduled engagement and cannot cancel it. I am available any time before July 26 and any time after July 29. Is there another day that you can arrange to see me?

Regards,
Richard Moses

---

11. What is indicated about Decker Construction?
    (A) It builds office buildings.
    (B) It was founded two years ago.
    (C) It does not discriminate against applicants.
    (D) It has projects in the city's residential district.

12. In the advertisement, the word "compensated" in paragraph 3, line 2 is closest in meaning to
    (A) paid
    (B) approved
    (C) expected
    (D) asked

13. For which job did Mr. Moses most likely apply?
    (A) Accountant
    (B) Driver
    (C) Architect
    (D) Carpenter

14. What does Mr. Wester request that Mr. Moses do on July 28?
    (A) Make a lunch reservation
    (B) Contact Mr. Decker
    (C) Submit his application package
    (D) Visit Decker Construction

15. What is the purpose of the second e-mail?
    (A) To negotiate a salary
    (B) To request more information
    (C) To reschedule an appointment
    (D) To cancel a meeting

Memo

Memo

20일 만에
끝내는
신(新)토익
입문서

Third Edition

TOEIC

LORI 지음

Basic

해설집

Basic

해설집

Listening Comprehension

DAY 02 사진 묘사 (1)

Practice p.020

1 (C)

(A) A woman is delivering a pizza.
(B) A woman is wearing a hat.
(C) A woman is holding a paper cup.
(D) A woman is handing out papers.

True or False

- [T] 여자가 손목시계를 착용한 상태이다.
- [F] 여자가 테이블에 냅킨을 놓고 있다.
- [F] 여자들이 박스를 처리하고 있다
- [T] 여자가 스카프를 착용한 상태이다.
- [T] 남자가 무엇인가를 읽고 있다.
- [F] 여자가 음식을 휘젓고 있다.
- [T] 그들이 나란히 앉아있다.

2 (D)

(A) The bench is in the middle of the lawn.
(B) They're studying in the library.
(C) The professor is lecturing the class.
(D) Some people are standing on the lawn.

True or False

- [T] 한 여자가 다리를 꼬고 있다.
- [F] 한 여자가 잔디를 깎고 있다.
- [F] 남자들 중 하나가 나무를 베고 있다.
- [T] 야외에 앉아 있는 사람들이 있다.
- [T] 벤치에서 읽고 있는 사람들이 있다.
- [T] 한 남자가 모니터를 보고 있다.
- [F] 사람들이 벤치에 누워 있다.

DAY 03 사진 묘사 (2)

Practice p.023

1 (A)

(A) They are taking a stroll in the park.
(B) They're trying to park their cars.
(C) Everyone is walking on the grass.
(D) The path is straight.

True or False

- [F] 여자가 길에서 작업하고 있다.
- [T] 사람들이 보도를 따라 걷고 있다.
- [F] 두 명이 서로 교차하고 있다.
- [F] 남자가 벤치에서 낮잠 자고 있다.
- [F] 커플이 숲 쪽으로 뛰어가고 있다.
- [T] 여자가 개를 산책시키고 있다.
- [F] 개가 커플을 쫓아가고 있다.

2 (B)

(A) The counter top is empty.
(B) He's filling the cup.
(C) He's drinking a cup of tea.
(D) He's serving a customer.

True or False

- [T] 남자가 앞치마를 착용한 상태이다.
- [F] 남자가 앞치마를 입고 있는 중이다.
- [T] 남자가 뭔가를 붓고 있다.
- [F] 웨이터가 쟁반을 나르고 있다.
- [F] 병들이 선반에 놓이고 있다.
- [T] 남자가 카운터에서 일하고 있다.
- [F] 남자가 선반에 거울을 설치하고 있다.

DAY 04 사진 묘사 (3)

Practice p.026

1 (B)

(A) The indoor café has few customers.
(B) There are more chairs than customers.
(C) The plaza is crowded.
(D) The trees are in full bloom.

True or False

- [T] 테이블 주위에 파라솔들이 있다.
- [F] 모든 테이블이 그늘에 있다.
- [F] 손님들이 줄서 있다.
- [T] 테이블이 야외에 설치되어 있다.
- [T] 대부분의 좌석이 비어 있다.
- [F] 파라솔들이 접혀지고 있다.
- [F] 몇 명이 등받이가 없는 의자에 앉아 있다.

2 (C)

(A) A man is standing near a street light.
(B) Some words are written on a window.
(C) Trees are visible near a building.
(D) A small tree is being cut down.

True or False

- [F] 건물이 페인트칠 되고 있는 중이다.
- [F] 계단이 지면에 닿아있다.
- [F] 잎들이 거리로 떨어지고 있다.
- [F] 건물이 잔디를 향해 있다.
- [F] 남자가 가지를 손질 중이다.
- [T] 발코니들이 설치되어 있다.
- [T] 건물 근처에 가로등이 있다.

DAY 05 사진 묘사 (4)

Practice p.029

1 (A)

(A) The men are busy with their work.
(B) The trees are being planted.
(C) They are digging a hole.
(D) The hikers are enjoying themselves.

True or False

- [F] 그들은 길을 건너기 위해 기다리고 있다.
- [F] 그들은 산길을 걷고 있다.
- [F] 모든 나무가 쌓여 있다.
- [F] 장비가 그 지역에서 제거되고 있다.
- [F] 그들은 연장을 내리고 있다.
- [F] 길에 나무 더미가 놓여 있다.
- [F] 그들은 숲 근처 도로를 포장하고 있다.

2 (A)

(A) People are standing in lines.
(B) People are opening umbrellas.
(C) Some flags are on a stage.
(D) People are walking down the stairway.

True or False

- [T] 사람들이 거리를 행진하고 있다.
- [F] 그들이 깃발을 분류하고 있다.
- [F] 그들이 번잡한 거리를 가로지르고 있다.
- [F] 그들이 계단을 걸어 올라가고 있다.
- [F] 그들이 깃발을 펼치고 있다.
- [F] 사람들이 깃발을 가리키고 있다.
- [F] 사람들이 깃발 위로 구부리고 있다.

DAY 06 질의 응답 - Who

Practice p.034

[정답]

| 1 (C) | 2 (A) | 3 (C) | 4 (C) | 5 (B) |
| 6 (C) | 7 (C) | 8 (B) | | |

1

Who is working with this program?
(A) Mr. Seed works in Accounting.
(B) The manager gave it to me.
(C) Ms. Laura is.

[해설]
(A) 질문에 나온 단어 work를 써서 혼동을 주었다.
(C) working을 생략하여 오답으로 유도하고 있다.
→ Ms. Laura is (working with this program).

2
Who was it on the phone?
(A) A customer.
(B) It was fixed last week.
(C) It is out of order.

[해설]
(A) 짧지만 많은 단어가 생략됐다.
→ (It was) A customer (on the phone).

3
Who is going to take Mr. Lee to the train station?
(A) About 30 minutes.
(B) To catch a train.
(C) Gary can do it.

[해설]
(A) how long에 대한 응답이다.
(B) why에 대한 응답이다.

4
Who makes the decisions in your office?
(A) Yes, I'm the manager.
(B) He decided to sign the contract.
(C) Ms. Sanchez usually does.

[해설]
(A) 의문사 의문문은 yes/no로 답할 수 없다.
(B) 질문에 나온 decisions의 동사형 decided를 써서 혼동을 유발한다.
(C) 질문에 나온 단어가 쓰이지 않아 오답이라고 생각해서는 안 된다.

5
Who's responsible for setting up the meeting?
(A) This will be the last time.
(B) Lorain is doing it.
(C) To get some information.

[해설]
(A), (C) 동사의 주체를 묻는 의문사 who에 대한 대답이 아니다.
(B) 의문사 who에 대응하는 Lorain이 나온다.

6
Who's in charge of the meeting?
(A) A handling charge is included.
(B) I don't know what to do.
(C) I hear Ms. Luis is.

[해설]
(C) 책임자를 묻는 질문에는 사람(Ms. Luis)이 대답으로 나와야 한다.

7
Who organized the large reception?
(A) The organ is being manufactured.
(B) Yes, I have time.
(C) Ms. Nicolas prepared all the things.

[해설]
(A) 질문의 organized와 organ의 발음 혼동을 유발하고 있다.
(B) 의문사 질문에는 yes/no로 답할 수 없다.

8
Who will be at Ms. Russo's farewell party?
(A) She's prepared for it.
(B) Everyone in the office.
(C) She isn't at work.

[해설]
(A), (C) 파티의 개최자인 She(=Ms. Russo)만 언급했다.
(B) 의문사 who에 대응하는 Everyone in the office라고 답하였다.

DAY 07 질의 응답 - Where

Practice p.037

[정답]
1 (B) 2 (A) 3 (C) 4 (A) 5 (A)
6 (A) 7 (A) 8 (C)

1
Where did you go on vacation?
(A) To see my relatives.
(B) I just stayed at home and relaxed.
(C) No, in 3 days.

[해설]
(A) why 질문에 적합한 응답이다.
(C) 의문사 질문에는 yes/no로 대답할 수 없다.

2
Where will you stay when you visit Italy?
(A) At the Grandas Hotel.
(B) I'll visit Italy for a conference.
(C) Your stay was long enough.

[해설]
(B) why 질문에 적합한 응답이다.
(C) 질문에 나온 stay를 이용한 발음 혼동 유발 함정이다.

3

Where did you put the letters?
(A) She put the letters in large envelopes.
(B) The mail was late.
(C) On Mr. Baker's desk.

[해설]
(A) 질문에 나온 letters를 이용한 함정이다.
(B) 질문과 동떨어진 응답이다.

4

Where can I rent a car for the weekend?
(A) There is an agency around the corner.
(B) I rented a car yesterday.
(C) I haven't returned the car.

[해설]
(B) 질문에 나온 단어 rent를 이용한 함정이다.
(C) 질문에 나온 car를 이용한 오답 함정이다.

5

Where does Karen work now?
(A) At the head office.
(B) Her works were excellent.
(C) She wants to work in Accounting.

[해설]
(B), (C) 질문에 나온 단어 work를 이용한 오답 함정이다.

6

Where can I get a monthly pass?
(A) From the machine over there.
(B) A trip to Rome.
(C) A monthly rate is 30 dollars.

[해설]
(B) where만 듣고 동사 get을 듣지 못하면 고르기 쉬운 오답이다.
(C) how much 질문에 적합한 응답이며, 질문에 나온 monthly를 반복한 함정이다.

7

Where in Tremont does this bus stop?
(A) In front of the city hall.
(B) Soon after the stop.
(C) We will click the button.

[해설]
(B) 질문에 나온 stop을 반복한 오답이다.
(C) where 질문에 적합한 응답이 아니다.

8

Where do you usually go for car repairs?
(A) They are predicting rain.
(B) Only a few minutes away.
(C) Why? Is there something wrong with yours?

[해설]
(B) 차 수리 장소를 묻는 질문에 '몇 분 거리에'라는 말은 답으로 적절하지 않다.

DAY 08 질의 응답 - When

Practice   p.040

[정답]

1 (C) 2 (A) 3 (B) 4 (C) 5 (A)
6 (B) 7 (C) 8 (B)

1

When are you going abroad?
(A) Since last week.
(B) For 3 days.
(C) April 21.

[해설]
(A) 'since + 과거시점(~한 이래로)'은 how long 질문에 적합한 응답이다.
(B) for 역시 how long 질문에 적합한 응답이다.

2

When is the deadline for the proposal?
(A) At the end of the next week.
(B) The proposal was sent to the office.
(C) Yes, four days ago.

[해설]
(B), (C) 질문은 현재시제인데 과거시점으로 대답했다.

3

When should we meet to discuss the new brochures?
(A) It's ten pages long.
(B) How about one o'clock?
(C) About a week ago.

[해설]
(A) 소책자의 분량(how long)을 묻는 질문에 대한 답으로 가능하다.
(B) when(언제)이라는 질문에 만날 시각을 제안(how about ~은 어때?)하고 있으므로 적합한 응답이다.
(C) ago는 과거 시점(when was ~/ when did~)을 묻는 질문에 대한 응답이다.

4

When will our company hire more employees?
(A) Because of the recession.

(B) They are well qualified.
(C) Not until the end of the year.

[해설]
(A) because of는 why 질문에 적합한 응답이다.
(B) 때를 나타내는 내용이 없다.
(C) 'not until + 시점(~가 되어서야 비로소~하다)'은 when에 대한 대답으로 적당하다.

5
When does the train leave for Chicago?
(A) At 3 o'clock.
(B) So is the train.
(C) It's near the station.

[해설]
(A) when 질문에 적합한 응답이다.
(B), (C) 둘 다 때를 나타내는 내용이 없다.

6
When can I expect to get your suggestion report?
(A) It is expected to arrive at noon.
(B) By the end of the day.
(C) To the mail room.

[해설]
(A) 질문에 나온 expect를 반복하여 혼동을 유발한다.
(B) by는 시간 제한을 나타내는 표현으로 when 질문에 적합한 응답이다.
(C) 장소를 묻는 where 질문에 적합한 응답이다.

7
When are we leaving tomorrow?
(A) We bought some groceries there.
(B) In three hours.
(C) After I finish the report.

[해설]
(A) 때에 관한 언급이 없다.
(B) 때를 나타내지만 질문에 나온 tomorrow와 어울리지 않는다.

8
When can we look at the new office?
(A) Usually about several hours.
(B) Perhaps, Mr. Anderson can tell you.
(C) It doesn't mix well enough.

[해설]
(A) 기간을 묻는 how long 질문에 적합한 응답이다.
(B) 때를 말하지 않고 유보적으로 대답했다. I don't know와 마찬가지 뜻이다.
(C) 때에 관한 언급이 없고 질문과 주어도 일치하지 않는다.

DAY 09 질의 응답 - How

Practice p.043

[정답]
1 (B) 2 (C) 3 (A) 4 (C) 5 (A)
6 (C) 7 (A) 8 (A)

1
How do I use this fax machine?
(A) No, it's not necessary.
(B) I'll show you.
(C) It was out of paper.

[해설]
(A) 의문사 질문에는 yes/no로 대답하지 않는다.
(B) how to use the fax machine이 생략되어 있다.
(C) 질문과 시제가 일치하지 않는다.

2
How much time do you need for the project?
(A) I'll have time this afternoon.
(B) The projector is on the desk.
(C) At least another week.

[해설]
(A) 질문에 나오는 time을 반복해서 오답 선택을 유도한다.
(B) project와 projector를 이용한 유사 발음 함정이다.
(C) how much time은 how long과 마찬가지로 기간을 묻는 질문이다.

3
How often do you visit the home office?
(A) Twice a month.
(B) It is located on 5th Street.
(C) Tomorrow would be fine.

[해설]
(A) 횟수를 묻는 how often 질문에 적합한 응답이다.
(B) where 질문에 적합한 응답이다.
(C) when 질문에 적합한 응답이다.

4
How did the presentation go?
(A) I usually walk, but today I drove my car.
(B) Yes, I went there by bus.
(C) Fairly well, thanks.

[해설]
(A) 질문의 go를 '진행되다'가 아니라 '가다'로 잘못 이해한 대답이다.
(B) 의문사 질문에는 yes/no로 대답할 수 없다.

5
How much does this suitcase cost?
(A) 55 dollars.
(B) On the shelf.
(C) In the front hallway.

[해설]
(A) 가격을 묻는 how much 질문에 적합한 응답이다.
(B), (C) 장소를 묻는 where 질문에 적합한 응답이다.

6
How long have they lived in this neighborhood?
(A) In half a year.
(B) At the end of the week.
(C) For 3 years.

[해설]
(A), (B) 시점을 묻는 when 질문에 적합한 응답이다.
(C) 기간을 묻는 how long 질문에 적합한 응답이다.

7
How do I get to the SKY theater?
(A) Turn left at the next crosswalk.
(B) From 9 to 6.
(C) I will see if he can.

[해설]
(A) 장소에 도착할 방법을 묻는 말에 가장 적합한 응답이다.
(B) 시간을 묻는 질문에 적합한 응답이다.
(C) 교통수단이나 방법을 묻는 문제에 대한 응답이 아니다.

8
How long would you like to rent this house for?
(A) Over two years.
(B) It lasted at least an hour.
(C) The largest one available.

[해설]
(A) 기간을 나타내는 how long 질문에 적합한 응답이다.
(B) 질문의 시제와 어울리지 않는다.
(C) what으로 묻는 질문에 적합한 응답이다.

DAY 10 질의 응답 - What

Practice   p.046

[정답]

1 (A)   2 (B)   3 (A)   4 (B)   5 (A)
6 (B)   7 (B)   8 (A)

1
What does she do for a living?
(A) She's a sales representative.
(B) Living in the city is convenient.
(C) Yes, I'm sorry to leave early.

[해설]
(B) 질문에 나온 living을 반복 사용한 함정이다.
(C) 의문사 질문에 yes로 대답했다.

2
What's the fastest way to get to the airport?
(A) The quickest way is by air mail.
(B) Take the express shuttle.
(C) It takes 20 minutes to get there.

[해설]
(A) 질문에 나온 way, air를 반복한 오답이다.
(C) 질문에 나온 get을 이용한 오답이다. how long 질문에 적합한 응답이다.

3
What position are you looking for?
(A) I'm hoping to go into sales.
(B) Yes, I'm looking forward to it.
(C) I was looking for something colorful.

[해설]
(B) 의문사 질문에 yes로 대답했고, 질문의 looking을 반복한 오답이다.
(C) 질문에 나온 looking for를 반복한 함정이다.

4
What time is the president supposed to arrive?
(A) It's supposed to be fine tomorrow.
(B) It depends on the flight schedule.
(C) The presentation doesn't start until 9:30.

[해설]
(A) 질문의 be supposed to를 반복한 오답이다.
(C) 질문에 나온 arrive와 반대 뜻을 지닌 start를 이용한 오답이다.

5
What was your question, Ms. Shilva?
(A) I wanted to know about last quarter's profits.
(B) I got back.
(C) My questionnaire is missing.

[해설]
(B) 의문사 what에 대한 대답이 없다.
(C) 질문에 나온 question과 발음이 비슷한 단어를 이용한 오답이다.

6
What's in your bag, sir?
(A) To ask about bags.
(B) Just shirts and trousers.
(C) Bags for cleaning supplies.

[해설]
(A), (C) 질문에 나온 bag을 이용한 오답이다. 질문의 in을 주의해서 들어야 한다.

7
What do you think of the online workshop?
(A) Turn right here.
(B) It's very useful.
(C) I know a good shop.

[해설]
(A) 견해를 묻는 질문에 대한 답이 아니다.
(B) 어떻게 생각하는가(what do you think of)에 대한 질문에 적합한 응답이다.
(C) 질문의 workshop과 발음이 비슷한 good shop의 사용으로 오답을 유도하고 있다.

8
What was the name of the woman sitting next to you?
(A) I don't remember.
(B) She talked about tax laws.
(C) We still have a lot.

[해설]
(B) 주어가 질문과 일치하지 않는다.
(C) 주어와 시제가 질문과 일치하지 않는다.

DAY 11 질의 응답 - Why

Practice p.049

[정답]

1 (A)　2 (C)　3 (A)　4 (C)　5 (C)
6 (A)　7 (B)　8 (C)

1
Why did the store close so early?
(A) Because of the holiday.
(B) Much earlier, thanks.
(C) I exercise early in the morning.

[해설]
(A) why 질문에 적합한 because로 대답했다.
(B) 질문에 나온 early의 비교급 earlier를 이용한 오답이다.
(C) 주어가 질문과 일치하지 않고 내용도 질문과 아무 관련이 없다.

2
Why isn't the dry cleaner's open?
(A) It's open for business.
(B) It costs 2 dollars to clean.
(C) It closes every Thursday.

[해설]
(A) 정반대의 사실을 말하고 있다.
(B) how much 질문에 적합한 응답이다.

3
Why did you take off your jacket?
(A) It's pretty warm outside.
(B) I took off my boots.
(C) Jackets were sold out.

[해설]
(B) 질문에 나온 take off의 과거형 took off를 이용한 함정이다.
(C) 질문의 jacket을 반복하여 오답을 유도하고 있다.

4
Why was flight 102 postponed?
(A) It arrived at 5 o'clock.
(B) The airplane is delayed over 2 hours.
(C) There was a mechanical problem.

[해설]
(A) what time 질문에 적합한 응답이다.
(B) 질문에 나온 단어의 동의어(flight-airplane, postpone-delay)를 이용한 오답이다.

5
Why didn't you send me the proposal?
(A) Sure, I don't mind.
(B) Yes, I'll ask for directions.
(C) Because it wasn't completed.

[해설]
(A) 의문사로 물으면 sure(물론이죠)로 답을 할 수 없다.
(B) 의문사 질문에 Yes로 답을 할 수 없고 더구나 이어지는 말도 길을 묻는 내용이라 정답이 될 수 없다.
(C) why 질문에 적당한 because로 응답했고 못한 이유에 대한 설명도 적합하다.

6
Why did Ms. Zioba transfer to Miami?
(A) She wanted to work closer to her family.
(B) Coupons are non-transferable.
(C) My new office is on the 5th floor.

[해설]
(B) 질문에 나온 transfer의 파생어를 반복한 오답이다.
(C) Transfer(옮겨가다)에서 연상되는 단어들을 이용한 오답이다.

7
Why don't you take a cab to the theater?
(A) At least 10 dollars.
(B) I feel like strolling.
(C) You will pay less next year.

[해설]
권유를 나타내는 why don't you에 적절한 답은 (B)뿐이다.

8
Why don't we go to the art museum this week?
(A) All of them have.
(B) The work of art will be revised.
(C) Let me check the schedule.

[해설]
(A) 질문과 주어가 일치하지 않는다.
(B) 질문에 나온 art를 반복한 함정이다.

DAY 12 질의 응답 – 조동사·부정·부가의문문

Practice p.052

[정답]

1 (B) 2 (C) 3 (A) 4 (A) 5 (A)
6 (A) 7 (A) 8 (C)

1
Did you work late yesterday?
(A) I'm going to work overtime tomorrow.
(B) No, I left at noon.
(C) Yes, that's my plan.

[해설]
(A), (C) 질문과 시제가 맞지 않다.

2
Would you like a ride to the station?
(A) I ride a bicycle to work.
(B) Sorry, I can't remember it.
(C) Thanks. I'd really appreciate it.

[해설]
(A) 질문의 a ride(태워주기)를 동사로 바꿔서 오답을 유도한다.
(B) 권유에 대한 거절의 답으로는 no, thanks가 적당하다.

3
You went to the museum, didn't you?
(A) Yes, a new exhibit opened.
(B) No, it was nice.
(C) 5 dollars per person.

[해설]
부가의문문에 대답은 긍정하는 내용이면 yes, 부정하는 내용이면 no로 응답한다.
(B) no 다음에 긍정하는 내용이 나와서 모순된다.
(C) how much에 적합한 응답이다.

4
Would you rather take a bus?
(A) No, I prefer to walk.
(B) It took 10 minutes by bus.
(C) We took a taxi to work.

[해설]
(B) 질문의 단어를 반복 사용해서 오답을 유도한다.
(C) 시제도 내용도 질문과 어울리지 않는다.

5
Isn't there a vending machine on this floor?
(A) Yes, at both ends of the hall.
(B) The entire floor was clean.
(C) Yes, there isn't any.

[해설]
긍정하는 내용의 대답이면 무조건 yes, 부정하는 내용의 대답이면 no로 응답한다.
(B) 질문에 나온 floor를 이용한 오답이다.
(C) yes 다음에 부정하는 내용이 나와서 모순된다.

6
Have you seen any movies recently?
(A) Yes, a couple of times.
(B) They are exciting.
(C) Yes, I have been busy with work.

[해설]
(B) how 질문에 적합한 대답이다.
(C) yes 다음에 질문에 대해 부정하는 내용이 나와서 앞뒤가 맞지 않는다.

7
Should we get to the Italian restaurant by seven?
(A) Sure, I'd like you to.
(B) It lasted half an hour.
(C) They cook seafood.

[해설]
(B) 질문과 시제가 어울리지 않는다.
(C) 질문과 주어가 일치하지 않는다.

8

Don't you want a short break?
(A) The break time was short.
(B) A short-sleeved shirt is okay.
(C) We've got too much to do.

[해설]
(A) 질문과 시제가 어울리지 않는다.
(B) 질문의 short를 반복한 오답 함정이다.

DAY 13 질의 응답 - 선택의문문

Practice p.055

[정답]
1 (A) 2 (B) 3 (B) 4 (A) 5 (A)
6 (C) 7 (A) 8 (A)

1

Where would you like to give a presentation, in China or in Russia?
(A) Either place would be good.
(B) I can give it to you.
(C) Yes, in the room.

[해설]
(B) 장소(in China or in Russia)는 주고받는 대상이 아니다.
(C) 선택의문문에는 yes/no로 대답할 수 없다.

2

Will we pack a lunch or would you like to eat in the cafeteria?
(A) Yes, I love it there.
(B) I'm tired of cafeteria food.
(C) I'm almost ready.

[해설]
(A) 선택의문문에는 yes/no로 대답할 수 없다.
(C) 질문과 전혀 무관한 내용이다.

3

Did you talk to Mary Newton or did you send an e-mail?
(A) I'm fine, thanks.
(B) Actually, she gave me a call.
(C) I need to check his e-mail.

[해설]
(A) 질문과 무관한 응답이다.
(C) 비슷한 말로 혼동을 유발하고 있다.

4

Would you prefer a round-trip or a one-way ticket?
(A) Sure, I'll buy you a ticket.
(B) A return ticket, please.
(C) I prefer a single room.

[해설]
(A) 질문의 ticket을 반복 사용한 함정이다.
(C) 질문에서 사용된 동사 prefer로 혼동을 유발하고 있다.

5

Would you like to look at the menu again or have you already decided?
(A) I'm ready to order.
(B) That sounds good.
(C) It's brand-new.

[해설]
(B) 어떤 제안이나 아이디어에 맞장구 칠 때 쓰는 표현이다.
(C) 질문의 menu와 발음이 비슷한 brand-new를 이용한 오답이다.

6

Can we take a break now or should we make orders first?
(A) Yes, if we have time.
(B) That sounds good to me.
(C) Let's take care of the orders first.

[해설]
(A) 선택의문문이 아니라 단순히 or 앞 문장에 대한 대답을 하고 있으므로 오답이다.
(B) 제안문에서 적당한 대답이다.

7

Should I respond by e-mail or send a letter?
(A) It doesn't matter at all.
(B) I think I should.
(C) Yes, I can help him.

[해설]
(A) 선택의문문의 대답으로 자주 나오는 표현이다.
(B) I should 다음에 respond가 생략되었는지 send가 생략되었는지 알 수 없다.
(C) 선택의문문에는 yes/no로 대답할 수 없다.

8

Should we discuss the suggestion today or postpone making a decision?
(A) We need to decide now.
(B) Yes, we phoned him today.
(C) You will post it later.

[해설]
(B) 선택의문문에는 yes/no로 대답할 수 없다.
(C) 질문의 postpone과 발음이 비슷한 post로 혼동을 유발하고 있다.

DAY 14 대화문 (1)

Warm-up p.059

[정답]

1 (C)   2 (C)   3 (C)

1

Question 1 refers to the following conversation

W May I see your passport, sir?
M Sure, here you are.
W Do you have anything to declare?

[번역]
여자는 누구인가?
(A) 여행사 직원
(B) 부동산 중개인
(C) 세관원
(D) 항공기 승무원

2

Question 2 refers to the following conversation.

W This is your key, sir. Your room number is 502.
M Thanks a lot. Can you tell me where I can get some exercise?
W I am sorry, we don't have a health club. But we have a swimming pool on the first floor.

[번역]
이 대화는 어디에서 일어나는가?
(A) 식당
(B) 수영장
(C) 호텔
(D) 헬스클럽

3

Question 3 refers to the following conversation.

W James, what are you planning to do this weekend?
M I'm not sure. Maybe I will play tennis or climb a mountain.
W I'm planning to stay at home and rest.

[번역]
여자는 이번 주말에 무엇을 할 예정인가?
(A) 테니스를 친다.
(B) 등산을 한다.
(C) 집에서 쉰다.
(D) 쇼핑하러 간다.

Practice p.061

[정답]

1 (A)   2 (D)   3 (C)   4 (C)   5 (A)   6 (B)

Questions 1-3 refer to the following conversation.

M It's 10:30, Sasha. I'll go to check the audio-visual equipment in the Roger Conference Room before Donald Albright arrives for his demonstration at 11:00.
W Oh, I'm sorry. I forgot to tell you. Mr. Albright sent me an e-mail last night to inform me that he had forgotten about another software demonstration he has to give in Dryden City this morning.
M So then he won't be providing a demo for us today?
W He will, but it has been moved to 2:00.

1
[번역]
화자들은 어떤 행사에 대해 이야기하고 있는가?
(A) 제품 시연
(B) 지역 컨퍼런스
(C) 정기 직원회의
(D) 회사 야유회

[해설]
첫 번째 남자 대화문 I'll go to check the audio-visual equipment in the Roger Conference Room before Donald Albright arrives for his demonstration at 11:00에서 보면, demonstration을 위해 장비 점검을 하겠다고 했으므로 정답은 (A)가 된다.

[어휘]
regional 지역의 | regular 정기적인 | excursion 소풍

2
[번역]
여자는 행사에 대해 무엇이라고 말하는가?
(A) 다른 회의실에서 열릴 것이다.
(B) 회사 CEO가 참석할 것이다.
(C) 더 많은 테이블과 의자가 필요하다.
(D) 스케줄에 문제가 있었다.

[해설]
여자가 한 말에 대해 묻고 있으므로 여자의 대화문에 귀를 기울여야 한다. 여자는 he had forgotten about another software demonstration he has to give in Dryden City this morning이라

며 제품 시연 행사와 관련된 변경 내용을 전달하고 있다. 비슷한 시간대에 다른 곳에서도 약속이 잡혀 있다고 했으므로, 이는 a problem with the schedule로 표현될 수 있다. 그러므로 정답은 (D)가 된다.

[어휘]

take place (행사 등이) 개최되다 | attend 참석하다 | problem with ~에 대한 문제

3

[번역]

행사는 언제 시작될 것인가?
(A) 오전 10시 45분
(B) 오전 11시
(C) 오후 2시
(D) 오후 3시 30분

[해설]

보기에 여러 시간대가 제시되어 있으니 event – start와 관련된 올바른 시간 정보를 찾는 데 주의를 기울여야 한다. 여자의 마지막 대화문 it has been moved to 2:00에서 (C)가 정답임을 알 수 있다.

Questions 4-6 refer to the following conversation.

> M We just received two more orders over the telephone.
> W We sure have gotten busy this week.
> M I guess lots of people are having parties. Will we have time to make all of the cakes everyone ordered?
> W Yes, I think so. But we don't have enough people to deliver them.
> M How about offering a discount to customers that pick up their cakes and other pastries?
> W That should work. Let's give them 10% off.
> M Okay. Shall I call back all the people who already made orders?
> W No. Just tell new customers about the offer.

4

[번역]

화자들은 어디에서 일하고 있을 것 같은가?
(A) 식당에서
(B) 약국에서
(C) 제과점에서
(D) 우체국에서

[해설]

남자의 두 번째 대화에서 'Will we have time to make all of the cakes everyone ordered?'라고 했고, 대화의 전반적인 내용이 케이크 및 빵과 관련된 내용이므로 정답은 (C)이다.

5

[번역]

화자들은 무엇을 하기로 결정했는가?
(A) 고객들에게 할인을 제공한다
(B) 더 많은 주문을 받지 않는다
(C) 직접 물품들을 배달한다
(D) 신규 직원들을 채용한다

[해설]

대화의 중반부에서 여자가 배송할 사람이 충분하지 않다고(we don't have enough people to deliver them) 말한 다음, 남자는 할인을 제공하는 것에 대해(How about offering a discount to customers ~) 제안하고 있다. 이어지는 내용에서 여자는 효과가 있을 것이라고(That should work) 말하며 동의하고 있으므로, 정답은 (A)이다.

6

[번역]

여자가 "그것은 효과가 있겠군요"라고 했을 때 그녀가 의미하는 것은 무엇인가?
(A) 그녀는 자신의 일을 계속 할 것이다.
(B) 그녀는 남자의 아이디어를 좋아한다.
(C) 그녀는 파티에 참가할 것이다.
(D) 그녀는 몇몇 고객들에게 도움을 줄 것이다.

[해설]

남자가 할인을 제공하는 것을(How about offering a discount to customers ~) 제안 한 것에 대해, 여자는 "That should work"이라고 대답한 다음 구체적인 할인율을 언급했다. 즉, "That should work"은 여자가 남자의 생각에 동의하는 의미라는 것을 알 수 있으므로 정답은 (B)이다.

DAY 15 대화문 (2)

Warm-up p.064

[정답]

1 (D) 2 (D) 3 (C)

1

Question 1 refers to the following conversation.

> W Everyone has to wear a hard hat and gloves for protection in this plant.
> M I'm afraid I left my hard hat in my car.
> W That's okay, Mr. Molly. We can lend you one.

[번역]

몰리 씨가 빌려야 하는 것은?
(A) 장화
(B) 장갑

(C) 자동차
(D) 안전모

2

Question 2 refers to the following conversation.

> W I heard you're moving to San Francisco.
> M Yes, I found a good job there.
> W Let's keep in touch.

[번역]
남자가 샌프란시스코로 이사 가는 이유는 무엇인가?
(A) 그의 친척들이 샌프란시스코에 산다.
(B) 그는 부모님을 방문할 것이다.
(C) 그는 회의에 참석해야 한다.
(D) 그는 거기서 일을 할 것이다.

3

Question 3 refers to the following conversation.

> M I'd like to deposit this in my savings account.
> W Okay. How much will you deposit?
> M $250. Fifty dollars is in cash and the rest is in checks.

[번역]
이 대화가 일어나고 있는 장소는 어디일 것 같은가?
(A) 부동산 중개업소
(B) 사무실
(C) 은행
(D) 공원

Practice   p.066

[정답]

1 (C)   2 (C)   3 (A)   4 (A)   5 (D)   6 (B)

Questions 1-3 refer to the following conversation.

> M Have you seen that ID badge I left on this table, Marni? It's for the new sales representative, Roger Ebbett. He starts today so I'm going to meet him down at the front gate.
> W Is that it under the chair?
> M Oh, yes. Thank you. It must have fallen off the table.
> W Mr. Ebbett will also need the access code for our computer so that he can view our product database. I will write it down and leave it on his desk.

1

[번역]
남자는 무엇을 찾고 있는가?
(A) 방 열쇠
(B) 이력서
(C) 직원 ID
(D) 영수증

[해설]
첫 번째 남자의 대사 Have you seen that ID badge I left on this table, Marni?에서 ID badge를 찾고 있음을 알 수 있으며 ID badge를 Staff ID로 paraphrasing(바꾸어 표현하기)한 (C)가 정답이 된다.

[어휘]
résumé 이력서 | receipt 영수증

2

[번역]
로저 에벳은 누구인가?
(A) 회사 소유주
(B) 전직 임원
(C) 신입 직원
(D) 금융 전문가

[해설]
질문의 키워드인 'Roger Ebbett'은 남자의 말 It's for the new sales representative, Roger Ebbett에서 직원임을 알 수 있다. representative를 employee로 바꿔 표현한 (C)가 정답이 된다.

[어휘]
owner 소유주 | former 전임의 | executive 임원 | financial 금융의 | expert 전문가

3

[번역]
여자에 따르면, 접속 비밀번호는 무엇을 위한 것인가?
(A) 컴퓨터에 접속하기
(B) 복사기 사용하기
(C) 보안 경보기 켜기
(D) 사무실 문 열기

[해설]
여자의 마지막 대화문 중 Mr. Ebbett will also need the access code for our computer so that he can view our product database에서 문제의 키워드인 'access code'가 언급되고 있다. 제품 데이터베이스를 보기 위해 컴퓨터에 접속할 때 필요한 것이라고 하므로 access를 log onto로 바꾸어 표현한 (A)가 정답이 된다.

[어휘]
log onto ~에 접속하다 | turn on ~을 켜다 | security 보안

Questions 4-6 refer to the following conversation with three speakers.

> M I was just in a meeting with Mr. Sanders. He told me to come up with some ways to save money.
> WA Why do we need to do that?
> M Apparently, the company is losing lots of money. So we have to reduce spending.
> WA I see. Why don't we reduce the number of business trips our employees take?
> M That's a good idea.
> WB We can try using less paper and making fewer photocopies.
> WA I agree with Tina. We should do that.
> M All right. I'll write an e-mail to Mr. Sanders now.

4
[번역]
화자들이 주로 논의하고 있는 것은 무엇인가?
(A) 비용을 줄이는 방법
(B) 곧 있을 업무 회의
(C) 그들의 연간 목표
(D) 그들의 매출액 규모

[해설]
남자의 첫 번째 대사에서 그는 방금 샌더스 씨와 회의를 했다고 말한 뒤, 샌더스 씨가 자금을 절약할 수 있는 방법을 생각해 보라고 말했다고 언급했다. 이에 대해 화자들은 자금을 줄일 수 있는 아이디어를 제시하고 있으므로, 정답은 (A)이다.

[어휘]
cut down 줄이다 | upcoming 다가오는

5
[번역]
남자에 따르면, 화자들의 회사에 대해 맞는 것은 무엇인가?
(A) 얼마 전 신규 고객을 확보했다.
(B) 신규 직원들을 채용하고 있다.
(C) 새로운 복사기를 구매하고 있다.
(D) 이윤을 내지 못하고 있다.

[해설]
대화의 초반부에서 남자가 the company is losing lots of money라고 발언한 것으로 보아 회사가 이윤을 내지 못하고 있다는 내용의 (D)가 정답이다.

[어휘]
client 고객 | photocopier 복사기 | make a profit 이윤을 내다

6
[번역]
남자는 무엇을 할 것이라고 말하는가?
(A) 회의에 참석한다
(B) 샌더스 씨에게 연락한다
(C) 출장을 간다
(D) 티나의 사무실에 방문한다

[해설]
남자는 I'll write an e-mail to Mr. Sanders now라고 말로 대화를 마무리하고 있으므로 (B)가 정답이 된다. 지문의 write an e-mail이 보기에서는 contact로 표현되었다.

DAY 16 대화문 (3)

Warm-up   p.069

[정답]

1 (D)   **2** (D)   **3** (D)

1

Question 1 refers to the following conversation.

> W Good evening, sir. How many people are there in your party?
> M About five. And we'd like to sit in the non-smoking section, please.
> W Certainly. Please follow me.

[번역]
여자는 무엇을 할 것인가?
(A) 남자를 위한 파티를 연다.
(B) 손님의 수를 센다.
(C) 그를 따라간다.
(D) 손님들을 자리에 앉힌다.

2

Question 2 refers to the following conversation.

> W I'm not feeling well. Do you mind if I leave early?
> M Not at all. But I think you should see a doctor.
> W If I don't feel better by tomorrow morning, I'll make an appointment with a doctor.

[번역]
남자가 "괜찮아요"라고 말할 때, 그가 의미하는 것은 무엇인가?
(A) 그는 아프지 않다.
(B) 그는 집에 빨리 가지 않아도 된다.
(C) 그는 의사와 약속을 잡지 않았다.
(D) 그는 그녀가 일찍 퇴근하는 것을 상관하지 않는다.

3

Question 3 refers to the following conversation.

> M Our copy machine is broken again. I need the copies of the report for the conference this afternoon.
> W Why don't you go to Grenda's copyshop? They can make the copies for you.
> M That's a great idea! I'm on my way.

[번역]
남자는 그 문제를 어떻게 해결할 것인가?
(A) 회의를 연기해서
(B) 여자에게 복사해달라고 요청해서
(C) 수리공을 불러서
(D) 전문 복사 서비스를 이용해서

Practice p.071

[정답]

1 (D)   2 (A)   3 (D)   4 (C)   5 (A)   6 (B)

Questions 1-3 refer to the following conversation.

> W Kyle, have you decided when you want to take your vacation? I need to know your plans either today or tomorrow.
> M Oh, that's right. Well, I think I want to go to California to see some of my old friends in the middle of July. Is that okay?
> W Let me see. Mike and Jennifer want to take their vacation about the same time, so I'm afraid that you might have to come up with a different plan.
> M Really? That's too bad. I haven't seen them since I transferred to this New York office.

1

[번역]
여자는 무엇을 요청하고 있는가?
(A) 친구의 주소
(B) 뉴욕 사무소의 상태
(C) 캘리포니아에서의 휴가
(D) 남자의 휴가 계획

[해설]
여자가 무엇을 요청하는지 묻는 문제이므로 여자의 말을 잘 들어야 한다. 전체 대화에서 휴가에 관한 내용임을 알 수 있다. 여자의 두 번째 대사 so 이하에서 남자에게 다른 휴가 계획을 제시하라는 언급이 나온다.

[어휘]
ask for 요청하다 | address 주소 | status 상태 | plan 계획

2

[번역]
남자는 휴가 동안 무엇을 할 것인가?
(A) 친구들을 방문하기
(B) 계획 세우기
(C) 뉴욕으로 이사하기
(D) 마이크와 제니퍼를 만나기

[해설]
남자의 첫 번째 대사에서 캘리포니아에서 옛 친구를 만날 것이라는 내용이 나온다.

[어휘]
plan on ~할 것을 계획하다 | visit 방문하다 | move to ~로 이사하다

3

[번역]
왜 남자는 7월에 휴가를 갈 수 없는가?
(A) 처리해야 할 일이 많다.
(B) 몇 사람이 캘리포니아에서 올 것이다.
(C) 어디로 옮겨갈지 결정해야 한다.
(D) 다른 직원들이 이미 7월로 휴가를 신청했다.

[해설]
여자의 두 번째 대사에 마이크와 제니퍼가 같은 시기에 휴가를 원하므로 남자에게 다른 휴가 계획을 제시하도록 요청하는 내용이 나온다.

[어휘]
a lot of 많은 | take care of 처리하다 | where to 어디로 ~할 지 | transfer 전근 가다 | sign up for 등록하다

Questions 4-6 refer to the following conversation with three speakers.

> MA Ted sent me a text message. He's in a big traffic jam and won't be here in time for the meeting.
> MB He was supposed to give the presentation. What are we going to do now?
> W   I'm familiar with the material. I can give it.
> MA What about all the charts and graphs?
> W   Ted is the only one who has copies of them.
> MB John, can you call Ted and tell him to e-mail us the files?
> MA Sure. I'll do that right away.
> W   Have him send me the files, and I'll print them.
> MB While you two are busy, I'll make sure the conference room is prepared.

4

[번역]
테드는 왜 회의에 불참할 것 같은가?
(A) 그는 시외에 있다.

(B) 그는 아프다.
(C) 그는 교통 체증에 갇혀 있다.
(D) 그는 고객을 만나고 있다.

[해설]
대화의 첫부분에서 남자 A는 Ted sent me a text message. He's in a big traffic jam and won't be here in time for the meeting이라고 말하고 있다. 따라서 테드는 교통 체증에 갇혀서 회의에 불참할 것임을 알 수 있다. 정답은 (C)이다.

5
[번역]
여자가 "제가 그것을 할게요"라고 말했을 때, 그녀가 의미하는 것은 무엇인가?
(A) 그녀가 발표를 할 것이다.
(B) 그녀가 테드에게 전화할 것이다
(C) 그녀가 고객과 이야기할 것이다
(D) 그녀가 그래프를 만들 것이다.

[해설]
여자는 첫 번째 대화에서 I'm familiar with the material. I can give it이라고 말하고 있다. 즉, 여자가 자료를 잘 알고 있어서 본인이 그것을 하겠다는 내용이므로, 여자가 발표를 대신 할 것임을 알 수 있다. 정답은 (A)이다.

6
[번역]
화자들은 그들에게 무엇이 필요하다고 말하는가?
(A) 몇몇 급여액 수치
(B) 몇몇 컴퓨터 파일들
(C) 테드의 전화번호
(D) 음식과 음료

[해설]
대화의 중반부에서 남자 B는 '그래프와 차트는 어떻게 할 것인지 (What about all the charts and graphs?)'를 묻고 있고, 이에 대해 여자는 '그것들을 갖고 있는 사람은 테드뿐이다(Ted is the only one who has copies of them)'라고 말하고 있다. 이어서 남자 B는 남자 A에게 테드에게 파일들을 이메일로 보내라고 전화하라는 부탁을 하고 있으므로, 이들에게 필요한 것은 컴퓨터 파일들이라는 것을 알 수 있다. 정답은 (B)이다.

DAY 17 대화문 (4)

Warm-up   p.074

[정답]
1 (B)   2 (A)   3 (D)

1

Questions 1-3 refer to the following conversation and advertisement.

W   Thanks for completing the advertisement so quickly, James.
M   It's my pleasure. Since the sale is starting tomorrow, I got it done as quickly as I could.
W   But there's one change we need to make.
M   What is it?
W   Mr. Stewart told me that the biggest discount we're allowed to offer is 35%. If we reduce the prices any more, we won't make a profit.
M   All right. I'll change the ad and then e-mail it to you.
W   Great. If everything looks fine, I'll send it to the printer for a rush job.
M   Sounds good. Let me get to work then.

[번역]

헬튼스 의류점
저희는 시내 최저가를 제공합니다.

저희의 여름 특별 할인을 이용하세요:

- 남성용 셔츠   25% 할인
- 여성용 블라우스 15% 할인
- 남성용 반바지   40% 할인
- 여성용 수영복   35% 할인

1
[번역]
세일은 언제 시작될 것인가?
(A) 오늘
(B) 내일
(C) 이번 주말
(D) 다음주

2
[번역]
시각 자료를 보시오. 잘못된 할인 정보의 품목은 어느 것인가?
(A) 남성용 반바지
(B) 남성용 셔츠
(C) 여성용 블라우스
(D) 여성용 수영복

3
[번역]
남자는 다음에 무엇을 할 것인가?
(A) 이메일을 보낸다.

(B) 인쇄소에 전화한다
(C) 스튜어트 씨를 만난다
(D) 광고를 수정한다

Practice p.076

[정답]

| 1 (C) | 2 (B) | 3 (B) | 4 (D) | 5 (C) | 6 (B) |

Questions 1-3 refer to the following conversation and map.

> W Excuse me. I'm trying to get to the public library. Do you know where it is?
> M Sure. You're not too far away from it.
> W I'm glad to hear that. How can I get there?
> M Here's a map. We're on Jackson Road.
> W Yes, I can see where we are.
> M Walk a couple of blocks to the intersection of Maple Street and Whiteside Road. It's across the street from the local high school.
> W Thanks so much. Oh, do you know if there's a café near the library? I'm really thirsty and could use some iced tea.
> M Yes, there are a couple of cafés right beside it.
> W That's great. Thanks for your assistance.

1
[번역]
여자는 어디로 가고 있는가?
(A) 고등학교로
(B) 기차역으로
(C) 도서관으로
(D) 식당으로

[해설]
대화를 시작하면서 여자가 I'm trying to get to the public library라고 하였으므로, 여자는 도서관으로 가고 있다는 것을 알 수 있다. 정답은 (C)이다.

2
[번역]
시각 자료를 보시오. 여자의 최종 목적지는 어디인가?
(A) 1
(B) 2
(C) 3
(D) 4

[해설]
남자는 현재 그들의 위치가 잭슨 로이며(We're on Jackson Road), 이어서 메이플 가와 화이트사이드 로의 교차로까지 두 블록을 걸어 간(Walk a couple of blocks to the intersection of Maple Street and Whiteside Road) 다음, 지역의 고등학교의 길 건너편에 도서관이 있다고(It's across the street from the local high school) 말하고 있다. 지도에서 이러한 설명에 부합하는 것은 2번이다.

3
[번역]
여자는 다음에 무엇을 하기를 원하는가?
(A) 버스를 탄다
(B) 마실 것을 산다
(C) 전화를 한다
(D) 그녀의 친구를 만난다

[해설]
여자는 도서관의 위치에 대해 들은 후, 근처에 카페가 있는지 여부를 물어 본 다음, 목이 말라서 아이스 티를 마시고 싶다고(I'm really thirsty and could use some iced tea) 말하고 있다. 따라서 여자는 마실 것을 사려고 한다는 것을 알 수 있다.

Questions 4-6 refer to the following conversation and invoice.

> M Linda, I think there's a mistake with these new books being displayed.
> W What's the problem?
> M There aren't enough of them. Have we already sold some?
> W No, we haven't. These are all the books we got.
> M But there are only forty of them. We were supposed to get twice that amount. I'm expecting this book to sell well.
> W Would you like me to contact the publisher?
> M Yes, please. Try to get 100 more of them. This author's latest work is expected to hit number one on the bestseller list.
> W Right. I'll take care of that immediately.

[번역]

캐스터웨이 출판사
뉴욕, 이스트 브로드웨이 가 56번지

배송지: AAA 북스
주소: 플로리다, 마이애미, 메인 가 310번지

품목	수량
최후의 애국자	40
세상이 시작된 날	25
왕과 그의 딸	15
바다에서의 50일	30

4
[번역]
화자들은 주로 무엇을 이야기하고 있는가?
(A) 최신 베스트셀러 목록
(B) 그들이 판매한 책의 권수
(C) 몇몇 책들을 진열할 방법
(D) 더 많은 책들을 받을 필요성

[해설]
대화의 초반부에서 남자는 새로 진열된 책에 문제가 있다고 말하며, 구체적으로는 수량이 충분하지 않다(There aren't enough of them)고 말하고 있다. 그리고 남자는 여자에게 대화의 마지막 부분에서 100권을 더 주문하라고(Try to get 100 more of them) 하였으므로, 화자들이 논의하고 있는 것은 책을 더 주문하는 것이다. 정답은 (D)이다.

5
[번역]
시각 자료를 보시오. 남자가 더 많이 원하는 물품은 무엇인가?
(A) 세상이 시작된 날
(B) 바다에서의 50일
(C) 최후의 애국자
(D) 왕과 그의 딸

[해설]
남자는 책이 겨우 40권뿐이라고 말하고 있으며, 이에 앞서 여자는 이것이 받은 책의 전부라고 말하고 있다. 그런데 송장의 정보에 따르면 40권을 주문한 책의 제목은 'The Last Patriot'이므로 정답은 (C)이다.

6
[번역]
남자는 여자가 무엇을 할 것을 요청하는가?
(A) 몇몇 책들을 판매하는 것
(B) 출판사와 이야기하는 것
(C) 운송 회사에 연락하는 것
(D) 다른 작가와 연락할 것

[해설]
마지막 부분에서 여자의 Would you like me to contact the publisher?라는 말에 대해 남자가 Yes, please로 대답하고 있다. 따라서 남자가 여자에게 요청한 것은 출판사와 이야기하는 것이다. 정답은 (B)이다.

DAY 18 설명문 (1)

Warm-up   p.082

[정답]
1 (B)   2 (B)   3 (C)   4 (C)

Questions 1-2 refer to the following talk.

> This morning we are here to welcome Mr. Thomas Cashman as our new marketing director. Mr. Cashman will start to work this coming Wednesday. Please give him a big hand.

1
[번역]
남자가 "그에게 큰 박수를 보내 주시기 바랍니다"라고 할 때, 그가 의미하는 것은 무엇인가?
(A) 그는 청자들에게 캐시먼 씨의 연설을 경청할 것을 요청한다.
(B) 그는 청자들에게 캐시먼 씨를 환영할 것을 요청한다.
(C) 그는 청자들에게 캐시먼 씨에게 도움을 줄 것을 요청한다.
(D) 그는 청자들에게 캐시먼씨에게 질문을 할 것을 요청한다.

2
[번역]
캐시먼 씨의 직책은 무엇이 될 것인가?
(A) 영업 사원
(B) 마케팅 이사
(C) 영업 이사
(D) 연구원

Questions 3-4 refer to the following announcement.

> This is a special announcement for all Bentware Sports Club members. Our indoor swimming pool will be closed for maintenance on Monday. It will reopen on Thursday morning. Until then, please use our outdoor swimming pool. For more information, call our office at 628-1254. Thank you.

3
[번역]
실내 수영장은 얼마나 오래 문을 닫을 것인가?
(A) 1일
(B) 2일
(C) 3일
(D) 4일

4
[번역]
회원들은 무엇을 하도록 요청받는가?
(A) 스포츠클럽에 전화하도록
(B) 매일 수영하도록
(C) 야외 수영장을 임시로 사용하도록
(D) 수영하기 전에 준비운동을 하도록

Practice   p.084

[정답]

1 (B) 2 (C) 3 (A) 4 (A) 5 (A) 6 (B)

Questions 1-3 refer to the following telephone message.

> Good afternoon, Mr. Rodriguez. This is Cecilia Lyons at the Buford Street Employment Center. I'm calling in response to your e-mail about the hardware store manager position you saw advertised on our web site. Unfortunately, that position has already been filled. However, we are currently offering a free two-day job search program for individuals seeking managerial work. I would be happy to meet with you here to discuss it in more detail. Please phone me at 538-9026 if you are interested.

1
[번역]
화자는 어디에서 근무할 것 같은가?
(A) 케이블 회사
(B) 채용 사무실
(C) 의류 제조업체
(D) 철물점

[해설]
전화 메시지가 담화로 제시될 경우 화자에 대한 정보는 대체로 전반부에서 언급된다. This is Cecilia Lyons at the Buford Street Employment Center에 나오는 업체명 Buford Street Employment Center를 통해 정답 (B)를 확인할 수 있다. 가장 헷갈릴 만한 보기는 (D)로, 이는 전화 하는 사람(speaker)의 소속이 아니라 전화 받는 이가 지원한 곳이다.

[어휘]
clothing 의류 | manufacturer 제조업체

2
[번역]
청자는 화자에게 왜 연락했는가?
(A) 비품을 주문하기 위해서
(B) 제품 세부사항을 받기 위해서
(C) 광고에 대해 응답하기 위해서
(D) 카탈로그를 얻기 위해서

[해설]
전반부의 I'm calling in response to your e-mail about the hardware store manager position you saw advertised on our web site에서 청자가 화자 측 웹사이트에 실린 구인공고를 보고 먼저 이메일을 보냈던 사실을 유추해낼 수 있다. 따라서 (C)가 가장 적절하다.

[어휘]
contact 연락하다 | order 주문하다 | supplies 비품, 용품 | receive 받다 | product 제품, 생산품 | respond to ~에 응답하다 | ad 광고 | obtain 얻다

3
[번역]
화자는 청자에게 왜 전화를 부탁하는가?
(A) 만남 일정을 잡기 위해서
(B) 가격을 알려주기 위해서
(C) 판매 전략을 논의하기 위해서
(D) 예약을 확정하기 위해서

[해설]
마지막 문장에서 전화번호를 알려주며 관심 있으면 연락하라고 하는데 바로 앞서 I would be happy to meet with you here to discuss it in more detail이라며 만나서 좀 더 상세히 이야기 나누고 싶다고 했으므로 (A)가 정답이 된다.

[어휘]
arrange 준비하다, 마련하다 | provide 제공하다 | discuss 논의하다 | strategy 전략 | confirm 확실히 하다 | reservation 예약

Questions 4-6 refer to the following excerpt from a meeting.

> Before the meeting finishes, I need to talk about one more thing. There are some rumors going around that the company is for sale. I'd like to address them right now. Those reports are false. Cal Peterson, our CEO, stressed to me that our firm isn't on the market. We aren't interested in being bought, and we intend to keep our independence. So please let your workers know about this as soon as you can. I'd really appreciate that.

4
[번역]
칼 페터슨은 누구인가?
(A) 고객
(B) 임원
(C) 컨설턴트
(D) 입사 지원자

[해설]
담화의 중반부에서 여자는 Cal Peterson, our CEO, stressed to me that our firm isn't on the market이라고 하였으므로 칼 페터슨은 회사의 최고경영자임을 알 수 있다. 보기 중에서 CEO(최고경영자)를 포함할 수 있는 것은 임원(executive)이므로 정답은 (B)이다.

5
[번역]
화자는 청자들에게 무엇을 할 것을 부탁하는가?

(A) 그들의 직원들과 이야기할 것
(B) 회의를 준비할 것
(C) 잘못된 소문이 퍼지는 것을 막을 것
(D) 시장에서 더 많은 정보를 얻을 것

[해설]
부탁하는 내용을 묻는 문제의 경우에는 담화의 마지막 부분을 주의 깊게 들어야 한다. 마지막 부분에서 여자는 회사의 매각에는 관심이 없으며 회사는 계속해서 독립성을 유지할 것이라고 말한 다음, '이러한 내용을 최대한 빨리 여러분의 직원들에게 알리라'(So please let your workers know about this as soon as you can)고 부탁하고 있다. 그러므로 담화의 workers를 staff members로 바꾸어 표현한 (A)가 정답이다.

[어휘]
colleague 동료 | organize 준비하다

6
[번역]
여자가 "저는 지금 그것들을 해명하고 싶군요"라고 말했을 때 화자가 의미하는 것은?
(A) 그녀는 고위 경영진을 만나려고 한다.
(B) 그녀는 소문들에 대해 이야기할 것이다.
(C) 그녀는 모든 사람이 이야기들이 거짓이라는 것을 알기를 원한다.
(D) 그녀는 사람들에게 그들의 주소를 알려줄 것을 원한다.

[해설]
I'd like to address them right now의 앞 문장은 There are some rumors going around that the company is for sale인데, 이는 '회사가 매각된다는 소문이 떠돌고 있다'는 내용이다. 그러므로 인용된 문장은 소문에 대해 이야기할 것이라는 의미이다. 정답은 (B)이다.

[어휘]
upper management 고위 경영진

DAY 19 설명문 (2)

Warm-up p.087

[정답]

1 (B)   2 (B)   3 (A)   4 (D)   5 (D)

Questions 1-2 refer to the following announcement.

We at Del computer are pleased to announce several openings on the sales staff at our new store downtown. If you know about computers and enjoy working with people, this may be a good job for you. For more information, contact Mr. Molly in the personnel department.

1
[번역]
이 자리들이 제공된 이유는?
(A) 일부 직원들이 전근 갔다.
(B) 회사가 사업체를 확장한다.
(C) 많은 시간제 근로자들이 퇴사했다.
(D) 그들은 더 많은 고객을 기대한다.

2
[번역]
어떤 종류의 일자리가 제공되고 있는가?
(A) 인사 부장
(B) 내근 판매 직원
(C) 컴퓨터 프로그래머
(D) 컴퓨터 기술자

Questions 3-5 refer to the following announcement.

Good morning, ladies and gentlemen. This is your captain speaking. We are approaching Denver International Airport for landing. So please make sure your seat belts are fastened. It's chilly and rainy outside. The local time is 9:30. I hope you have enjoyed your flight and have a pleasant stay in Denver.

3
[번역]
화자는 누구인가?
(A) 비행기 조종사
(B) 비행기 승무원
(C) 여행사 직원
(D) 배의 선장

4
[번역]
여행자들은 무엇을 하도록 안내받는가?
(A) 그들의 소지품을 가지고 가는 걸 기억하도록
(B) 9번 출구로 가도록
(C) 시간을 정하도록
(D) 안전벨트를 매도록

5
[번역]
덴버의 날씨는 어떠한가?
(A) 화창하다.
(B) 눈이 온다.
(C) 바람이 분다.
(D) 비가 온다.

Practice   p.089

[정답]

1 (A) 2 (D) 3 (B) 4 (C) 5 (B) 6 (A)

Questions 1-3 refer to the following radio broadcast.

> It's time once again for "Weekends in Glendale." You won't want to miss the 11th Annual Outdoor Photograph Exhibit in Meadow Park on Friday, Saturday and Sunday from 1:00 P.M. to 5:00 P.M. This exhibit will feature works of more than 150 photographers from across the country. Plus, the 20th Glendale Jazz Festival is still going on until next Wednesday. A schedule of performances can be found at www.glendalejazzfestival.com. Finally, there will be a charity baseball game on Saturday to raise money for the Everst Street Children's Hospital. The game starts at 1:30 at Ford Field. Tickets can be purchased at the gate.

1
[번역]
본 방송의 주요 소재는 무엇인가?
(A) 시 행사들
(B) 스포츠 결과
(C) 경제 뉴스
(D) 교통 문제

[해설]
첫 문장 It's time once again for "Weekends in Glendale"에 언급된 방송명만으로는 정확히 판단하기 힘들기 때문에 전체적으로 주의 깊게 들어야 한다. 차례로 the 11th Annual Outdoor Photograph Exhibit, the 20th Glendale Jazz Festival, a charity baseball game이 나오는데 이를 통칭할 수 있는 것은 (A)이다.

[어휘]
event 행사 | result 결과 | traffic 교통

2
[번역]
재즈 밴드가 언제 연주할지에 대해 사람들은 어떻게 알 수 있는가?
(A) 관광객 센터에 전화함으로써
(B) 팸플릿을 읽음으로써
(C) 공원에 감으로써
(D) 웹사이트를 방문함으로써

[해설]
'재즈 밴드의 연주 일정'이 문제의 요지임을 간파하고 들어야 보다 수월하게 해결할 수 있다. 중반부에서 재즈 페스티벌이 다음 주 수요일까지라고 하면서 A schedule of performances can be found at www.glendalejazzfestival.com에서 공연일정은 웹사이트에 있다고 하므로 정답은 (D)가 된다.

[어휘]
find out (해답을) 얻어내다, (수수께끼를) 풀다 | tourist 관광객 | pamphlet 팸플릿, 소책자 | visit 방문하다

3
[번역]
자선 행사는 언제 개최될 것인가?
(A) 금요일
(B) 토요일에만
(C) 토요일과 일요일
(D) 일요일에만

[해설]
문제의 키워드 'charity'에 유의해 대화를 들어보면, 후반부에서 a charity baseball game on Saturday라고 언급하고 있다. 정답은 (B)임을 확인할 수 있다.

[어휘]
charity 자선 | event 행사 | take place 개최되다

Questions 4-6 refer to the following excerpt from a recorded message.

> Hello. This is Greg Townshend calling for Ms. Andrea Martin. I attempted to deliver a package to you this morning at 11. When I rang the doorbell, nobody answered. According to the instructions on the package, I must deliver it in person. Your signature is required by the sender. I'd like to schedule a time to give you your package. Please call me back at 804-2923 before six o'clock. I can visit your home tomorrow between 10 A.M. and noon or between 1:30 and 3 P.M. Thank you. Goodbye.

4
[번역]
전화를 건 사람이 언급한 문제는 무엇인가?
(A) 전화를 받지 않았다.
(B) 너무 바빠서 만날 수 없었다.
(C) 집에 없었다.
(D) 잘못된 소포를 보냈다.

[해설]
전화 메시지의 초반부에 문제가 언급되어 있다. 남자는 아침에 배송을 하려고 했는데, 초인종을 눌렀을 때, 아무도 응답하지 않았다(When I rang the doorbell, nobody answered)고 말한다. 따라서 남자가 언급한 문제는 집에 사람이 없었다는 내용의 (C)가 정답이다.

5
[번역]
남자는 내일 언제 시간이 있는가?
(A) 오전 9시에

21

(B) 오전 11시에
(C) 오후 12시에
(D) 오후 1시에

[해설]
전화 메시지의 마지막 부분에서 남자는 I can visit your home tomorrow between 10 A.M. and noon or between 1:30 and 3 P.M.이라고 말하며 배송할 수 있는 시간들을 언급하고 있다. 남자가 언급한 시간에 해당하는 보기는 (B)의 오전 11시이다.

6
[번역]
남자가 "발송인이 귀하의 서명을 요구하였습니다"라고 말했을 때, 그가 의미하는 것은?
(A) 여자는 소포에 서명을 해야만 한다.
(B) 여자는 발송인에게 연락해야만 한다.
(C) 발송인은 여자를 직접 만나기를 원한다.
(D) 발송인은 물품을 개인적으로 배송할 것이다.

[해설]
인용된 부분의 바로 앞에서 소포를 직접 배송해야 한다고 말한 뒤, 'Your signature is required by the sender'(발송인이 귀하의 서명을 요구했다)라고 말하고 있다. 따라서 인용된 문장의 의미는 배송을 받는 사람인 여자가 소포에 서명을 해야 한다는 것임을 알 수 있다. 정답은 (A)이다.

DAY 20 설명문 (3)

Warm-up p.092

[정답]

1 (B)   2 (C)   3 (B)

Questions 1-3 refer to the following talk and schedule.

May I have your attention, please? Gloria Knight, our last speaker of the day, cannot attend today's conference. Her train has been delayed due to a mechanical error. Fortunately, Barry Steele is in attendance today. We have talked to him, and he has agreed to speak in Ms. Knight's place. In case you are unaware, Mr. Steele works at Stewart Financial with Ms. Knight and is famous for being a successful investor in the industry. In the meantime, Jarod Wilson is ready to start talking. So let's give him a big hand.

[번역]

시간	강연자
오전 9시	미카 오이시
오전 10시	제럿 윌슨
오전 11시	거트루드 테일러
오후 12시	글로리아 나이트

1
[번역]
시각 자료를 보시오. 청자들은 언제 안내 방송을 듣고 있을 것 같은가?
(A) 오전 9시
(B) 오전 10시
(C) 오전 11시
(D) 오후 12시

2
[번역]
청자들은 어디에 있는가?
(A) 사무실에
(B) 상점에
(C) 컨퍼런스에
(D) 기차역에

3
[번역]
청자들은 누구일 것 같은가?
(A) 마케팅에 대해 배우고자 하는 사람들
(B) 돈을 버는 데 관심이 있는 사람들
(C) 기관사로 일하는 사람들
(D) 농부가 되고자 하는 사람들

Practice p.094

[정답]

1 (B)   2 (D)   3 (A)   4 (B)   5 (A)   6 (B)

Questions 1-3 refer to the following talk and schedule.

Hello, Mr. Windsor. This is Tina Sheldon calling from the Gilmore Institute. I wonder if you're still available to teach this semester. One of our instructors has become ill and needs to take this semester off. We therefore need a teacher for our oil painting class. I immediately thought of you since you mentioned you'd like to try teaching when we met at the art exhibit last month. Would you please call me back at 631-5057 when you have the opportunity? I need to know if you're able to do the class. If you can't, I'll have to ask someone else. Thank you. Goodbye.

[번역]

강사	강좌
조엘 시먼즈	수채화
웬디 윌슨	조각
존 브룩	소묘
에이프릴 켄모어	유화

1
[번역]

셸던 씨는 왜 원저 씨에게 전화했는가?
(A) 미술관 방문에 그를 초대하기 위해서
(B) 그에게 교직을 제안하기 위해서
(C) 그의 미술품에 대해 이야기하기 위해서
(D) 그에게 수업에 출석할 것을 부탁하기 위해서

[해설]

전화 메시지에서 전화를 건 목적을 묻는 문제가 출제될 경우 단서는 지문의 초반부에 제시될 가능성이 높다. 초반부에서 셸던 씨는 원저 씨에게 '여전히 이번 학기에 수업을 할 수 있는지'(I wonder if you're still available to teach this semester) 여부를 물은 다음, 이에 대한 응답을 부탁하고 있다. 따라서 전화를 건 목적은 교직을 제안하기 위해서라고 볼 수 있으므로 정답은 (B)이다.

2
[번역]

시각 자료를 보시오. 어느 강사가 병에 걸렸는가?
(A) 존 브룩
(B) 조엘 시먼즈
(C) 웬디 윌슨
(D) 에이프릴 켄모어

[해설]

강사들 중 한 명이 병에 걸려서 이번 학기에 쉬어야 한다고 말한 다음, 유화 수업을 진행할 강사가 필요하다고(We therefore need a teacher for our oil painting class) 말하고 있다. 시각 자료에서 유화(oil painting) 수업을 진행하기로 되어 있던 강사의 이름은 April Kenmore이므로 정답은 (D)이다.

3
[번역]

셸던 씨는 원저 씨를 어디에서 만났는가?
(A) 미술품 전시회에서
(B) 학교에서
(C) 길모어 학원에서
(D) 미술관에서

[해설]

지문의 중반부에서 셸던 씨는 when we met at the art exhibit last month라고 하였으므로, 두 사람은 미술품 전시회에서 만났다는 사실을 알 수 있다. 따라서 정답은 (A)이다.

Questions 4-6 refer to the following excerpt from a meeting and graph.

I'd like to talk about our performance last year. In the first quarter, our sales were about the same as they were in the first quarter of the previous year. Our revenues increased by 25% in the second quarter though. That happened thanks to all the new stores that we opened in Europe. We had hoped sales would increase in the third quarter, but they didn't. They actually dropped slightly. But they recovered in the fourth quarter thanks to the booming American economy. In fact, our revenues in the fourth quarter set a record for the company.

4
[번역]

담화는 주로 무엇에 관한 것인가?
(A) 회사의 최신 점포들
(B) 지난해의 회사의 성과
(C) 회사의 올해 예측
(D) 회사의 감소하는 수익

[해설]

담화의 첫 부분에서 여자는 I'd like to talk about our performance last year라고 말하고 있고, 이어지는 내용이 지난해의 분기별 수익에 대한 것이므로 정답은 (B)이다.

[어휘]

expectation 기대, 예측 | decline 감소하다

5
[번역]

화자가 4분기에 대해 말한 것은 무엇인가?
(A) 미국 경제가 이에 영향을 주었다.
(B) 이는 평균적인 성과였다.
(C) 회사는 몇몇 새로운 점포를 개업했다.
(D) 기대했던 것보다 좋지 않았다.

[해설]

4분기와 관련된 내용은 마지막 부분에서 언급된다. 3분기의 실적이 하락했다고 말한 후, 4분기에 미국 경기가 호황을 맞아서 이것이 회복되었다(they recovered in the fourth quarter thanks to the booming American economy)고 말하고 있다. 따라서 (A)가 정답이다.

6
[번역]

시각 자료를 보시오. 유럽의 시장이 회사에 영향을 주었을 때 회사의 수익은 얼마였는가?
(A) 3천만 달러
(B) 3천 7백 50만 달러
(C) 3천 5백만 달러
(D) 4천 2백만 달러

[해설]

유럽과 관련된 내용은 Our revenues increased by 25% in the second quarter though. That happened thanks to all the new stores that we opened in Europe에서 언급되어 있는데, 이는 2분기 수익이 증가한 이유가 유럽에서 개업한 새로운 점포들 덕분이라는 내용이다. 그래프에서 2분기의 수익은 $37.5이므로 정답은 (B)이다.

Reading Comprehension

DAY 02 명사

Practice p.105

[정답]

1 (C) 2 (D) 3 (D) 4 (C) 5 (C)
6 (B) 7 (D) 8 (C) 9 (D) 10 (B)

1
[번역]
이 매뉴얼은 귀하의 새 전자레인지를 올바르게 작동시키는 방법에 관한 설명을 제공합니다.

[해설]
빈칸은 타동사 provides의 목적어인 명사가 들어갈 자리이다. 매뉴얼에서 제공되는 것은 제품 사용에 관한 '설명'이므로 instructions가 빈칸에 들어가야 한다.

[어휘]
manual 매뉴얼, 안내서 | provide 제공하다 | operate 작동하다 | microwave oven 전자레인지 | properly 올바르게, 정확히 | instruct ~을 가르치다, 교육하다 | instructor 강사, 교사 | instruction 설명, 교육 | instructional 교육적인, 도움이 되는

2
[번역]
근로자들은 공사장에 있는 동안에는 보호복을 입어야 한다.

[해설]
동사 wear의 목적어로 명사 clothes가 나와 있으므로, 명사를 수식하는 형용사가 빈칸에 들어가야 한다.

[어휘]
be required to-V ~하도록 요구되다 | wear 착용하다, 입다 | clothes(= clothing) 옷, 의류 | construction site 공사장

3
[번역]
이 두 복사기에는 커다란 차이점이 없어 보인다.

[해설]
there is 뒤에는 주어에 해당하는 명사가 필요하고, 형용사 considerable 뒤에 올 수 있는 것도 명사이다.

[어휘]
look like ~처럼 보이다 | considerable 커다란, 상당한 | photocopier 복사기 | different 다른 | differentiate 구분하다 | differ from ~와 다르다 | difference 차이(점)

4
[번역]
방문객들이 건물에 들어가려면 신분증을 제시해야 한다.

[해설]
전치사(of) 뒤는 명사 자리이다. 보기의 명사 identification과 identity 중에서 a form of(~의 양식) 다음에는 문맥상 identification(신분증)이 어울린다.

[어휘]
present 제출하다, 건네다 | identify (신원을) 확인하다 | identification 신분증 | identity 정체(성)

5
[번역]
등록처로부터 서면 확인서를 아직 받지 못한 것을 알리게 되어 유감입니다.

[해설]
타동사 received의 목적어가 없고, 빈칸 앞에 형용사 written이 왔으므로 명사가 빈칸에 들어가야 한다.

[어휘]
remind ~을 상기시키다, 알리다 | written 글로 적힌 | registration 등록, 신고 | confirm 확인하다 | confirmation 확인

6
[번역]
오염 수준에 관한 최신 조사 결과가 곧 발표될 것이다.

[해설]
문장의 주어가 없으므로, research와 복합명사를 완성하며 문장의 주어가 될 수 있는 명사를 찾으면 된다.

[어휘]
research results 조사[연구] 결과 | pollution 오염 | publish 발표하다, 출판하다 | immediately 즉시, 곧 | result in ~로 끝나다, 결과가 ~이 되다

7
[번역]
연구원들은 회사의 요구에 부합하기 위해 새로운 컴퓨터 시스템을 설계했다.

[해설]
빈 칸이 주어 자리이므로 동사인 (C)를 우선 제외한다. 동사 designed(설계했다)의 주체가 될 수 있는 것은 사람이어야 하므로 Researchers(연구원)가 적합하다.

[어휘]
design 디자인하다, 설계하다 | suit (목적, 기호 등에) 적합하게하다 | needs 요구, 필요성 | researcher 연구원

8
[번역]
악천후로 어제 오후 필리핀 행 비행편이 모두 취소되었다.

[해설]
전치사 다음에는 명사구가 목적어로 나온다. '날씨 상황'이라는 뜻의 복합명사를 만드는 명사를 고른다.

[어휘]
cancel 취소하다 | qualification 자격 | approval 승인 | conditions 상황 | analysis 분석

9
[번역]
경험이 풍부한 영업사원의 부족은 전체 판매 수익에 피해를 줄 수 있다.

[해설]
a ~ of 형태로 쓸 수 있는 variety(다양성)와 lack(부족) 중 문맥상 의미가 통하는 것은 lack이다.

[어휘]
experienced 경험이 많은 | representative 사원, 대표 | harm 피해를 주다, 손해를 입히다 | overall 전반적인, 전체의 | earnings 수익 | emphasis 강조 | variety 다양성 | security 보안 | lack 부족

10
[번역]
계약서에 서명하실 분들은 합의 조건을 검토해주십시오.

[해설]
의미상 terms(조건, 약정)와 어울리는 명사를 찾는 문제이다.

[어휘]
those who ~하는 사람들 | contract 계약서 | be advised to-V ~해 주십시오 | review 검토하다 | production 생산 | agreement 합의, 동의 | consideration 고려 | newsletter 소식지

DAY 03 형용사

Practice p.109

[정답]

1 (C) 2 (D) 3 (C) 4 (B) 5 (A)
6 (C) 7 (B) 8 (D) 9 (A) 10 (D)

1
[번역]
그 소프트웨어 회사의 사장은 모든 다양한 컴퓨터에 꽤 식견이 있다.

[해설]
be동사 뒤에 오면서 부사의 수식을 받을 수 있는 것은 형용사이다. 동사 know는 진행형으로 쓰지 않는다.

[어휘]
quite 꽤, 아주 | knowledge 지식 | be knowledgeable about ~을 잘 알고 있다, 식견이 있다

2
[번역]
그 광고회사는 전 세계 시장으로의 상당한 확장을 경험하고 있다.

[해설]
명사(expansion)를 수식할 수 있는 것은 형용사이다.

[어휘]
advertising 광고 | experience 겪다, 경험하다 | expansion 확장 | consider 고려하다, 생각하다 | considerable 상당한, 커다란

3
[번역]
운영 위원회는 그 장기 전략들에 대한 철저한 검토를 했다.

[해설]
명사(review)를 수식하는 형용사가 필요하다.

[어휘]
steering committee 운영 위원회 | conduct 하다, 처리하다 | review 재검토, 평가 | long-term 장기적인 | strategy 전략 | complete 철저한, 완벽한 | completion 완성

4
[번역]
몇 가지 비용 삭감 조치가 실시된 후 자금 문제가 수월해졌다.

[해설]
동사 become(~되다) 다음에는 형용사나 명사가 나온다. 여기서는 문맥상 형용사가 적합하다.

[어휘]
financial 재정의 | cost-cutting 비용 삭감의 | measures 조치, 조처 | carry out 수행하다, 이행하다 | manage 처리하다, 관리하다 | manageable 다루기 쉬운 | management 관리, 경영

5
[번역]
지시 사항이 처음에는 따르기 쉬워 보였지만, 나중에 나는 그것이 어렵다는 것을 알았다.

[해설]
동사 seem(~인 것 같다) 다음에 형용사가 보어로 나와야 한다.

[어휘]
instructions 지시 설명서 | follow 따르다 | easily 쉽게 | ease 용이, 쉬움

6
[번역]
새로 온 우리 인사 부장은 회사에서 존경할 만한 사람이다.

[해설]
명사(person)를 수식하는 것은 형용사이다.

[어휘]
human resources 인사부, 인력자원부 | admiration 칭찬, 감탄 |
admirable 칭찬할 만한, 감탄할 만한

7
[번역]
그들의 숙련된 직원들은 어려운 문제를 매우 잘 해결할 수 있었다.

[해설]
capable과 able은 둘 다 '~할 수 있다'는 뜻이지만, 각각 capable of V-ing와 able to-V 형태로 쓰인다.

[어휘]
experienced 경험이 많은, 노련한 | resolve 해결하다 | be able to-V ~할 수 있다 | serious 심각한 | secure 안전한

8
[번역]
근로자들이 작업장의 모든 안전규칙을 반드시 숙지하도록 해주세요.

[해설]
전치사 of와 함께 쓰는 형용사는 aware이다.

[어휘]
make sure 확인하다, 확실히 하다 | regulation 규정, 규칙 |
workplace 작업장 | be aware of ~을 인식하다, 알다 |
conditional 조건부의 | further 더 많은 | temporary 일시적인, 임시의

9
[번역]
그 제조사는 최근에 인상적인 판매 수익을 발표했다.

[해설]
빈칸은 명사(profits)를 수식하는 형용사 자리이다. 문맥상 impressive(인상적인)가 의미상 가장 적합하다.

[어휘]
manufacturing 제조하는 | recently 최근에 | announce 발표하다, 공표하다 | profit 수익 | impressive 인상적인 | various 다양한 |
statistical 통계적인 | motivated 적극적인

10
[번역]
우리 회사는 제한된 시간 안에 효율적으로 일할 수 있는 숙련공들을 구하고 있다.

[해설]
빈칸은 명사(workers)를 수식하는 형용사 자리이다. 문맥상 skilled(숙련된)가 가장 적합하다.

[어휘]
seek 찾다, 구하다 | efficiently 효율적으로 | within ~ 안에 |
limited 제한된 | extensive 넓은 | hesitant 망설이는 | familiar 아는, 익숙한 | skilled 숙련된, 능숙한

DAY 04 부사

Practice p.113

[정답]

| 1 (D) | 2 (B) | 3 (C) | 4 (B) | 5 (B) |
| 6 (D) | 7 (B) | 8 (C) | 9 (D) | 10 (B) |

1
[번역]
그 최신 시스템은 전 직원에게 대체로 유용하다고 여겨진다.

[해설]
수동태에서 과거분사(considered)를 수식할 수 있는 것은 부사이다.

[어휘]
consider 여기다, 고려하다 | useful 유용한 | entire 전체의 |
general 일반의, 보통의 | generalize 일반화하다

2
[번역]
문제가 어렵지 않아서 모든 학생들이 쉽게 풀 수 있었다.

[해설]
동사(solve)를 수식하는 것은 부사이다.

[어휘]
solve 풀다, 해결하다 | easily 쉽게 | ease 용이, 쉬움; 완화하다, 덜다

3
[번역]
기술자들은 실험을 시작하기 전에 안전 지시사항을 꼼꼼히 읽어야 한다.

[해설]
타동사(read) + 목적어(safety instructions) 뒤는 부사 자리이다.

[어휘]
technician 기술자 | instructions 지시사항 | experiment 실험 |
thorough 철저한 | thoroughness 철저함 | thoroughly 꼼꼼히, 철저히 | throughout ~ 동안 죽

4
[번역]
저희의 새로운 백화점은 시내 중심부에 편리하게 위치하게 될 것입니다.

[해설]
수동태에서 과거분사(located)를 수식할 수 있는 것은 부사이다.

[어휘]
locate 위치하다 | in the heart of ~의 심장부에 | convenient 편리한 | convenience 편리, 편의 | convene 회합하다, (회의 등을) 소집하다

5
[번역]
등록 정보는 1층 사무실에서 쉽게 이용할 수 있다.

[해설]
형용사(available)를 수식하는 것은 부사이다.

[어휘]
registration 등록 | ready 준비된 | readily 쉽게 | readiness 준비(성)

6
[번역]
신분증은 주말 전에 자동으로 갱신되었다.

[해설]
수동태에서 과거분사(renewed)를 수식할 수 있는 것은 부사이다.

[어휘]
identification 신분증 | renew 갱신하다 | automate 자동화하다 | automation 자동화 | automatically 자동으로

7
[번역]
지원자들은 면접을 치를 때 적절히 옷을 입도록 장려된다.

[해설]
dress가 자동사로 쓰였고 이와 어울리는 부사는 properly이다.

[어휘]
applicant 지원자 | encourage A to-V ~하도록 장려[격려]하다 | dress 옷을 입다 | clearly 분명히, 명확하게 | properly 적절히, 적당히 | dramatically 극적으로 | enthusiastically 열심히

8
[번역]
현재 영업직에는 공석이 약간 있다.

[해설]
보기 중에서 문장 전체를 수식하는 부사는 currently와 originally이다. 둘 중에서 문맥에 어울리는 부사는 currently이다. originally는 주로 과거 시제와 함께 쓰인다.

[어휘]
a small number of 적은, 소수의 | openings 공석 | quickly 빨리 | highly 꽤 | currently 현재 | originally 원래 | enthusiastically 열심히

9
[번역]
그 지역의 새로운 건설 프로젝트는 예상했던 것보다 시간이 훨씬 더 오래 걸렸다.

[해설]
take long(시간이 오래 걸리다)라는 적당한 관용어구를 찾는 문제이다.

[어휘]
construction 건설, 공사 | district 지역 | expect 기대하다, 예상하다 | extremely 매우, 몹시

10
[번역]
모든 직원은 목표를 달성하기 위해 협동해서 일하도록 장려된다.

[해설]
자동사 work(일하다)와 의미상 어울리는 부사는 collaboratively(협동해서)이다.

[어휘]
encourage A to-V A가 ~하도록 장려[격려]하다 | adequately 적절히 | collaboratively 협동해서 | approximately 대략 | finally 마침내, 결국

DAY 05 장문 빈칸 채우기 & 독해 (1)

Part 6   p.114

[정답]

1 (D)   2 (B)   3 (B)   4 (C)

[1-4]
[번역]

수신: 랜디 스미스 〈randy_s@bascomb.com〉
발신: 앤 하퍼 〈ah@bascomb.com〉
제목: 당신의 발표
날짜: 7월 12일

랜디,

저는 당신이 오늘 아침에 했던 발표가 매우 마음에 들었어요. 고객들 또한 좋은 인상을 받았어요. 당신은 말을 매우 잘했고, 훌륭한 도표들과 그래프들을 활용했어요. 당신이 발표장을 떠난 후, 저는 잠시 더 고객들과 이야기를 나누었어요. 그들은 모두 문제점과 가능한 해결책들에 대해 당신이 매우 잘 설명했다고 말했어요. 그들은 우리가 그들을 위해 계획하고 있는 일들을 정확하게 이해했어요. 당신에게 감사하고, 그들은 확실히 이 프로젝트를 취소하지 않을 거예요. 그래서 우리는 고객을 잃는 것에 대해 걱정할 필요가 없어요.

당신의 모든 도움에 다시 한 번 감사해요.

앤

[어휘]
be pleased with ~을 마음에 들어 하다 | presentation 발표 | client 고객 | potential 잠재적인, 가능한 | solution 해결책 | exactly 정확하게 | cancel 취소하다 | account 단골, 고객

assistance 도움

1
[번역]
(A) 발표는 10시에 시작할 예정이에요.
(B) 오늘 늦게 내 사무실에서 당신을 만날 거예요.
(C) 우리는 매우 정성 어린 선물을 받았어요.
(D) 고객들 또한 좋은 인상을 받았어요.

[해설]
Part 6에서 빈칸에 삽입하기에 가장 적절한 문장을 고르는 문제는, 빈칸의 앞과 뒤의 내용을 가장 먼저 파악해야 한다. 빈칸 앞은 '발표에 만족한다'는 내용이며 빈칸 뒤는 '당신이 발표를 잘 했다'는 내용이다. 그러므로 보기 중에서 빈칸의 앞뒤의 내용을 연결할 수 있는 가장 적절한 내용의 문장은 '고객들 또한 좋은 인상을 받았다'는 내용의 (D)이다.

[어휘]
thoughtful 정성 어린 | potential 가능한 | solution 해결책 | exactly 정확하게 | account 고객, 단골 | assistance 도움

2
[번역]
(A) 그래서
(B) ~ 후에
(C) ~ 동안에
(D) 결과적으로

[해설]
빈칸 뒤에 완전한 문장이 있으므로 빈칸에는 접속사가 들어가야 한다. 따라서 부사인 (D)의 consequently는 가장 먼저 정답에서 제외된다. 빈칸에 들어갈 접속사는 '당신이 발표장을 떠났다'는 내용과 '나는 고객들과 잠시 더 이야기를 나누었다'는 내용을 연결해야 하는데, 둘을 연결할 수 있는 의미의 접속사는 (B)의 After밖에 없다.

3
[번역]
(A) 설명하는
(B) 설명했다
(C) 설명했다
(D) 설명하고 있다

[해설]
동사의 형태를 묻는 문제이다. 빈칸이 포함된 문장은 종속절이므로 주절의 동사인 said와 시제가 일치해야 한다. 따라서 정답은 explain의 과거형인 (B)이다.

4
[번역]
(A) 망설이며
(B) 아마도
(C) 확실히
(D) 항상

[해설]
적절한 의미의 부사를 고르는 문제이다. 지문 전체에 걸쳐서 발표가 잘 되었고, 고객들도 이에 만족했다는 내용이 언급되어 있으므로, 빈칸에는 고객들이 프로젝트를 취소하지 않을 것이라는 사실을 강조하는 의미의 부사가 들어가는 것이 가장 적절하다. 따라서 정답은 '확실히'라는 의미의 부사인 (C)의 definitely이다.

Part 7 p.115

[정답]

1 (A)　2 (B)　3 (D)

[1-3]
[번역]

수신: 모든 직원 대상
발신: 그레그 톰슨
회신: 초과 근무
날짜: 5월 25일

우리는 신규 회사 세 곳과 계약을 막 체결했습니다. 그 결과, 우리는 앞으로 두 달 정도 몹시 바쁠 것입니다. 최근에, 조립 라인은 오전 7시부터 오후 9시까지만 가동되고 있습니다. 그렇지만 이는 6월 1일부로 변경될 예정입니다. 그때부터 시작하여, 우리는 모든 조립 라인들을 하루 24시간 내내 가동시킬 것입니다.

당분간, 우리는 신규 직원을 채용하지 않을 생각입니다. 대신에, 우리는 여러분 모두에게 초과 근무를 할 수 있는 기회를 드리고자 하는데, 이는 우리가 이전에 한 번도 시행하지 않았던 것입니다. — [1] — 각각의 근로자는 일주일에 20시간까지 근무하는 것이 허가됩니다. 여러분은 본봉의 150%에 해당하는 급여를 받게 될 것입니다. — [2] —

정상보다 많은 시간 근무하는 데 관심이 있다면, 늦어도 5월 28일 수요일까지 여러분의 직속 상사와 이야기하시기 바랍니다. — [3] — 초과 근무를 하는 데 선호하는 시간이 있다면, 여러분의 상사에게 알려 주세요. — [4] — 우리는 회사 웹사이트에 5월 29일 금요일 오후 5시에 모든 직원의 근무 시간을 게시할 예정입니다.

[어휘]
sign a contract 계약을 체결하다 | operate 가동하다 | for the time being 당분간 | intend to ~할 작정이다 | opportunity 기회 | overtime 초과 근무 | authorize 허가하다 | compensate 보수를 지급하다 | regular salary 본봉 | immediate supervisor 직속 상사 | post 게시하다

1
[번역]
회람은 왜 발송되었는가?
(A) 기회를 설명하기 위해서
(B) 신규 채용을 알리기 위해서
(C) 새로운 규정을 논의하기 위해서
(D) 지불 수단을 설명하기 위해서

[해설]
메모의 두 번째 문단에서 모두에게 초과 근무를 할 수 있는 기회를 주고자 한다(we would like to give everyone the opportunity to work overtime,)라는 내용이 언급된 후, 이어서 초과 근무와 관련된 자세한 내용들을 설명하고 있다. 따라서 정답은 (A)이다.

[어휘]
describe 묘사하다 | regulation 규정

2
[번역]
회람에 따르면, 6월 1일에 일어날 일은 무엇인가?
(A) 몇몇 계약들이 서명될 것이다.
(B) 초과 근무가 허가될 것이다.
(C) 일정들이 게시될 것이다.
(D) 급여가 인상될 것이다.

[해설]
6월 1일이 언급된 부분은 첫 번째 문단으로서, 현재, 조립 라인이 오전 7시부터 오후 9시까지 가동되지만(the assembly lines are only running from 7 A.M. to 9 P.M.), 6월 1일부터 이것이 변경되어 (That is going to change as of June 1 though.) 24시간 가동하는 것으로 변경된다고(we will be operating all three assembly lines 24 hours a day) 말하고 있다. 두 번째 문단에서는, 이러한 변경으로 인해 직원들에게 초과 근무 기회를 제공하고자 한다고(we would like to give everyone the opportunity to work overtime) 언급되어 있으므로 정답은 (B)이다.

3
[번역]
[1], [2], [3], [4]로 표시된 위치들 중에서, 아래의 문장이 위치하기에 가장 적절한 곳은?
"여러분들의 요구 사항들은 근무 일정표를 작성할 때 고려될 것입니다."
(A) [1]
(B) [2]
(C) [3]
(D) [4]

[해설]
문장 삽입 문제의 경우 주어진 문장의 키워드를 파악한 다음, 보기의 앞과 뒤의 문장에서 해당 키워드와 연관된 정보를 찾아 적절한 위치를 선택해야 한다. 이 문제의 주어진 문장에서는 근무 일정표를 작성할 때 '요구 사항들'(requests)이 고려될 것이라는 내용이 가장 중요한 내용인데, '요구 사항'에 해당하는 내용은 [4]의 바로 앞 문장에서 언급된 '초과 근무를 하는 데 선호하는 시간'(a preference as to when you would like to work overtime)이다. 따라서 주어진 문장은 [4]에 들어가는 것이 가장 적절하다.

DAY 06 수량형용사

Practice p.120

[정답]
1 (B) 2 (B) 3 (A) 4 (D) 5 (A)
6 (D) 7 (B) 8 (B) 9 (C) 10 (D)

1
[번역]
관리자들은 모든 조치들이 적절하고 효율적으로 취해져야 한다는 것을 명심해야 한다.

[해설]
복수명사와 함께 쓸 수 있는 형용사는 all이다. every는 단수명사와 much, a little은 불가산명사와 쓰인다.

[어휘]
make sure 확실히 하다 | take steps 조치를 취하다 | properly 적당하게, 알맞게 | efficiently 효율적으로

2
[번역]
이 보고서들에 나와 있는 정보는 다음 주 연구 부서로 보내질 것이다.

[해설]
복수명사와 함께 쓸 수 있는 것은 지시대명사 these이다. this는 단수명사, much는 불가산명사와 쓰인다.

[어휘]
be sent to ~로 보내지다 | research 연구, 조사

3
[번역]
그 호텔은 관광객을 끌기 위해 여러 개의 편리한 옵션을 제공한다.

[해설]
복수명사 앞에 쓸 수 있는 것은 several이다. each, another는 단수명사와, a little은 불가산명사와 명사 앞에 쓴다.

[어휘]
provide A with B A에게 B를 제공하다 | convenient 편리한 | option 선택, 옵션 | in order to-V ~하기 위해서 | attract 끌어들이다

4
[번역]
그 첨부 문서에는 모든 실험실에서의 안전사고 예방에 관한 규정들이 들어 있다.

[해설]
타동사 contain 뒤는 목적어, 즉 명사 자리이다. 명사 regulation은 가산명사로 a/the와 함께 쓰든지 복수형으로 써야 한다. 관사가 보이지 않으므로 복수형이 적합하다.

[어휘]
attached 부착된 | document 문서 | contain 담다, 포함하다 | safety 안전 | precautions 예방 | regulate 규정하다 | regulations 규정, 규칙

5
[번역]
모든 직원들은 매일 저녁 퇴근하기 전 문을 잠궈야 한다.

[해설]
단수 evening을 수식할 수 있는 형용사는 each이다. all, fewer는 복수명사와 함께 쓰며, nearly는 부사라서 명사를 수식할 수 없다.

[어휘]
be required to-V ~하도록 요구 받다 | lock 잠그다 | leave for the day 퇴근하다 | nearly 거의

6
[번역]
제조회사는 운송품의 잦은 배송 사고에 대해 사과했다.

[해설]
복수명사를 수식할 수 있는 형용사는 many이다.

[어휘]
manufacturing 제조하는 | apologize for ~을 사과하다 | fault 잘못, 실수 | delivery 배달 | shipment 운송(품), 배송(품)

7
[번역]
그 건물은 현재 1층에 사용할 수 없는 공간이 너무 많다는 문제에 직면해 있다.

[해설]
much는 불가산명사(space)를 수식하며, 불가산명사는 복수형을 만들 수 없다.

[어휘]
unusable 사용할 수 없는 | ground floor 1층 | space 공간 | spacious 공간이 넓은

8
[번역]
우리는 고객을 감동시키려는 노력으로 많은 이사 정보와 서비스를 제공한다.

[해설]
a lot of 뒤에는 명사가 와야 한다. 보기 중 명사는 (B), (C), (D)인데 문맥상 '정보'라는 의미가 되어야 하므로 information이 적합하다.

[어휘]
provide A to B A를 B에게 제공하다 | relocation 이전, 재배치 | client 고객 | in an effort to-V ~하려는 노력으로 | impress 감동시키다 | inform 알리다 | informer 정보원, 밀고자 | informant 정보원, 정보 제공자

9
[번역]
초청 연사는 몇 가지 국내 문제들에 관해 강의할 예정이다.

[해설]
복수명사를 수식할 수 있는 형용사는 several이다. every, each는 단수명사와 much는 불가산명사와 쓴다.

[어휘]
guest speaker 초대 연사 | be scheduled to -V ~할 예정이다 | give a lecture 강의하다 | domestic 국내의 | issue 문제

10
[번역]
그 택배 회사는 배송 지연과 형편없는 서비스에 대해 수많은 불만사항을 접수했다.

[해설]
의미상 numerous(수많은) 뒤에는 복수명사가 와야 한다.

[어휘]
courier 운반(배달)원, 택배 회사 | delivery 배달 | complain 불평하다 | complaint 불평, 불만

DAY 07 대명사

Practice p.124

[정답]

| 1 (C) | 2 (B) | 3 (B) | 4 (C) | 5 (B) |
| 6 (C) | 7 (C) | 8 (C) | 9 (C) | 10 (B) |

1
[번역]
사장님이 직접 다음 분기의 예상 매출을 확인했다.

[해설]
주어, 동사, 목적어를 갖춘 완벽한 문장이다. 따라서 빈칸에는 주어를 강조하는 재귀대명사 himself가 적당하다.

[어휘]
estimated 예상되는 | sales 영업, 판매 | figures 수치, 계산 | quarter 분기, 4분의 1

2
[번역]
우리는 독감 증상에 관한 그녀의 분석으로 실험을 할 것이다.

[해설]
명사(analysis) 앞은 소유격이 들어갈 자리이다.

[어휘]
experiment with ~로 실험하다 | analysis 분석 | symptom 증상, 징후 | influenza(= flu) 독감

3
[번역]
되도록 빨리 귀하의 은행으로 공지가 전달되어야 합니다.

[해설]
명사(bank) 앞에는 소유격이 나와야 한다.

[어휘]
notice 공지, 공고 | forward 전달하다, 보내다 | as soon as possible 되도록 빨리

4
[번역]
사장님은 당신이 즉시 그에게 전화해 결과를 보고하기를 바랍니다.

[해설]
타동사(call)의 목적어 자리이므로 목적격 him이 필요하다.

[어휘]
call 전화하다 | immediately 즉시, 곧

5
[번역]
제 동료의 권유로 귀하께 다시 편지를 보냅니다.

[해설]
전치사(of) 뒤는 명사 자리이고 '내 동료 중 한 명'이라는 뜻이므로 소유대명사를 써서 이중소유격을 만들어야 한다.

[어휘]
on the recommendation of ~의 추천으로 | colleague 동료

6
[번역]
정부는 제한된 시간 안에 조직 개편과 인원 감축을 이뤄낸 그들의 성공을 치하했다.

[해설]
명사(success) 앞은 소유격 자리이다. those 뒤에는 복수명사(successes)가 와야 한다.

[어휘]
praise 칭찬하다 | success 성공 | reorganizing 조직 개편 | downsizing 인원 감축 | limited 제한된

7
[번역]
직원들은 식대 영수증을 복사해서 경리부에 제출해야 한다.

[해설]
turn in의 목적어가 필요하므로 목적격 them이 정답이다.

[어휘]
make a copy 복사하다 | receipt 영수증 | turn in 제출하다 | accounting 회계, 경리

8
[번역]
과도한 업무량의 결과로 급여 부서는 자체적으로 분석을 끝내는 데 어려움을 겪었다.

[해설]
the payroll department를 받으면서 '홀로'라는 뜻의 표현이 되어야 하므로 by itself가 적당하다.

[어휘]
as a result of ~의 결과로 | workload 업무량 | payroll 임금 대장, 직원 명부 | have trouble V-ing ~하는 데 어려움을 겪다 | analysis 분석 | by oneself 혼자서

9
[번역]
스펜서 씨는 혁신적인 전략들을 고안했고 그것들은 유용한 것으로 판명되었다.

[해설]
주어 자리이므로 strategies를 받는 3인칭 복수 주격대명사(they)가 와야 한다.

[어휘]
devise 고안하다 | innovative 혁신적인 | strategy 전략 | prove to-V ~로 판명되다 | useful 유용한

10
[번역]
양식을 작성하시고 여러분이 편리할 때에 되돌려 보내주십시오.

[해설]
형용사(earliest) + 명사(convenience) 앞은 소유격 자리이다.

[어휘]
fill out 작성하다 | return 반환하다, 되돌려 보내다 | at one's earliest convenience 편리할 때에

DAY 08 장문 빈칸 채우기 & 독해 (2)

Part 6   p.125

[정답]
1 (D)   2 (A)   3 (B)   4 (B)

[1-4]
[번역]

> 3월 25일
>
> 담당자님께,
>
> 저는 헤럴드 암스트롱이 2012년 5월부터 2104년 6월까지 JC 해운의 직원이었다는 사실을 확인해 드리고자 합니다. 이 기간 동안, 암스트롱 씨는 회계 부서에서 대리로 근무했습니다. 안타깝지만, 저는 그가 수행했던 업무의 질에 대해서는 개인적으로 알지 못합니다. 하지만, 당신은 당시의 그의 상사에게 언제든지 전화하셔도 됩니다. 그녀의 이름은 루시 마스턴입니다. 그녀는 여전히 JC 해운에 근무하고 있습니다. 당신은 정규 근무 시간에 494-3023으로 그녀에게 연락하실 수 있습니다.
>
> 토마스 프리츠 드림
> 인사 부서장
> JC 해운

[어휘]
confirm 확인하다 | assistant manager 대리 | personally 개인적으로 | aware 알고 있는

1
[번역]
(A) 확인된
(B) 확인하다
(C) 확인하는
(D) 확인하는 것

[해설]
'~하고 싶다'는 표현은 'would like to-V'로 표현한다. 따라서 빈칸에는 'to+동사 원형'이 와야 하므로 정답은 (D)이다.

2
[번역]
(A) 질
(B) 능력
(C) 감각
(D) 자격

[해설]
'그가 수행한 업무의 ___을 잘 모른다'는 내용이 되어야 하는데, 보기 중에서는 quality가 빈칸에 들어가기에 가장 적합하다. ability, sense, requirement는 모두 문맥상 부자연스럽다.

3
[번역]
(A) 보고하다
(B) 연락하다
(C) 승인하다
(D) 작성하다

[해설]
'당시의 그의 상사에게 언제든지 ___하라'고 말하고 있는데, 문맥상 암스트롱 씨에 대해 더 알고 싶을 경우에 해야 할 행동이므로 '연락하다'라는 의미인 (B)의 contact가 가장 적절하다.

4
[번역]
(A) 그녀는 약 6개월 전에 이곳에서 퇴사했습니다.
(B) 당신은 정규 근무 시간에 494-3023으로 그녀에게 연락하실 수 있습니다.
(C) 저는 당신이 암스트롱 씨에 대한 저의 평가를 마음에 들어 하시기를 바랍니다.
(D) 암스트롱 씨는 우리 기업에서 소중한 직원입니다.

[해설]
빈칸 앞에서 당시의 그의 상사에게 연락할 수 있으며, 그 상사의 이름을 알려 주고 있고, 그녀가 아직 JC 해운에 근무하고 있다는 사실을 알리고 있다. 따라서 보기 중에서 이어질 수 있는 가장 자연스러운 내용은 연락처와 연락 가능한 시간을 언급한 (B)이다.

Part 7   p.126

[정답]

1 (C)   2 (C)   3 (A)   4 (D)

[1-4]
[번역]

> **보보, 리처드**　　　　　　　　　　　오전 11시 01분
> 좋은 아침이에요, Joe. 제 봉투가 벌써 도착했는지 아닌지 알고 있나요?
>
> **도슨, 조**　　　　　　　　　　　　오전 11시 02분
> 우편 배달부가 아직 아무 것도 건네 주지 않았어요. 무엇을 기다리고 있어요?
>
> **보보, 리처드**　　　　　　　　　　　오전 11시 03분
> 메리 카터가 저에게 계약서를 보냈어요. 그녀는 두 시간 전에 택배 배달원을 통해 그것을 보냈어요. 아직 그곳에 없는 것이 확실한가요?
>
> **도슨, 조**　　　　　　　　　　　　오전 11시 04분
> 데니스에게 물어볼게요. 그녀가 알지도 몰라요. 금방 돌아 올게요.
>
> **보보, 리처드**　　　　　　　　　　　오전 11시 04분
> 고마워요.
>
> **도슨, 조**　　　　　　　　　　　　오전 11시 08분
> 데니스는 택배 배달원이 10분 전에 와서 그녀에게 그것을 주고 갔다고 말했어요. 그것은 그녀의 책상 위에 있어요.
>
> **보보, 리처드**　　　　　　　　　　　오전 11시 10분
> 좋은 소식이네요. 그렇다면, 제 부탁을 들어 주시겠어요?
>
> **도슨, 조**　　　　　　　　　　　　오전 11시 10분
> 무엇이 필요한가요?

보보, 리차드　　　　　　　　　　　오전 11시 11분
봉투를 열고 계약 조건을 검토해 주시겠어요? 저는 모든 것이 괜찮은지 알고 싶어요.

도슨, 조　　　　　　　　　　　　오전 11시 13분
사실, 저는 당신의 고객에 대해 잘 알지 못해요. 제가 아무런 도움이 되지 않을 것 같아요.

보보, 리차드　　　　　　　　　　　오전 11시 14분
괜찮아요. 저는 정오에 복귀할 거예요. 제가 그때 그것을 검토할게요.

[어휘]

envelope 봉투 ｜ drop off ~을 건네 주다 ｜ contract 계약서 ｜ courier 배달원 ｜ terms 조건

1
[번역]
보보 씨는 왜 도슨 씨에게 연락을 했는가?
(A) 카터 씨의 계약 정보를 얻으려고
(B) 데니스와 이야기를 해달라는 부탁을 하려고
(C) 배송에 대해 물어보려고
(D) 계약서 출력을 시키려고

[해설]
메시지의 초반부에서 보보 씨는 '봉투가 도착했는지(Do you know if my envelope has arrived?)'를 물어 보고 있으므로, 보보 씨는 도슨 씨에게 배송에 대해 문의하기 위해서 말을 걸었다는 사실을 알 수 있다. 따라서 정답은 (C)이다.

[어휘]
contact 연락하다 ｜ inquire 요청하다

2
[번역]
오전 11시 04분에, 도슨 씨가 "금방 돌아 올게요"라고 썼을 때, 그것이 의미하는 것은?
(A) 그는 퇴근해야 한다.
(B) 그는 휴식을 취할 것이다.
(C) 그는 곧 답신을 보낼 것이다.
(D) 그는 배송 회사에 전화를 걸어야 한다.

[해설]
보보 씨는 계약서가 도착했는지를 문의하고 있고, 도슨 씨는 '데니스에게 물어보겠다(Let me ask Denise)'고 말한 다음에 '금방 돌아오겠다'고 했다. 즉, 계약서의 배송 여부를 알고 있을 것 같은 사람에게 문의한 후 답신을 보내겠다는 의미라는 것을 유추할 수 있다. 따라서 정답은 (C)이다

[어휘]
take a break 휴식을 취하다 ｜ leave the office 퇴근하다 ｜ response 응답

3
[번역]
데니스는 누구일 것 같은가?
(A) 도슨 씨의 동료
(B) 배달부
(C) 보보 씨의 고객
(D) 변호사

[해설]
도슨 씨는 데니스에게 계약서의 배송 여부를 물어 보겠다고 하면서 '그녀가 알고 있을 수도 있다(She might know.)'고 말하고 있다. 또한, '배달원이 그녀에게 계약서를 전달했고(a courier came ten minutes ago and left it with her)', '그것이 그녀의 책상 위에 있다 (It's on her desk.)'고 언급되어 있는 것으로 보아 데니스는 도슨 씨의 직장 동료임을 알 수 있다. 정답은 (A)이다.

[어휘]
colleague 동료 ｜ lawyer 변호사, 법률가

4
[번역]
보보 씨는 도슨 씨에게 무엇을 해달라고 부탁하는가?
(A) 계약을 체결할 것
(B) 카터 씨에게 이메일을 보낼 것
(C) 택배 배달원에게 전화를 할 것
(D) 봉투를 열 것

[해설]
부탁에 관한 내용은 메시지 후반부의 Could you open the envelope and look at the terms of the contract?에서 확인할 수 있다. 즉, 보보 씨는 봉투를 열어 계약 조건을 확인해 달라는 부탁을 하고 있다. 따라서 정답은 (D)이다.

DAY 09 수동태

Practice p.130

[정답]

1 (C)　2 (C)　3 (B)　4 (C)　5 (D)
6 (D)　7 (C)　8 (D)　9 (B)　10 (C)

1
[번역]
그 은행은 당신이 일하는 사무실 빌딩 근처에 위치해 있다.

[해설]
문맥상 '위치해 있다'가 되어야 하므로 동사는 수동태가 되어야 한다.

[어휘]
locate 위치하다 ｜ location 위치

2
[번역]
제품이 소매상에게 배송되기 전에 그것이 제대로 포장되었는지 확인하세요.

[해설]
products가 주어로 쓰여 문맥상 '배송되다'가 되어야 하므로 동사는 수동태가 되어야 한다.

[어휘]
retailer 소매상 | make sure 확인하다 | adequately 충분히, 적당하게 | wrap 싸다, 포장하다 | ship 배송하다, 선적하다 | shipment 배송, 운송, 선적

3
[번역]
사고는 지난주 초 애트로바 거리에서 발생했다.

[해설]
take place는 자동사라서 수동태로 쓸 수 없다. at the beginning of last week가 있으므로 시제는 과거가 되어야 한다.

[어휘]
accident 사고, 사건 | at the beginning of ~의 초에 | take place 일어나다, 발생하다

4
[번역]
모든 하자 있는 상품은 전액 환불될 것으로 보인다.

[해설]
that절의 주어인 merchandise가 타동사 accept의 대상이므로 동사는 수동태가 되어야 한다.

[어휘]
It seems that~ ~인 것 같다 | defective 하자 있는, 결함 있는 | merchandise 상품 | full refund 전액 환불 | accept 받아들이다, 수락하다

5
[번역]
경리부로 제출되기 전에 판매 수치를 확인해 주세요.

[해설]
they가 받는 명사는 sales figures이고, 타동사 submit의 대상이므로 동사는 수동태가 되어야 한다.

[어휘]
sales figures 판매 수치, 매출 | accounting 회계 | submit 제출하다

6
[번역]
인터뷰는 오후 내내 실시될 것이며, 그런 다음 조촐한 환영회가 있을 것입니다.

[해설]
주어인 interviews가 타동사 conduct의 대상이므로 동사는 수동태가 되어야 한다.

[어휘]
reception 환영회 | conduct 수행하다

7
[번역]
무역 박람회 참석하기 위한 대표단이 예정보다 일찍 마닐라에 도착했다.

[해설]
주어(Delegates)가 복수형이므로 3인칭 단수 동사 형태인 (B)와 (D)는 불가하다. arrive는 자동사이므로 수동태 형태를 취할 수 없으므로 정답은 (C) arrived가 된다.

[어휘]
delegate 대표자, 대리자 | trade 무역 | fair 박람회 | ahead of schedule 일정보다 빨리 | arrive 도착하다

8
[번역]
지원자 전원이 광고된 자리에 적합한 자격을 갖추고 있다.

[해설]
전치사 for와 어울리는 형용사 known과 qualified 중 '자격을 갖춘'이라는 뜻인 qualified가 문맥에 어울린다.

[어휘]
applicant 지원자 | advertised 광고된 | be qualified for ~에 적합하다, 자격을 갖추다 | be involved in ~에 참여하다, 연루되다 | be concerned about ~을 걱정하다 | be known for ~로 유명하다, 알려지다

9
[번역]
회사들은 정부로부터 많은 지원금을 받게 되어 기쁠 것이다.

[해설]
문맥상 '기뻐하다'라는 뜻이 되어야 하므로 pleased가 와야 한다.

[어휘]
receive 받다 | grant 보조금 | government 정부 | detailed 상세한 | be pleased to-V ~해서 기쁘다 | responsible 책임감 있는 | previous 이전의

10
[번역]
여행 경비를 환급 받으려는 직원들은 영수증을 제출해야 한다.

[해설]
reimburse A(사람) for B(사물) (A에게 B에 관해 환급해주다)에서 A be reimbursed for B의 수동태 형태로 바뀐 것이다.

[어휘]
expense 비용 | submit 제출하다 | receipt 영수증 | spend 쓰다 | inform 알리다 | reimburse 환급하다, 상환하다 | request 요청하다

DAY 10 동사 연결

Practice p.133

[정답]

1 (A) 2 (B) 3 (B) 4 (B) 5 (A)
6 (C) 7 (B) 8 (A) 9 (B) 10 (D)

1
[번역]
그는 마침내 직장을 그만두고 다른 일자리를 찾기로 결심했다.

[해설]
decide는 to-V를 목적어로 쓰는 동사이다.

[어휘]
finally 마침내, 결국 | decide to-V ~하기로 결정하다 | look for 찾다, 구하다 | quit 그만두다

2
[번역]
우리는 먼저 전화로 주문할 작정이었다.

[해설]
decide와 마찬가지로 intend도 to-V를 목적어로 쓰는 동사이다.

[어휘]
intend to-V ~할 작정이다 | place an order 주문하다

3
[번역]
SMAT 사는 올해 많은 금전적 손해를 입어서 공장들 중 하나의 폐쇄를 고려중이다.

[해설]
consider 다음에는 동명사가 목적어로 나온다.

[어휘]
lost lose의 과거(분사)형 | consider 고려하다 | close down 폐쇄하다, 중지하다

4
[번역]
당신이 그 대회에서 승리하고 승진 자격을 얻게 될 가능성이 높다.

[해설]
조동사(will) 다음에는 동사원형이 나와야 한다.

[어휘]
competition 경쟁, 대회 | be eligible for ~에 적합하다 | promotion 승진 | success 승진 | succeed in ~에 성공하다

5
[번역]
아무도 미래를 예측할 수 없지만 우리가 경기침체를 겪게 될 것은 분명하다.

[해설]
조동사(can) 다음에는 동사원형이 와야 한다.

[어휘]
while 반면에 | face 직면하다 | recession 경기침체, 불경기 | predict 예상하다, 예측하다

6
[번역]
이 여행 일정표는 다른 도시들에서 연장 체류를 원하는 직원들을 위한 것이다.

[해설]
wish to-V 형태가 되어야 하므로 동사원형이 와야 한다.

[어휘]
itinerary 여행 일정표 | intended 의도된 | stay 체류; 머무르다 | extend 연장하다

7
[번역]
사장님은 근무 환경을 개선시킬 새 시스템을 채택할 것을 제안했다.

[해설]
recommend는 동명사를 목적어로 쓰는 동사이다. 문맥상 '채택할 것을 제안하다'라는 의미가 되어야 하므로 adopting이 적합하다.

[어휘]
recommend 추천하다 | improve 개선하다 | environment 환경 | require 요구하다 | adopt 채택하다 | discontinue 중단하다 | overcome 극복하다

8
[번역]
큐바라 씨는 환경 관련 회사에 입사하기를 고대하고 있다.

[해설]
문맥상 '입사하다'라는 의미가 되어야 하므로 joining이 적합하다. reappear와 proceed는 자동사라서 전치사 없이 목적어를 가질 수 없다.

[어휘]
look forward to V-ing ~하기를 고대하다 | environmental 환경의 | join 입사하다 | reappear 다시 나타나다 | proceed 나아가다 | indicate 가리키다, 암시하다

9
[번역]
시장 분석가들의 임무에는 주가의 상승과 하락을 예측하는 일을 포함한다.

[해설]
include는 동명사를 목적어로 쓰는 동사이다.

[어휘]

analyst 분석가 | duty 임무, 일 | include 포함하다 | rise 상승, 오름 | drop 하락 | stock 주식, 주가 | perform 수행하다, 공연하다 | predict 예상하다 | convince 확신하다, 납득시키다 | represent 표현하다, 대표하다

10

[번역]

그들은 결국 합병 추진을 막는 일을 그만두었다.

[해설]

prevent A form B(A가 B하는 것을 막다)의 형태가 되어야 한다.

[어휘]

eventually 마침내, 결국 | discontinue 중단하다 | merger 합병 | occur 일어나다, 발생하다 | launch 개시하다, (시장에) 내놓다 | renovate 혁신하다 | maintain 유지하다 | prevent 막다, 방해하다

DAY 11 시제

Practice p.137

[정답]

1 (D) 2 (C) 3 (B) 4 (C) 5 (C)
6 (D) 7 (C) 8 (C) 9 (B) 10 (B)

1

[번역]

산체스 씨는 25년 전에 처음 직장 일을 시작했고 지금은 회계 부서의 장이다.

[해설]

과거 시점을 나타내는 ago가 있으므로 단순 과거 시제를 써야 한다.

[어휘]

accounting 회계, 경리

2

[번역]

협상가들이 다음 주 말까지 비품 주문 계약을 마칠 것 같다.

[해설]

미래를 나타내는 by the end of next week가 있으므로 미래 시제의 동사가 나와야 한다.

[어휘]

be likely that 주어+동사 ~일 것 같다 | negotiator 협상가 | supplies 비품 | contract 계약(서)

3

[번역]

홍보 부서는 지난 3주에 걸쳐 모은 많은 지원서들을 가지고 있다.

[해설]

over the past 3 weeks는 3주 전부터 현재까지 이어지는 상황을 나타내므로 현재완료 시제와 함께 써야 한다.

[어휘]

public relations division 홍보부 | application 지원(서) | collect 모으다, 수집하다

4

[번역]

신임 사장님이 들어온 이후로 우리는 사업 방식에 많은 변화를 겪고 있다.

[해설]

since는 과거의 어느 시점부터 현재까지 이어지는 기간을 나타내는 말로, since가 이끄는 절에는 과거 시제, 주절에는 현재완료 시제를 쓴다.

[어휘]

a number of 많은 | change 변화, 변경 | see 보다, 경험하다

5

[번역]

베이커 씨는 그의 인기 있는 미스터리 소설 덕분에 지난 5년간 널리 알려졌다.

[해설]

over the last five years는 5년 전부터 지금까지의 기간을 나타내므로 현재완료 시제와 함께 써야 한다.

[어휘]

widely 널리, 대단히 | recognize 알아보다, 인정하다 | popular 인기 있는 | novel 소설

6

[번역]

식품회사는 가까운 미래에 효과적인 마케팅 광고를 개발할 것이다.

[해설]

in the foreseeable future가 미래 부사구이므로 미래 시제가 와야 한다.

[어휘]

effective 효과적인 | foreseeable 앞을 내다볼 수 있는, 가까운 | develop 개발하다

7

[번역]

그리그 씨가 회사에 합류한 지난 10월 이후로 놀랍게도 매출이 두 배로 늘었다.

[해설]

since는 과거의 어느 시점부터 현재까지 이어지는 기간을 나타내는 말로, since가 이끄는 절에는 과거 시제, 주절에는 현재완료 시제를

쓴다.

[어휘]
join 함께하다, 합류하다 | to one's surprise 놀랍게도 | double 두 배가 되다

8
[번역]
친 씨가 은퇴하기 때문에 다음 주 금요일에 송별회가 있을 것이다.

[해설]
next week이 미래를 나타내는 시간 부사구이므로 미래 시제가 와야 한다.

[어휘]
retire 은퇴하다 | hold 개최하다, 열다 | farewell party 송별회

9
[번역]
증가하고 있는 경쟁이 곧 판매 하락을 야기할 것이라 예상된다.

[해설]
시제에 맞는 부사 어휘를 찾는 문제이다. will cause(야기할 것이다)를 가장 적절히 수식하는 부사 어휘는 shortly(곧, 얼마 안 있어)이다.

[어휘]
expected 예상되는 | growing 증가하고 있는 | competition 경쟁 | cause 야기하다 | decline 하락

10
[번역]
회사는 현재 새로운 의류 라인 덕택에 증가된 수익을 즐기고 있다.

[해설]
문맥에 맞는 부사 어휘를 찾는 문제이다. 현재진행 시제를 사용하였고, 문맥상 '현재 즐기고 있다'가 가장 적절하므로 가장 적절한 부사 어휘는 currently(현재, 지금)이다.

[어휘]
increased 증가된 | revenues 수익, 수입 | clothing 의류

DAY 12 가정법

Practice p.139

[정답]

| 1 (A) | 2 (A) | 3 (B) | 4 (A) | 5 (B) |
| 6 (B) | 7 (D) | 8 (A) | 9 (A) | 10 (D) |

1
[번역]
내가 이 보고서를 끝내면 비서가 그것을 마감시한까지 적절한 부서로 보낼 것이다.

[해설]
If + 주어 + 현재동사 ~, 주어 + will + 동사원형 (만일 ~하면 …할 것이다)

[어휘]
report 보고하다, 보고서 | secretary 비서 | submit 제출하다 | proper 적당한, 타당한 | deadline 마감시한

2
[번역]
물건을 구매하고 1주일 안에 영수증을 제시하면 불량품은 교환될 것입니다.

[해설]
주절의 시제가 현재이므로 조건절에도 현재 동사를 쓴다. if절에는 미래 시제를 쓸 수 없다는 사실을 기억하자.

[어휘]
defective 결함 있는 | merchandise 상품 | exchange 교환하다 | receipt 영수증

3
[번역]
당신이 예정보다 훨씬 더 일찍 떠나게 되면 즉시 안전요원에게 알려주세요.

[해설]
명령문에는 동사원형을 쓴다.

[어휘]
security 안전, 보안 | expect 기대하다, 예상하다

4
[번역]
만약 조사 결과가 공개되면, 당신 부서는 필요한 자금을 받을 수 없을 것입니다.

[해설]
가정법 과거 형태의 문장이므로 빈칸에는 동사의 과거형이 와야 한다. 단, be동사의 경우는 무조건 were를 사용한다.

[어휘]
result 결과 | survey 조사 | release 풀어놓다, 공개하다 | division 부서, 과 | receive 받다, 수령하다 | necessary 필수적인 | fund 자금, 기금

5
[번역]
만약 어떤 문제를 겪게 되면 곧바로 인사과로 연락해주십시오.

[해설]
명령문에는 무조건 동사원형을 쓴다.

[어휘]
human resources department 인력관리부, 인사부 | directly 곧바로, 직접 | experience 경험하다, 부닥치다 | problem 문제

contact 접촉, 연락

6
[번역]
이륙하기 전에 좌석벨트가 채워져 있지 않으면 승무원이 탑승객들에게 착용해줄 것을 요청할 것이다.

[해설]
주절의 시제가 미래(will require)이므로 조건절에는 현재 시제(are)가 나와야 한다. 조건을 나타내는 부사절에서는 현재 시제가 미래를 대신한다.

[어휘]
flight attendant 승무원 | require A to-V A에게 ~하도록 요청하다 | tighten 단단하게 하다, 매다 | prior to 이전에 | taking off 이륙

7
[번역]
만약 이 계약을 갱신하지 못하면 우리는 심각한 재정적 어려움을 겪게 될 것이다.

[해설]
계약을 '갱신한다'는 뜻의 renew가 가장 적합하다.

[어휘]
be able to-V ~할 수 있다 | contract 계약 | experience 겪다 | severe 심한 | financial 재정적인 | decline 감소되다 | consider 고려하다 | remodel 개조하다 | renew 갱신하다

8
[번역]
만약 새로운 정책이 만장일치로 승인된다면 즉시 효력을 발휘할 것이다.

[해설]
가정법 과거 형태의 문장이다. 그리고 unanimously(만장일치로)라는 부사의 수식을 받기에 적당한 동사는 approve이다.

[어휘]
come into effect 시행되다 | policy 정책 | approve 승인하다 | demonstrate 시연하다, 시범을 보이다 | reimburse 환급하다, 상환하다 | submit 제출하다

9
[번역]
당신이 지원자들의 배경을 꼼꼼히 확인해준다면 매우 도움이 될 것입니다.

[해설]
문맥상 thoroughly(꼼꼼히)의 수식을 받을 수 있는 동사는 check (확인하다, 조사하다)이다.

[어휘]
helpful 도움이 되는 | thoroughly 철저히, 꼼꼼히 | background 배경 | applicant 지원자 | refer to ~을 참조하다 | advertise 광고하다 | exchange 교환하다

10
[번역]
회사가 더 일찍 조치를 취했더라면 그들은 위기를 맞지 않을 수 있었다.

[해설]
가정법 과거완료 형태의 문장이며, 문맥상 steps와 어울리는 동사는 taken이다.

[어휘]
increase 증가하다 | stimulate 자극하다 | watch 지켜보다, 주의하다 | take steps 조치를 취하다

DAY 13 장문 빈칸 채우기 & 독해 (3)

Part 6   p.140

[정답]

1 (B)   2 (B)   3 (A)   4 (C)

[1-4]
[번역]

디어 밸리 박물관 곧 개장

포틀랜드 (8월 29일) – 9월 1일 월요일에, 디어 밸리 박물관이 대중에게 개방될 예정이다. 박물관 건설에는 2년 이상의 시간이 걸렸다. 이는 자금의 부족으로 인해 지연된 것이었다. 하지만 익명의 기부자가 2월에 2백만 달러 이상의 금액을 제공했다. 그래서 건물의 건설이 신속하게 마무리되었다. 박물관에는 13개의 전시관이 있다. 이곳은 미술품, 조각, 고대 유물, 그리고 여러 가지 다른 흥미로운 물품들을 포함하고 있다. 박물관 큐레이터인 조 스티븐슨 박사는 최근에 "저는 포틀랜드의 사람들이 이 박물관을 좋아하게 될 것이라고 믿습니다. 전시품들은 재미있고 유익합니다."라고 말했다.

[어휘]
be set to ~할 예정이다 | anonymous 익명의 | donor 기부자 | swiftly 신속하게 | complete 완성하다 | exhibit hall 전시관 | artwork 미술품 | sculpture 조각 | relic 유물 | recently 최근에

1
[번역]
(A) 박물관에 방문한 모든 사람은 그것을 좋아한다.
(B) 이는 자금의 부족으로 인해 지연된 것이었다.
(C) 박물관에는 예술 작품이 하나도 없다.
(D) 모든 것은 다음 달까지 마무리되어야 한다.

[해설]
빈칸 앞의 내용은 '박물관의 건설이 2년 이상 더 걸렸다

(Construction on the museum has taken more than two years.)'는 것이다. 그리고 빈칸 뒤의 문장은 '익명의 기부자가 200만 달러가 넘는 돈을 기부했다(An anonymous donor provided more than $2 million)'는 내용이다. 따라서 빈칸에는 '자금의 부족으로 지연되었다'는 내용의 (B)가 오는 것이 가장 적절하다.

2
[번역]
(A) 기부하다
(B) 기부자
(C) 기부
(D) 기부했다

[해설]
빈칸 앞에는 형용사 anonymous가 있고 뒤에는 동사 provided가 있으므로 빈칸에는 명사가 들어가야 한다. 보기 중에서 명사는 (B)의 donor(기부자)와 (C)의 donation(기부)인데, provide(제공하다)라는 행동을 할 수 있는 것은 donor이므로 정답은 (B)이다.

3
[번역]
(A) ~의
(B) ~에
(C) ~ 안에
(D) ~으로

[해설]
적절한 전치사를 고르는 문제이다. 이 문제의 경우 '~에 관심이 있는'이라는 의미의 of interest라는 전치사구를 알고 있어야 풀 수 있다. 이와 같이 자주 사용되는 전치사구는 하나의 단어처럼 암기해 두어야 한다.

4
[번역]
(A) ~든지 ~든지
(B) 여전히
(C) 둘 다
(D) 아직

[해설]
빈칸 뒤의 entertaining and educational을 보고 이 문제가 상관접속사를 묻고 있음을 파악해야 한다. 문맥상 '재미도 있고 유익하기도 하다'라는 의미가 되어야 하므로 정답은 '둘 다'라는 뜻인 (C)의 both이다.

Part 7 p.141

[정답]

1 (C) 2 (A)

[1-2]
[번역]

| 곤잘레스, 필립 | 오후 5시 40분 |

안녕하세요, 신디. 저는 공항에 있는데, 고객이 아직 도착하지 않았어요.

| 핸론, 신디 | 오후 5시 41분 |

듣지 못했나요? 그는 항공편을 변경해서, 더 늦게 도착할 거예요.

| 곤잘레스, 필립 | 오후 5시 42분 |

저는 몰랐어요. 그의 항공편 정보를 알려 주시겠어요?

| 핸론, 신디 | 오후 5시 44분 |

그는 파리에서 출발하는 TM34 항공편을 탑승했어요. 그것은 6시 20분에 도착해요.

| 곤잘레스, 필립 | 오후 5시 45분 |

알겠어요. 고마워요. 잠시 더 기다리는 수밖에 없겠네요

| 핸론, 신디 | 오후 5시 45분 |

윌슨 씨가 우리에게 보내준 파일을 검토하는 것이 어때요? 그는 내일 그것들에 대한 우리의 의견을 원하고 있어요.

| 곤잘레스, 필립 | 오후 5시 47분 |

좋아요. 커피숍을 찾아 보고, 일을 시작하도록 할게요.

[어휘]
client 고객, 의뢰인 | flight 항공편 | go over 검토하다 | opinion 의견 | terminal 터미널

1
[번역]
5시 42분에, 곤잘레스 씨가 "저는 몰랐어요"라고 썼을 때 그 의미는 무엇인가?
(A) 그는 전에 그 고객을 만난 적이 없다.
(B) 그는 공항에서 올바른 출입구를 찾지 못했다.
(C) 그는 이동 일정이 변경된 것을 알지 못했다.
(D) 그는 어느 터미널로 가야 하는지 알지 못했다.

[해설]
문자 메시지 지문의 일부를 인용하여 그 의미를 묻는 문제의 경우, 인용된 내용의 앞과 뒤의 내용을 파악하여 정답의 단서를 찾을 수 있다. 곤잘레스 씨는 '알지 못했다(I had no idea.)'고 말했는데, 바로 앞의 메시지에서 '그가 항공편을 변경해서, 더 늦게 도착할 것이다(He changed flights, so he's coming in later.)'라고 했으므로, 곤잘레스 씨는 '일정이 변경된 것을 알지 못했다'는 것을 알 수 있다. 따라서 정답은 (C)이다.

[어휘]
gate 출입구 | unaware ~을 알지 못하는

2
[번역]
핸론 씨는 곤잘레스 씨에게 무엇을 할 것을 요청하는가?
(A) 업무를 검토할 것
(B) 그녀에게 음료를 가져다 줄 것
(C) 항의할 것
(D) 윌슨 씨에게 연락할 것

[해설]

지문의 마지막 부분에서 핸론 씨는 곤잘레스 씨에게 '윌슨 씨가 보내 준 파일을 검토하는 것을(How about going over the files Mr. Wilson sent us?)' 제안하고 있다. 따라서, 기다리는 시간 동안 '업무를 검토할 것(Look at some work)'을 요청하고 있다는 내용의 (A)가 정답이다.

[어휘]

look at ~을 검토하다 | beverage 음료 | complaint 불평

DAY 14 접속사

Practice p.145

[정답]

1 (D) 2 (B) 3 (C) 4 (A) 5 (B)
6 (D) 7 (A) 8 (B) 9 (B) 10 (D)

1
[번역]

그 부서가 프로젝트를 완성할 임시 직원들을 채용했기 때문에 회사는 많은 돈을 절약했다.

[해설]

even은 접속사가 아니라서 문장을 연결할 수 없다. 또한 however와 nevertheless는 접속사가 아니라 접속부사라서 문장 맨 앞에 쓸 수 없다.

[어휘]

temporary 임시의, 일시적인 | complete 완성하다 | save 절약하다, 아끼다 | even ~조차, ~라도

2
[번역]

우리는 모든 수치를 꼼꼼히 확인했지만 우리 상사는 많은 실수를 찾아냈다.

[해설]

반대되는 내용을 연결하면서 세미콜론(;)과 함께 쓸 수 있는 것은 접속부사인 however 밖에 없다. while이나 although는 접속사라서 세미콜론을 쓸 수 없다.

[어휘]

thoroughly 꼼꼼히, 철저히 | figure 수치, 계산 | supervisor 감독관, 관리자 | a number of 많은 | mistake 실수

3
[번역]

시장의 침체 때문에 회사 경쟁력을 확보하려면 여전히 적지 않은 인원 감축이 필요하다.

[해설]

명사구 앞에는 전치사가 나와야 한다.

[어휘]

downturn 하락, 침체 | considerable 상당한, 적지 않은 | downsizing 인원 감축 | ensure 보장하다 | competitiveness 경쟁력

4
[번역]

관광객들이 지정된 장소에 예정대로 도착하지 않았기 때문에 비행기를 타지 못했다.

[해설]

인과관계를 나타내는 접속사(because)가 필요하다. therefore는 접속부사라서 문장 맨 앞에 쓸 수 없고, owing to는 전치사구이며, yet은 반대관계를 나타내는 접속부사이다.

[어휘]

tourist 관광객 | designated 지정된 | miss 놓치다 | therefore 그러므로 | yet 그러나

5
[번역]

판매 저조에 대한 우려에도 불구하고 회사는 효과적인 해결책을 내놓지 못하고 있다.

[해설]

반대관계를 나타내는 전치사가 필요하다.

[어휘]

concern 관심, 걱정 | come up with (해답·돈을) 내놓다, 찾아내다 | effective 효과적인 | solution 해결 | thanks to ~덕택에 | even though 비록 ~일지라도

6
[번역]

아든 씨는 직장 면접을 받는 동안 무슨 일이 있을지 몰라서 면접에 철저히 대비했다.

[해설]

두 문장이 인과관계로 연결되어 있다.

[어휘]

thoroughly 철저히 | prepare for ~에 대비하다 | while 동안에

7
[번역]

여러 결점에도 불구하고 쇼핑 단지에 대한 그들의 제안서가 채택되었다.

[해설]

명사 앞은 전치사 자리이다. 해석상 상반관계를 나타내는 in spite of가 적당하다.

[어휘]

flaw 결점 | proposal 제안 | complex 복합단지 | adopt 채택하다 | unless 만약 ~하지 않으면

8
[번역]
예상치 못한 정전으로 회의들이 연기되었다.

[해설]
명사 앞자리이므로 전치사가 와야 한다. 해석상 인과관계를 나타내는 as a result of가 어울린다.

[어휘]
postpone 연기하다 | as a result of ~의 결과로

9
[번역]
회사는 믿을 만한 정보뿐만 아니라 가치 있는 기술들을 제공합니다.

[해설]
상관접속사 not only A but also B(A뿐만 아니라 B도)를 묻는 문제이다.

[어휘]
provide 제공하다 | reliable 믿을 수 있는, 신뢰할 수 있는 | valuable 가치 있는

10
[번역]
신문지들이 검은색 통 안이나 복사기 옆에 놓여 있는지 확인해주세요.

[해설]
or와 짝을 이루는 상관접속사는 either이다.

[어휘]
make sure 확인하다 | place 놓다, 두다 | bin 통 | copy machine 복사기 | either A or B A나 B 둘 중 하나

DAY 15 비교

Practice p.148

[정답]

1 (A) 2 (B) 3 (C) 4 (C) 5 (C)
6 (D) 7 (B) 8 (C) 9 (D) 10 (C)

1
[번역]
부사장님은 이 층에서 가장 넓은 사무실을 갖고 있다.

[해설]
관사 the는 최상급과 함께 쓴다.

[어휘]
vice president 부사장 | spacious 넓은

2
[번역]
새로운 일정은 교대근무에 한결 더 많은 융통성을 제공한다.

[해설]
even은 비교급을 강조하는 부사이고, great의 비교급 형태는 greater이다.

[어휘]
provide 제공하다 | even 한층, 더욱 | flexibility 융통성, 유연성 | shift (교대)근무

3
[번역]
세입자들은 되도록 빨리 그 건물을 비우도록 요구받았다.

[해설]
타동사(vacate) + 목적어(the building) 뒤에 오기 때문에 부사 자리이다. 'as 원급 as' 형태로 쓴다.

[어휘]
tenant 세입자 | require 요구하다 | vacate 비우다 | rapidity 신속 | rapid 빠른, 신속한

4
[번역]
컴퓨터 칩 가격이 대다수 전문가들의 예상보다 더 빠르게 하락했다.

[해설]
비교급을 강조하는 부사가 필요하다.

[어휘]
chip 칩, 집적회로 | decline 떨어지다 | most 대다수의 | expert 전문가 | predict 예상하다, 예보하다

5
[번역]
회사는 우리의 예상보다 훨씬 더 많은 생산 문제들을 해결하는 데 어려움을 겪고 있다.

[해설]
비교급 much more가 앞에 보이고 뒤에 비교 대상(we expected)이 나오므로 전치사 than이 적당하다.

[어휘]
have difficulty V-ing ~하는 데 어려움을 겪다 | resolve 해결하다 | production 생산

6
[번역]
제화 산업에서 가장 방대한 부츠 상품이 연초에 전시될 것이다.

[해설]
정관사 the는 최상급과 함께 쓴다. 참고로 a wide selection은 '폭 넓은 선택'이라는 의미의 표현이다.

[어휘]
selection 선택 | industry 산업 | display 전시하다, 진열하다

at the beginning of ~의 초에

7
[번역]
카틸라 교수는 대인관계를 개선하기 위해 가능한 많은 기술들을 개발했다.

[해설]
'as 원급 as possible' 형태의 원급 비교구문이다.

[어휘]
develop 개발하다 | improve 개선하다 | interpersonal relationship 대인관계

8
[번역]
봉급 인상률이 작년의 단 3퍼센트와 비교해서 훨씬 높아졌다.

[해설]
부사 자리인데 비교급(higher) 형태가 보이므로 비교급 강조부사 far가 적당하다

[어휘]
rate 비율 | increase 인상 | compared to ~와 비교해서 | far 훨씬

9
[번역]
현재 나온 모든 의료기 가운데서 이 기계가 가장 정교하다.

[해설]
of all the 복수명사(모든 ~가운데서)는 최상급과 함께 쓰는 표현이다.

[어휘]
current 현재의 | medical 의학의 | machine 기계 | sophisticated 정교한, 복잡한

10
[번역]
효율성을 향상시키기 위해 불필요한 서류작업은 되도록 빨리 제거될 것입니다.

[해설]
'as 원급 as possible' 형태의 비교 구문이다. 앞에 나온 will be eliminated를 수식해야 하므로 부사가 들어가야 한다.

[어휘]
unnecessary 불필요한 | paperwork 서류작업 | eliminate 제거하다, 없애다 | improve 개선하다, 제거하다 | efficiency 효율성 | quick 빠른

DAY 16 장문 빈칸 채우기

Part 6 p.149

[정답]

1 (C) 2 (A) 3 (D) 4 (C) 5 (B)
6 (C) 7 (A) 8 (A) 9 (B) 10 (B)
11 (C) 12 (D)

[1-4]
[번역]

> 수신: 모든 청소부 직원들
> 발신: 에릭 디버스
> 날짜: 10월 30일
> 제목: 청소 규약
>
> 여러분들이 야간 교대조 근무를 할 때의 청소 규약에 대해 모두에게 상기시켜 드리고자 합니다. 야근을 하고 있는 직원이 있다면, 여러분은 그들의 업무 장소를 청소하지 말아야 합니다. 그들이 퇴근할 때까지 기다리세요. 여기에는 사무실과 칸막이들이 있는 공간도 포함됩니다. 또한, 실험실을 가장 먼저 청소하도록 해 주세요. 많은 연구원들은 아침 일찍 출근합니다. 그러므로 여러분이 오전 4시까지 연구실을 청소하지 않으면, 그곳들은 이미 사용되고 있을 것입니다. 마지막으로, 모든 금속, 유리, 플라스틱, 그리고 종이들은 버리지 말고 반드시 재활용해 주세요.

[어휘]
protocol 규약 | remind 상기시키다 | shift 근무조, 교대조 | avoid 피하다 | workplace 업무 현장 | cubicle 칸막이 방 | laboratory 실험실 | occupy 차지하다, 사용하다 | recycle 재활용하다 | throw away 버리다

1
[번역]
(A) 시간
(B) 공간
(C) 교대조
(D) 기간

[해설]
'명사+명사 연어(collocation)'를 묻는 문제이다. 문맥상 '야간 근무를 할 때~'라는 의미가 되어야 하는데, 우리말로 하면 night time이나 night period가 자연스러울 것 같지만, 영어로는 '야간 근무'를 'night shift'라고 표현한다. 정답은 (C)이다. 연어(collocation)는 암기하는 방법 이외의 학습 방법은 없으므로 정리하여 암기하는 수밖에 없다.

2
[번역]
(A) 포함한다
(B) 묘사한다

43

(C) 참조시킨다
(D) 언급한다

[해설]
문맥상 자연스러운 의미의 동사를 고르는 문제이다. 빈칸이 포함된 문장의 내용만으로는 정답을 고를 수 없는 문제이므로 앞의 문장들의 의미를 파악하도록 한다. 빈칸 앞의 내용은 '직원들이 초과 근무를 할 때에는 그들이 근무하는 장소(workspace)를 청소하지 말라'는 것이다. 따라서, 빈칸이 포함된 문장의 주어인 This는 두 번째 앞 문장의 workspace인데, 문장의 의미는 'workspace가 offices와 cubicles를 ____한다'가 되어야 하므로, 보기 중 가장 적절한 의미의 동사는 '포함한다'라는 뜻의 (A)이다.

3
[번역]
(A) 연구실은 하루 종일 개방됩니다.
(B) 질문이 있을 경우 언제든지 저에게 문의하세요.
(C) 월슨 박사는 연구실들 중 한 곳에서 근무합니다.
(D) 많은 연구원들은 아침 일찍 출근합니다.

[해설]
빈칸 앞의 내용은 '연구실을 가장 먼저 청소하라'는 것이며, 빈칸 뒤의 내용은 '오전 4시까지 연구실을 청소해야 한다'는 것이다. 이 두 가지 내용을 자연스럽게 연결할 수 있는 보기는 '많은 연구원들이 아침 일찍 출근한다(Many researchers come in early in the morning.)'는 내용의 (D)이다.

4
[번역]
(A) 버리다
(B) 버려진
(C) 버리는 것
(D) 버렸다

[해설]
빈칸 앞에 전치사 of가 있으므로 빈칸에는 전치사의 목적어 역할을 할 수 있는 명사가 들어가야 한다. 보기 중에서 목적어 역할을 할 수 있는 것은 명사 throw와 동명사 throwing인데, 빈칸 뒤에 목적어 them이 있으므로 명사인 throw는 정답이 될 수 없다. 따라서, 명사의 역할을 하면서 목적어도 취할 수 있는 동명사 throwing이 정답이 된다.

[5-8]
[번역]

> 머레이 가구점은 다가오는 주말에 연례 할인 행사를 합니다. 이는 금요일부터 일요일 밤까지 계속될 것입니다. 이 기간 동안, 점포의 모든 품목들이 할인판매 될 것입니다. 소파와 침대는 40%까지 할인될 것입니다. 의자, 테이블, 그리고 화장대는 20-50% 할인된 가격에 판매될 것입니다. 우리는 또한 탈레디가 지역에서 무료 배송을 제공할 것입니다. 여러분들은 250달러 이상의 물품을 구매하시기만 하면 됩니다. 더 많은 정보를 위해, 235-9543으로 저희에게 전화해 주세요. 또는 웨스트 스탠튼 가 459번지로 저희를 방문해 주세요. 여러분의 집 전체를 다시 꾸밀 수 있는 이 기회를 활용하세요. 여러분은 다른 어디에서도 이보다 나은 조건을 찾지 못할 것입니다.

[어휘]
annual 연례의 | last 계속되다 | discount 할인하다 | dresser 화장대 | delivery 배송 | take advantage of ~을 이용하다 | opportunity 기회 | redo 다시 하다

5
[번역]
(A) ~하는 동안
(B) ~ 동안
(C) ~ 이래로
(D) ~ 대신에

[해설]
빈칸 뒤에는 'that time'이라는 명사가 있으므로 빈칸에는 전치사가 와야 한다. 따라서 접속사인 while과 부사인 instead는 정답에서 제외된다. 문장은 '그 시간 ____, 상점의 모든 품목들이 할인될 것이다.'라는 뜻인데, 문맥상 '~ 동안'이라는 뜻의 during이 빈칸에 들어가기에 적절하다. 따라서, 정답은 (B)이다.

6
[번역]
(A) 할인할 수 있는
(B) 할인하는
(C) 할인
(D) 할인된

[해설]
빈칸 앞의 전치사 at의 목적어 역할을 하면서 빈칸 뒤에 있는 전치사 of를 취할 수도 있어야 하므로 빈칸에는 명사가 와야 한다. 보기 중에서 명사는 discounts밖에 없으므로 정답은 (C)이다.

7
[번역]
(A) 또는 웨스트 스탠튼 가 459번지로 저희를 방문해 주세요.
(B) 여러분의 가구를 무료로 배송 받을 수 있는 방법을 문의하세요.
(C) 이 점포 정리 세일은 역대 최대 규모가 될 것입니다.
(D) 우리는 온라인으로 이루어진 주문들만을 받습니다.

[해설]
빈칸 앞의 문장에서 '더 많은 정보를 얻으려면 235-9543으로 전화해 달라'고 말하고 있는데, 보기 중에서 '더 많은 정보를 얻기 위한 다른 방법'을 설명하고 있는 (A)가 이어지는 것이 문맥상 가장 자연스럽다. (B)는 배송과 관련된 내용이며, (C)는 세일의 규모, (D)는 주문 방법에 대한 내용이므로 모두 빈칸 앞과 뒤의 내용과 무관하다.

[어휘]
going-out-of-business sale 점포 정리 세일

8
[번역]
(A) 이점
(B) 혜택
(C) 수익
(D) 향상

[해설]
'활용하다', '이용하다'라는 의미의 take advantage of라는 숙어를 알고 있어야 풀 수 있는 문제이다. 정답은 (A)이다. 이와 같이 자주 출제되는 숙어는 반드시 암기하고 있어야 한다.

[9-12]
[번역]

수신: brobinson@personalmail.com
발신: customersupport@safecard.com
제목: 카드 사용
날짜: 9월 21일

친애하는 로빈슨 씨께,

9월 20일에, 4098로 끝나는 귀하의 세이프 카드와 관련하여 몇 가지 의심스러운 행동이 기록되었습니다. 누군가가 귀하의 카드로 자동현금인출기에서 세 번이나 현금 서비스를 받으려고 했습니다. 모든 경우에, 적절하지 않은 개인 식별 번호가 사용되었습니다. 이러한 실패한 시도들을 감지하자마자, 저희는 귀하의 카드 이용을 정지시켰습니다. 귀하가 저희에게 연락하신 후에 귀하는 귀하의 카드를 다시 사용하실 수 있습니다. 무료전화 1-888-555-1303으로 언제든지 전화해 주세요. 저희는 귀하의 카드를 다시 사용할 수 있는 방법을 알려 드릴 것입니다. 그리고 귀하가 카드를 분실하셨을 경우 저희가 새로운 카드를 보내 드릴 수 있습니다.

고객지원팀 드림
세이프 카드

[어휘]
attempt 시도하다 | cash advance 현금 서비스 | instance 경우 | improper 적절하지 않은 | PIN (personal identification number) 개인 식별 번호 | detect 감지하다 | terminate 종료하다 | toll-free 무료의

9
[번역]
(A) 의심받는
(B) 의심스러운
(C) 의심스러움
(D) 의심스럽게

[해설]
빈칸 뒤에 명사인 activity가 있으므로 빈칸에는 명사를 수식할 수 있는 형용사가 와야 한다. 따라서 명사인 (C)와 부사인 (D)는 정답에서 제외된다. 보기 중에서 형용사는 (A)의 suspected(의심받는)와 (B)의 suspicious(의심스러운)인데, suspected는 사람을 수식하는 경우에 사용된다. 정답은 (B)이다.

10
[번역]
(A) 카드를 사용하실 때마다 귀하는 귀하의 신분증을 보여 주셔야만 합니다.
(B) 모든 경우에, 적절하지 않은 개인 식별 번호가 사용되었습니다.
(C) 귀하의 현금 서비스 한도가 향상되었습니다.

(D) 귀하가 카드를 사용하신 지 꽤 오랜 시간이 지났습니다.

[해설]
빈칸 앞의 문장에서 '누군가가 수신자의 신용 카드로 현금 인출기에서 현금 서비스를 받으려는 시도를 세 번이나 했다(Someone attempted to use your card to make a cash advance from an ATM three times.)'고 말하고 있다. 의미상 이에 이어질 수 있는 문장으로는 '모든 경우에 부적절한 개인 식별 번호가 사용되었다'는 내용의 (B)이다. 나머지 보기의 문장들은 다른 사람이 신용 카드를 사용했다는 내용과 무관하다.

11
[번역]
(A) 승인했다
(B) 반대했다
(C) 종료했다
(D) 제거했다

[해설]
적절한 의미의 동사를 고르는 문제이다. 빈칸이 포함된 문장은 '이러한 실패한 시도들을 감지하자마자, 저희는 귀하의 카드 이용을 ____했다.'의 의미인데, 잘못된 카드 사용이 감지될 경우, 카드 이용을 '중지'시켜야 하므로 정답은 (C)이다.

12
[번역]
(A) 해 드리다
(B) 해 드렸다
(C) 해 드리고 있다
(D) 해 드릴 것이다

[해설]
동사의 시제를 묻는 문제이다. 문맥상 카드를 다시 사용하는 방법을 '알려 줄 것이다'라는 내용이 되어야 하므로, 정답은 (D)의 will let이다.

DAY 17 관계대명사

Practice p.154

[정답]

| 1 (A) | 2 (C) | 3 (B) | 4 (C) | 5 (D) |
| 6 (D) | 7 (C) | 8 (B) | 9 (C) | 10 (C) |

1
[번역]
우리는 저녁과 주말에 일할 수 있는 사람을 찾고 있습니다.

[해설]
빈 칸 앞이 사람을 나타내는 individuals가 선행사로 나와 있고 빈 칸 뒤에 조동사 can이 보이므로 주격 관계대명사 who가 정답이 된다.

45

[어휘]
seek 찾다 | individual 사람 | shift (교대)근무

2
[번역]
회사는 벤슨 씨가 제안한 정책을 시행할 것이다.

[해설]
빈 칸 앞에 사물을 나타내는 policy가 선행사로 나와 있으므로 정답은 사물을 나타내는 주격 관계대명사 which가 정답이 된다.

[어휘]
implement 시행하다 | policy 정책 | propose 제안하다

3
[번역]
우리의 질 낮은 서비스에 대해 불평한 고객들의 리스트가 여기에 있다.

[해설]
빈 칸 뒤에 명사 complaints(불평)가 보이므로 빈칸은 명사를 꾸미는 소유격이 올 자리이다. 따라서 정답은 소유격인 whose가 정답이 된다.

[어휘]
list 목록 | client 고객 | complaint 불평 | poor 좋지 않은

4
[번역]
9월 12일 화요일로 예정된 당신과의 인터뷰와 관련하여 연락 드립니다.

[해설]
빈 칸 앞 you를 보고 who라는 오답을 잡도록 유도하는 문제이다. 빈 칸 다음이 3인칭을 주어로 하는 be 동사 is이므로 you를 선행사로 볼 수 없다. 따라서 선행사는 the interview가 되므로 정답은 사물을 선행사로 받는 which가 정답이 된다.

[어휘]
contact 연락하다 | concerning ~에 관한 | scheduled for ~로 예정된

5
[번역]
신용카드를 온라인으로 신청하는 것을 꺼리는 사람들은 가장 가까운 은행으로 바로 연락주세요.

[해설]
관계대명사 관용어구 those who(~하는 사람들)을 묻는 문제이다. 게다가 unwilling이 '주저하는, 꺼리는'이란 뜻이므로 주어가 사람이 되어야한다. 따라서 정답은 who가 된다.

[어휘]
those who ~하는 사람들 | unwilling 주저하는, 꺼리는 | apply for 신청하다 | nearest 가장 가까운 | directly 바로

6
[번역]
로카 갤러리 전시물들은 석조 조각품에 관심 있는 사람들을 끌 수 있을 것이라 예상된다.

[해설]
빈 칸 앞에 사람을 나타내는 people이 선행사로 나와 있고 빈 칸 뒤에 조동사 might가 보이므로 사람을 나타내는 주격 관계대명사 who가 정답이 된다.

[어휘]
display 전시 | be expected to ~라 예상되다 | attract 끌다, 유치하다

7
[번역]
당신이 요청한 보고서는 칼튼 씨 책상위에 있다.

[해설]
빈 칸이 일반 대명사 자리인지 관계대명사 자리인지를 구분하는 문제이다. 주어가 사물 명사 The reports이고 본동사가 are이므로 _____ you requested는 reports를 수식하는 형용사 절, 즉 관계대명사 자리이므로 정답은 that이 된다.

[어휘]
request 요청하다

8
[번역]
가격이 저렴한 물품들이 더 많은 고객을 끌 수 있을 것이다.

[해설]
빈 칸 앞, 뒤가 모두 명사이면 빈칸은 관계대명사 소유격 자리이므로 정답은 whose가 된다.

[어휘]
item 물품 | price 가격 | reasonable 저렴한 | attract 끌다, 유치하다

9
[번역]
환영회를 위해 음료와 간식을 요청하는 이메일에 응답 편지를 드립니다.

[해설]
빈 칸 앞이 사물을 나타내는 e-mail이 선행사로 나와 있고 빈 칸 뒤에 동사 is가 보이므로 주격 관계대명사 that이 정답이 된다.

[어휘]
in response to ~에 응해서 | request 요청하다 | drinks 음료 | snacks 간식 | reception 환영회

10
[번역]
이사회는 건설공사의 진척을 감독할 수 있는 회사를 선택했다.

[해설]
빈 칸 앞이 사물을 나타내는 a company가 선행사로 나와 있고 빈 칸

뒤에 동사 is가 보이므로 주격 관계대명사 that이 정답이 된다. 참고로 장소를 나타내는 접속부사 where뒤에는 완전한 문장이 와야 한다는 것도 알아두자.

[어휘]
board of directors 이사회 | select 선택하다 | be able to-V ~할 수 있다 | oversee 감독하다 | progress 진척, 진전 | construction 건설

DAY 19 단문 독해 & 어휘

Part 7 p.159

[정답]

1 (B) 2 (D) 3 (B)

[1-3]
[번역]

수신: 하비스 쿠퍼 〈jcooper@gadsdenindustries.com〉
발신: 멜라니 해리스 〈melanie.h@tricom.com〉
제목: 브로셔 요청
날짜: 8월 23일

쿠퍼 귀하,

지난주 녹스빌에서의 컨벤션에서 귀하를 알게 되어 기뻤습니다. — [1] — 귀하가 실시했던 귀사의 제품들에 대한 발표에 특히 관심이 있었습니다. 회사로 돌아와서, 저는 귀하와 귀사에 대해 저희 사장님과 이야기를 나누었습니다. — [2] —

안타깝게도, 저는 지금 귀하에게서 받았던 브로셔를 가지고 있지 않습니다. 그것들을 몇 개를 저에게 우편으로 보내주실 수 있는지요? — [3] — 저는 동료들과 그것들을 공유하고 싶습니다. 제 주소는 조지아 주, 애틀랜타 시, 휘트모어 가 67번지입니다.

모두 귀사의 제품을 살펴보고 나면, 우리는 회의를 잡기 위해 귀하께 연락을 드릴 것입니다. — [4] — 우리가 흔쾌히 앨버커키로 가겠습니다. 또는, 귀하가 이 지역에 있을 계획을 갖고 계시다면, 이곳에 있는 저희 사무실로 방문해 주시는 것을 환영합니다. 얼마나 빠르게 브로셔를 보내주실 수 있는지 알려 주시기 바랍니다. 그에 대해 저의 상사에게 알려 드리고자 합니다.

멜라니 해리스 드림
트리콤 주식회사

[어휘]
make one's acquaintance ~를 알게 되다 | intrigue 흥미를 불러일으키다 | firm 기업 | brochure 브로셔, 소책자 | share 공유하다, 나눠 가지다 | get a chance to ~할 기회를 갖다

1
[번역]
이메일의 목적은 무엇인가?
(A) 회의를 잡기 위해서
(B) 정보를 보내 달라는 요청을 하기 위해서
(C) 컨벤션에 참석한 것에 감사를 표하기 위해서
(D) 계약 조건에 대해 문의하기 위해서

[해설]
두 번째 문단에서 해리스 씨는 브로셔를 갖고 있지 않다고(I am not longer in possession of the brochure I received from you.) 말하며, 자신에게 몇 부를 보내줄 수 있는지(Would it be possible for you to mail several of them to me?) 문의하고 있다. 따라서 정보를 보내줄 것을 요청하고 있다는 내용의 (B)가 정답이 된다.

2
[번역]
쿠퍼 씨의 회사는 어디에 위치해 있을 것 같은가?
(A) 녹스빌
(B) 애틀랜타
(C) 개즈든
(D) 앨버커키

[해설]
마지막 문단에서 해리스 씨는 회의 일정을 잡는 문제에 대해 말한 다음, 앨버커키에 기꺼이 갈 수 있다고(We are willing to go to Albuquerque.) 말하고 있다. 따라서 쿠퍼 씨의 회사는 앨버커키에 있을 것이라는 사실을 추론할 수 있으므로 정답은 (D)이다.

3
[번역]
[1], [2], [3], [4]로 표시된 위치들 중에서, 아래의 문장이 위치하기에 가장 적절한 곳은?
"그는 저희 두 회사가 거래할 가능성이 있다고 믿고 있습니다."
(A) [1]
(B) [2]
(C) [3]
(D) [4]

[해설]
주어진 문장의 주어인 He가 가리키는 사람을 [1], [2], [3], [4]의 앞 문장에서 찾아보면 쉽게 정답을 고를 수 있다. [2] 앞의 문장에서 해리스 씨가 그녀의 사장님과(I spoke with my boss) 이야기를 나누었다는 내용이 있으므로, 정답은 (B)이다. 나머지 번호의 앞 문장들에서는 사람이 언급되지 않았다.

DAY 20 독해 - 복합지문

Part 7 p.168

[정답]

1 (A)	2 (B)	3 (C)	4 (C)	5 (B)
6 (C)	7 (C)	8 (B)	9 (C)	10 (A)
11 (C)	12 (C)	13 (B)	14 (C)	15 (A)

[1-5]
[번역]

해밀턴 템즈
마틴 스트리트 29번지
펄, 애리조나 주 81009

템즈 씨 귀하,

저는 귀하께서 최근 저희 회사에 주문하신 식탁 테이블과 의자에 관해 이글을 씁니다. 귀하께서는 주문서에 참나무로 제작된 현대식 문양의 411번 세트를 원하시며 3월 9일까지 배송을 원하신다고 명시하셨는데요. 안타깝게도 이 세트는 저희가 예상했던 것보다 인기가 있는 품목이어서 현재 재고가 떨어졌습니다. 저희는 3월 15일에 더 많은 재고 물량을 구비하게 되어 귀댁에는 18일이나 배송이 될 것 같습니다. 이 방법이 귀하께 적절하지 않으시다면 저희 회사에는 3월 2일까지 배송해드릴 수 있는 710달러 상당의 다른 참나무 세트가 있기도 합니다. 이 편지에 이 세트의 사진과 세부 사항을 첨부하였습니다. 이 문제에 관해 귀하께서 어떻게 하시고 싶은지 제게 답신해 주십시오. 귀하의 거래에 대단히 감사드리며, 불편을 끼쳐 죄송합니다.
폴린 페렌
영업사원
트래디셔널 퍼니처(주)

폴린 페렌
마블 타워 309
윌링, 애리조나 주 80744

페렌 씨 귀하,

귀하께서 편지와 함께 보내신 809번 세트에 관한 내용을 살펴본 후에 저는 처음에 주문했던 가구 대신 이 가구를 배송 받는 것이 더 낫겠다는 결정을 했습니다. 이 가구가 실제 제 부엌과 더 잘 어울릴 것 같고, 411번 세트보다 120달러나 더 저렴하더군요. 이 차액은 제 은행계좌로 발송해 주시리라 믿지만 그렇지 않을 경우 713-992-8008번으로 제게 전화 주십시오. 감사합니다.
해밀턴 템즈

[어휘]

in regard to ~에 관해 | dining table 정찬용 식탁 | recently 최근에 | specify 명시하다 | oak 오크(떡갈나무·참나무 따위의 총칭) | modern 현대적인 | appearance 외견, 모양 | deliver 배송하다 | popular 인기 있는 | expect 예상하다 | currently 현재 | out of stock 품절[매진]이 되어 | ship 배송하다 | arrive 도착하다 | acceptable 받아들일 수 있는, 수락할 수 있는 | available 이용 가능한 | attach 첨부하다 | detailed 세부의 | prefer 선호하다 | matter 문제 | apologize 사과하다 | inconvenience 불편 | sales representative 영업사원 | look over 살펴보다 | originally 원래 | actually 실제 | match 어울리다 | expensive 비싼 | assume 가정하다, 간주하다 | difference 차이 | bank account 은행계좌 | case 상황, 상태

1
[번역]

첫 번째 편지는 어떤 문제를 언급하는가?
(A) 제품이 재고가 없다.
(B) 양식을 받지 못했다.
(C) 주소가 틀리다.
(D) 결제가 지연되었다.

[해설]

첫 번째 편지의 중반부 중 Unfortunately, this set has been more popular than we expected and is currently out of stock에서 고객이 주문한 물건의 재고가 현재 없다는 내용이 언급되므로 (A)가 정답이다. '품절이 되어'란 뜻의 out of stock이 정답에서는 not in stock으로 바뀌어 사용된 것을 확인하자.

[어휘]

item 제품 | form 양식 | wrong 틀린 | payment 결제 | overdue 기한이 지난

2
[번역]

템즈 씨는 언제까지 구입품 배송을 요청했는가?
(A) 3월 2일
(B) 3월 9일
(C) 3월 15일
(D) 3월 18일

[해설]

첫 번째 편지의 전반부 중 In your order, you specified that you wanted Set #411, which is made out of oak and has a modern appearance, to be delivered by March 9th에서 you(또는 your)는 고객인 Mr. Thames를 가리키므로, Mr. Thames는 자신의 물건을 3월 9일까지 배송해주기를 원한 것으로 알 수 있다.

[어휘]

purchase 구입품

3
[번역]

809번 세트에 관해 알 수 있는 것은?
(A) 3월 15일에 템즈 씨에게 도착할 것이다.
(B) 최고 인기 제품이다.
(C) 가격은 710달러이다.
(D) 트래디셔널 퍼니처의 신상품이다.

[해설]
두 지문을 모두 파악해야 해결할 수 있는 문제이므로 주의가 필요하다. 첫 번째 편지에서 Pauline Ferren은 I have attached pictures and detailed information about this set to this letter 라며 Mr. Thames에게 이용 가능한 다른 제품 정보를 편지에 첨부했다고 말한다. 둘째 지문의 After looking over the information on Set #809 that you sent me in your letter에서 Set #809가 Pauline Ferren이 참조로 보낸 가구에 해당됨을 알 수 있는데, 첫 번째 편지의 we do have another set available in oak for $710에서 이 세트의 가격이 710달러임을 알 수 있다. 따라서 정답은 (C)이다.

[어휘]
product line 제품군, 제품라인

4
[번역]
템즈 씨는 페렌 씨에게 무엇을 할 것을 요청하는가?
(A) 특별 할인가를 제공할 것
(B) 급송을 이용할 것
(C) 다른 제품을 보낼 것
(D) 발송된 자신의 수표가 도착하기를 기다릴 것

[해설]
Mr. Thames는 자신의 편지 서두에서 I have decided that I would prefer to receive it instead of the furniture I originally ordered 라고 말한다. 즉, 자신이 애초에 주문한 제품 대신 폴린 페렌이 추천한 제품을 받기로 결정했다고 말하므로 (C)가 정답이다.

[어휘]
give a discount 할인하다 | express shipping 급송

5
[번역]
페렌 씨는 왜 템즈 씨에게 전화할지도 모르는가?
(A) 주소를 확인하기 위해
(B) 차액에 대해 논의하기 위해
(C) 배송일을 알려주기 위해
(D) 계좌번호를 주기 위해

[해설]
둘째 편지 후반부인 I assume that the difference in amount will be sent to my bank account, but please call me at 713-992-8008 if this is not the case에서 Mr. Thames는 차액이 자신의 계좌로 지불되지 않을 경우 Ms. Ferren에게 연락을 부탁하므로 정답은 (B)이다.

[어휘]
confirm 확인하다 | inform ~에 대해 알리다

[6-10]
[번역]

12월 8일
크리스틴 우즈
윈저 플레이스 17번지
클리브랜드, 오하이오 주 64461

우즈 씨 귀하,

수익 증대를 원하는 부동산 중개업자들을 위한 저희 세미나에 관심을 가져주셔서 감사합니다. 저희는 1월 한 달 동안 귀 지역에서 몇 차례의 세미나를 개최할 것이며 이 모든 세미나에 공석이 있습니다. 행사는 1월 7-8일, 20-21일, 27-29일에 열리게 됩니다. 이 기간 중 참석을 원하시거나 저희 세미나에서 다루게 될 자료에 대한 정보가 더 필요하시면 언제든지 제게 문의하십시오. 감사합니다.
래리 에머슨
기획 담당자
렉싱턴 세미나스

12월 18일
래리 에머슨
하이커 스트리트 9004번지
렉싱턴, 켄터키 주 39011

에머슨 씨 귀하,

보내주신 정보 감사합니다. 저는 귀 협회에서 1월에 제공하는 마지막 세미나에 참석하는 데 매우 관심이 있는데, 신청 전에 세미나에 대한 보다 자세한 정보를 받고 싶군요. 먼저 세미나 참석비는 얼마입니까? 그리고 귀 세미나에서 어떤 특정 부동산 비즈니스 분야에 주안을 두는지요? 저는 거의 산업용 부동산만을 전문으로 취급하므로, 상가용 및 주거용 부동산에 대한 정보는 저에게 그다지 도움이 될 것 같지 않습니다. 제가 일을 진행시키고 결정을 내릴 수 있도록 이 질문들에 대해 조속히 답변해 주셨으면 합니다. 제게 우편으로 편지를 쓰시거나 전화 429-9399-0080으로 연락하시면 됩니다. 귀하의 답변을 기다리겠습니다.

크리스턴 우즈

[어휘]
real estate 부동산 | broker 중개인, 알선자 | wish to 원하다 | conduct 실시하다 | opening 빈자리 | available 이용 가능한 | take place 일어나다, 발생하다 | participate 참석하다 | session 회기 | material 자료 | cover 다루다 | at your convenience 형편이 좋을 때 | organizer 조직자, 주최자 | offer 제공하다 | sign up 가입하다 | fee 비용 | focus on ~에 중점을 두다 | certain 특정한 | deal with 처리하다, 다루다 | exclusively 독점적으로 | industrial 산업의 | commercial 상업의 | residential 주거의, 거주의 | go ahead 진전시키다, 추진하다 | make a decision 결정하다 | mail 우편 | look forward to ~를 고대하다 | response 답신

6
[번역]
에머슨 씨는 세미나가 누구를 위한 것이라고 말하는가?
(A) 승진을 원하는 사람들
(B) 비즈니스 분야를 바꾸고 싶어하는 사람들
(C) 더 많은 돈을 벌고 싶어하는 사람들
(D) 다른 회사에서 일을 찾고 싶은 사람들

[해설]
첫 번째 편지의 도입부 중 our seminar for real estate brokers looking to increase their profits에서 수익 증대를 원하는 사람들이라는 말이 나온다. increase their profits는 make more

49

money와 같은 의미이므로 (C)가 정답이다.

7
[번역]
두 번째 편지에서 넷째 줄에 있는 "certain"과 의미상 가장 가까운 단어는?
(A) 의심할 수 있는
(B) 안정된
(C) 특정한
(D) 가능한

[해설]
지문에서 "certain"은 'certain area'라는 구조로 뒤에 나온 명사를 꾸미고 있다. 이럴 경우 certain은 한정 용법으로 '어떤' 또는 '특정한'이란 뜻을 가질 수 있는데, 본문에서는 '특정한 분야'라는 의미로 쓰였으므로 보기 중 (C)가 가장 적절하다.

[어휘]
doubtable 의심할 수 있는 | **stable** 안정된 | **specific** 특정의

8
[번역]
두 번째 편지의 목적은 무엇인가?
(A) 세미나를 취소하기 위해
(B) 더 자세한 정보를 요청하기 위해
(C) 회의를 요청하기 위해
(D) 행사의 공석에 대해 알려주기 위해

[해설]
지문의 주제나 목적은 보통 전반부에 단서가 제공될 확률이 높다. 둘째 편지의 도입부 중 but I would like to receive some more information about the seminar before signing up에서 세미나 신청 전 약간의 세부 정보를 받고 싶다고 말하므로 (B)가 이를 적절히 요약하고 있음을 알 수 있다.

9
[번역]
크리스틴 우즈는 어떤 날짜의 세미나 참석을 할 수도 있는가?
(A) 1월 7–8일
(B) 1월 20–21일
(C) 1월 27–29일
(D) 1월 29–31일

[해설]
두 지문의 내용을 모두 파악한 뒤 정답을 찾아야 하므로 주의가 필요하다. 둘째 편지의 도입부 중 I would be very interested in attending the last seminar you are offering in the month of January에서 크리스틴 우즈는 렉싱턴 세미나스에서 제공하는 마지막 세미나에 참석하고 싶다는 의견을 말한다. 세미나 기간을 언급한 첫째 편지의 중반부 중 They will be taking place on January 7–8, 20–21, and 27–29에서 크리스틴 우즈가 참석하고 싶어하는 세미나는 1월 27–29일임을 알 수 있다.

10
[번역]
크리스틴 우즈는 무엇에 대해 알고 싶어 하는가?
(A) 세미나의 주안점
(B) 입장 가능한 세미나의 날짜
(C) 행사장까지의 거리
(D) 광고의 실효성

[해설]
크리스틴 우즈는 편지 중반부에서 will you be focusing on any certain area of the real estate business in your seminar?라고 묻는다. 자신은 산업용 부동산만을 전문으로 한다며(I deal almost exclusively in industrial real estate), 세미나에서도 이렇게 특정 분야를 주제로 강연하는지 궁금해 하고 있으므로 이를 적절히 요약한 (A)가 정답이다.

[어휘]
distance 거리 | **site** 장소 | **effectiveness** 유효성, 효과성

[11-15]
[번역]

Decker 건설에서 근무하세요

데커 건설은 주에서 가장 최근에 설립된 건설 기업입니다. 우리는 민간 주택 건설을 전문으로 하고 있습니다. 우리는 현재 다음의 직책들에 인력을 채용하고 있습니다:

건축 기사: 주택 설계 보조; 4년제 건축학 학위와 3년의 근무 경력 필수; 창의력 필수; 사무실에서 근무하게 될 것이며 때때로 현장 근무도 해야 함; 급여 협상 가능

목수: 항상 현장 근무를 하게 될 것임; 목수로서 5년의 경력 필수; 작은 것도 놓치지 않는 집중력 필수; 초과 근무에 대해 수당이 지급될 것임

운전사: 지게차와 운반용 트럭을 포함한 중장비 운전; 1종 운전면허증 소지 필수; 몇몇 차량을 운전 교육을 받을 수 있음; 시급 지급

회계 담당자: 본사에서 회계 업무를 하게 될 예정; 회계학 준학사 학위를 소지하거나 3년의 경력이 있어야 함; 팀으로 일할 수 있어야 함; 유급직

더 많은 정보를 위해 576-3030으로 빌 웨스터에게 전화해 주세요. 직책에 지원하는 방법을 알아 보시려면, 저희 웹사이트 www.deckerconstruction.com에 방문하여 "Jobs" 아이콘을 클릭하세요. 데커 건설은 평등한 기회를 제공하는 기업입니다.

수신: 리처드 모제스 〈rmoses@homemail.com〉
발신: 빌 웨스터 〈billwester@deckerconstruction.com〉
제목: 면접
날짜: 7월 17일

친애하는 모제스 씨께,

데커 건설에 귀하의 지원 서류들을 제출해 주셔서 감사합니다. 저는 귀하의 이력서를 검토하였고 귀하의 근무 경력에 깊은 인상을

받았습니다. 또한, 귀하의 포트폴리오에는 수많은 참신한 디자인이 포함되어 있었습니다. 맥카시에 근무할 때 귀하는 훌륭한 업무를 수행했습니다.

데커 씨와 저는 공석인 직책을 위해 귀하와 면접을 진행하고 싶습니다. 우리는 귀하가 7월 28일 월요일 오전 10시에 이곳으로 와 주었으면 합니다. 면접이 완료되는 데에는 약 2시간이 걸릴 것입니다. 그 후에, 우리는 우리 팀의 다른 두세 명과 함께 귀하와 점심식사를 하고 싶습니다. 그날 시간이 되시는지 알려 주시기 바랍니다.

빌 웨스트 드림
데커 건설

수신: 빌 웨스터 〈billwester@deckerconstruction.com〉
발신: 리처드 모제스 〈rmoses@homemail.com〉
제목: 회신: 면접
날짜: 7월 18일

친애하는 웨스터 씨께,

저와 면접을 요청해 주셔서 대단히 감사합니다. 저는 데커 건설에 대해 긍정적인 이야기를 많이 들었습니다. 그리고 저를 채용해 주신다면 저는 귀사에 많은 공헌을 할 수 있다고 생각합니다.

안타깝지만, 저는 7월 26일부터 7월 29일까지 주를 떠나 있을 예정입니다. 예전에 잡혔던 약속이 있어서 그것을 취소할 수가 없습니다. 7월 26일 이전과 7월 29일 이후에는 언제든지 시간이 됩니다. 저를 면접 보시기 위해 조정할 수 있는 다른 날이 있을까요?

리처드 모제스 드림

[어휘]

construction 건설 | firm 기업 | specialize 전문적으로 다루다 | residence 거주지 | degree 학위 | onsite 현장의 | on occasion 때때로 | negotiable 협상할 수 있는 | compensate 보수를 주다 | forklift 지게차 | commercial license 1종 운전면허 | home office 본사 | submit 제출하다 | positive 긍정적인 | contribute 공헌하다 | engagement (업무상) 약속

11
[번역]
데커 건설에 대해 언급된 것은 무엇인가?
(A) 사무실용 건물을 건설한다.
(B) 20년 전에 건립되었다.
(C) 지원자들을 차별하지 않는다.
(D) 시의 거주지역에서 사업을 하고 있다.

[해설]
광고의 첫 번째 문장에서 Decker Construction is the newest construction firm in the state.라고 하였으므로 20년 전에 회사가 건립되었다는 내용의 (B)는 정답이 될 수 없고, 두 번째 문장에서 We specialize in building private residences.을 통해 (A) 또한 정답이 아니다. 그리고, 이 회사가 어느 지역에서 사업을 하고 있는지는 언급되어 있지 않으므로 (D)도 정답이 아니다. 정답은 마지막 문장의 an equal opportunity employer를 does not discriminate against applicants로 바꾸어 표현한 (C)이다.

[어휘]
discriminate 차별하다 | applicant 지원자 | district 지역, 구역

12
[번역]
광고에서, 세 번째 문단 두 번째 줄의 compensated와 그 의미가 가장 유사한 것은?
(A) 지불된
(B) 승인된
(C) 예정된
(D) 요구된

[해설]
compensate는 '보수를 주다'라는 의미이다. 지문에서는 'compensated'와 같이 과거분사 형태로 사용되어 '보수가 지급된'이라는 의미이다. 보기 중에서 (A)의 'paid'(지불된)가 이와 가장 유사한 의미의 단어이므로 (A)가 정답이다.

13
[번역]
모제스 씨가 지원한 직책은 무엇일 것 같은가?
(A) 회계 담당자
(B) 운전사
(C) 건축 기사
(D) 목수

[해설]
공고된 직책들 중에서 모제스 씨가 지원할 수 있는 직책을 알 수 있는 단서는 첫 번째 이메일 초반부의 your portfolio included a number of creative designs라는 내용이다. 모제스 씨가 제출한 포트폴리오에 여러 가지 참신한 디자인이 포함되어 있다는 것으로 보아, 그는 사무실에서 근무한다는 것을 유추할 수 있다. 따라서, 공고된 직책들 중 Carpenter와 Driver는 현장에서 근무하는 직책이므로 정답에서 제외되며, 디자인과 무관한 Accountant 또한 정답이 될 수 없다. 정답은 (C)의 Architect이다.

14
[번역]
웨스터 씨는 모제스 씨에게 7월 28일에 무엇을 할 것을 요청하는가?
(A) 점심 식사를 예약할 것
(B) 데커 씨에게 연락할 것
(C) 그의 지원 서류들을 제출할 것
(D) 데커 건설에 방문할 것

[해설]
7월 28일은 첫 번째 이메일의 두 번째 단락에서 언급되었다. We would like for you to come here on Monday, July 28 at 10:00 A.M.라고 하였으므로 7월 28일에 회사에 방문해 줄 것을 요청했음을 알 수 있다. 따라서 정답은 (D)이다.

[어휘]
reservation 예약 | contact 연락하다

15
[번역]
두 번째 이메일의 목적은 무엇인가?

(A) 급여를 협상하기 위해서
(B) 더 많은 정보를 요청하기 위해서
(C) 약속 일정을 변경하기 위해서
(D) 회의를 취소하기 위해서

[해설]
두 번째 이메일의 목적은 두 번째 문단에서 알 수 있다. 두 번째 문단에서 Unfortunately, I am going to be out of the state from July 26 to July 29.라고 말했는데, 이는 웨스터 씨가 면접을 제안한 날에 부재중일 것이라는 의미이다. 마지막에 Is there another day that you can arrange to see me?라고 하며 일정을 변경해 줄 것을 요청하고 있으므로 정답은 (C)이다. 지문에 unfortunately와 같은 역접의 연결어가 있는 경우, 이것이 포함된 문장과 그 이후에서 글의 목적을 파악할 수 있다는 사실을 알아 두자.

[어휘]
reschedule 일정을 변경하다 | appointment 약속

Memo

Memo